Blessing of the rainbow

하는 일마다 잘되리라

무지개 원리

| 글 **차동엽** |

위즈앤비즈
Wisdom & Vision

고맙게도 1,900명이 넘는 국내 CEO들이 『무지개 원리』를 추천도서로 뽑아주었다. 읽어 주시는 모든 독자 분들도 고마울 따름이다.

단도직입적으로 말해서 『무지개 원리』의 캐치프레이즈는 "당신도 무지개를 잡을 수 있다"이다. 그러면 독자는 물을 것이다.

"필자, 당신은 무지개를 잡았는가?"

그렇다. 필자는 '무지개'를 잡았다. 아니 『무지개 원리』가 마침내 '무지개'를 잡았다. 청소년, 젊은이들, 중장년, 어르신을 가리지 않고 모든 이로부터 국민적인 사랑을 받아 진작 100쇄를 넘겼으니 말이다.

필자가 별로 좋아하지 않는 표현이지만 『무지개 원리』 덕에 필자는 요즈음 시쳇말로 '떴다.'

하지만 필자는 '떴다'는 사실을 기뻐하지 않고, 그만큼 『무지개 원리』가 사람들에 치유와 위로, 그리고 행복과 희망을 가져다주고 있다는 사실에 보람을 느낀다.

히딩크가 대한민국 축구를 월드컵 4강에 올려놓고 한 말이 생각난다. "나는 여전히 배고프다."

속된 욕심이 아니기를 바란다. 필자는 이를 거룩한 욕심이라 부르고 싶다. 필자는 『무지개 원리』가 대한민국 모든 가정에 가장 중요한 자리에서 자녀 양육 교과서요, 모든 성인들을 위한 행복과 성공의 매뉴얼로 제 역할을 해 주기를 바란다. 독점적인 욕심이 아니라, 그런 진정한 양서 가운데 하나로 자리매김하기를 희망하는 것이다.

물론, 부족함이 많다. 아쉬운 부분들도 꽤나 있다. 하지만 시간이 흐를수록 필자는 '자신감'을 얻는다. 그동안의 열매 때문이다. 숱한 사람들이 이 책을 읽고서 필자에게 직접, 간접으로 '승전보'를 전해왔다. 이렇게 좋아졌고, 저렇게 변화되었으며, 이러저러한 성취를 이뤘다는 것이다.

100쇄를 기념하여 개정판을 낸다. 영양가 부족한 부분을 과감히 삭제하고, 정연하지 못했던 부분을 정밀하게 손질했다. 대체로 『무지개 원리』를 개인적으로 실천하는 데 좀더 구체적인 도움을 드리고자 노력했다.
개정판은 전적으로 독자들께서 합심하여 만들어 주신 것이다. 언젠가 나올지 모르는 개정판의 개정판도 결국 독자들께서 만들어 주시리라 믿는다. 주변에 권하고, 빛나는 아이디어와 의견을 주심으로써.
이 책을 읽는 모든 분들에게 필시 '하는 일마다' 잘 될 것이다.

글쓴이

GNP 3만 불 시대를 향한 통렬한 충언

— 손병두(서강대 총장, 전 전경련 상임고문)

나는 강의를 통하여 저자를 자주 만났다. 내가 직접 가기도 했고, 초대도 여러 차례 했다. 나보다도 아내가 더 팬이다. 만날 때마다 한결같이 열정적인 모습이었는데 이 책을 통해 그 뿌리를 보았다.

저자는 그 열정으로 이번에는 대한민국의 GNP 3만 불 시대를 기약해 줄 비책을 제시하고 있다. 경쟁과 견제의 논리를 넘어 공생의 문화를 확산시켜야 한다는, 바야흐로 '컨그레츌레이션' 시대를 열어야 한다는 저자의 충언은 통렬하기만 하다.

오랫동안 경제인으로 살아오면서 많은 자기 계발 서적을 읽었으나, 이 책은 좀 다르다고 느꼈다. 처세적인 권고에서 탈피하여 인생의 본질을 꿰뚫으며 생의 목적을 제시하기 때문이었다. 재미있으면서도 진지하고, 원리적이면서도 구체적인, 참 잘 읽히는 책이었다.

이 책에는 왠지 바쁘게만 사는 우리들에게 '얼'과 '정신'을 불어넣어 주는 듯하다. 직장인들이나 젊은이들에게 인생의 결정적인 전기(轉機)를 가져다줄 책이다.

치열한 삶의 현장에 유용한 실전용 행복 가이드 북

– 안병영(연세대 교수, 전 교육부 총리)

저자는 이 책에서 유다인이 매일 두 번씩 암송해야 하는 '셰마 이스라엘' 속에 숨어있는 자기 계발 원리와 현대과학이 밝혀 낸 인간두뇌구조와 심리구조에 관한 원리를 접목시켜 필자 자신이 창안한 '하는 일마다 잘되게 하는' 성공 법칙을 펼쳐 보이고 있다.

이 책은 수많은 적절한 예화를 곁들여 성공한 사람, 행복한 사람의 여느 사람과 다른 마지막 2%가 무엇인지를 밝혀내고 있다. 이 책의 강점은 관념적인 교양서가 아니라 치열한 삶의 현장에서 유용한 실전용 행복 가이드 북이라는 점이다.

우리는 저자의 차분하면서도, 힘찬 목소리를 들으며 자신을 바르게 깨우쳐 거듭나게 하는 행복으로의 길목으로 다가가게 된다. 이 책을 접하며, 독자는 영혼의 치유와 삶의 비전을 얻고, 자신에게 '지금 행복하라'고 외치게 될 것이다.

일상의 삶을 무지개 빛깔로

– 이해인(수녀, 시인)

저자는 30년 전부터 나의 애독자였다. 언젠가 "맑은 언어로 세상을 밝히는 거룩한 소명에 박수를 보냅니다"라며 나를 응원한 적이 있다. 그런 그가 이제 나에게 힘을 주는 책을 한 권 썼다.

『무지개 원리』는 제목 그대로 우리에게 꿈과 희망, 지혜와 용기를 심어주는 아름답고 따뜻한 지침서이다. 온 누리에 행복을 전염시키고 싶은 한 사제가 열심히 연구하여 펼쳐놓은 구체적인 행복론, 성공론에 귀기울이다 보면 우리는 어느새 밝고 긍정적인 사고, 적극적인 행동양식을 선택하게 된다.

감사와 축하로 이어지는 무지개 원리를 꾸준히 실습하여 일상의 삶을 무지개 빛깔로 물들여가는 기쁨이들이 되어보자.

특히 자녀 교육에 정성이 지극한 젊은 엄마들에게 이 책이 〈한국의 탈무드〉로 사랑받으리라 기대된다.

행복을 빚는 마법의 연금술사

― 최인호(소설가)

이 책은 참 독특하고 재미있다. 신부인 저자는 이 책 속에서 신앙적인 교리보다는 인간사회에서 일어날 수 있는 수많은 에피소드와 생활 속에 녹아있는 행복의 법칙들을 경쾌하고 날카롭게 발견해냄으로써 워즈워드의 시처럼 우리들의 가슴을 기쁨의 무지개로 뛰게 한다.

마치 노아의 홍수 후에 '구름사이에 무지개를 둘 터이니, 이것이 나와 땅 사이에 세워진 계약의 표가 될 것이다'는 하느님의 말씀처럼 우리들의 생활이 아무리 홍수와 같은 고통과 어두운 구름 사이에 있다 하여도 그 너머에는 하느님이 마련한 찬란한 무지개가 피어있는 것이다.

『무지개 원리』는 그 무지(無知)의 구름 사이에 숨어있는 기적의 무지개를 발견하는 전인적 인간 계발의 지침서이다. 그런 의미에서 차동엽 신부님은 일상 속에 숨어있는 무지개를 보여준 마법의 연금술사인 것이다.

감사할 까닭을 일깨워준 책

– 황정민(KBS 아나운서)

우리들에게는 채워도 채워도 부족한 욕심이라는 구멍이 있는 것 같습니다.

저 정도면 만족할 수 있을 것 같은데… 싶은데도 끊임없이 무언가를 추구하고 열망합니다. 조금 편안하게 주변의 모든 것들을 즐겨 보면 어떨까요?

항상 '조금만 더 조금만 더'라는 마음으로 가난하게 살아왔습니다.

하루에 3천 번씩 감사하라는 책속의 말이 제게 큰 위안이 되는군요.

지금도 충분히 감사할 일이 많은데…….

그 사실을 깨닫게 해 준 고마운 글입니다.

이 시대 한국 사회는 많은 과제를 안고 있다. 경제적으로 2만 불 시대의 고개를 넘지 못하고 허덕이고 있으며, 정치·외교적으로 북핵문제에 당면하고 있고, 문화적으로 자녀 교육의 갈피를 못 잡아 방향 상실에 빠져있다. 이러한 와중에 시중에는 기법과 처세술 위주의 성공학, 행복학, 심리학 등의 서적들이 쏟아져 나와 저마다 길을 제시하고 있다.

이제 우리에게는 전인적(全人的) 자기 계발 원리가 필요하다.

필자는 그 원리를 발견하였다. 그것은 각 분야에서 노벨상을 가장 많이 받은 민족인 유다인이 매일 두 번씩 암송해야 하는 '셰마 이스라엘' 속에 숨어 있었다. 셰마 이스라엘은 무엇을 하든 '마음을 다하여', '목숨을 다하여', '힘을 다하여' 임하는 자세를 훈련시킨다. 그리고 이를 '거듭 거듭' 가르치고 행하도록 이른다. 이 네 어구에 세계적인 위인들을 많이 배출한 유다인 교육의 비밀이 숨겨져 있다.

'마음(히브리어로 레브)을 다하여'는 감성 계발을 의미한다.

'목숨(히브리어로 네페쉬)을 다하여'는 의지 계발을 의미한다.

'힘(히브리어로 메호데)을 다하여'는 지성 계발을 의미한다.

'거듭 거듭'은 교육(및 훈련)의 반복성, 지속성, 성취성을 의미한다.

말 그대로 이 어구들이 전인적 자기 계발의 원리를 구성하고 있는 것이다. 놀랍게도 이 원리는 인간의 뇌가 크게 좌뇌, 우뇌, 뇌량의 영역으로 나뉘어 이들이 독립적이면서 동시에 연합적으로 기능한다는 사실을 밝혀낸 현대 두뇌 연구의 성과와 크게 일치한다.

이 책에 소개되는 '무지개 원리'는 이러한 원리를 구체적으로 체계화한 것이다(1장 32쪽에 그 밑그림이 소개되어 있다).

'무지개 원리'는 세 가지 특징을 가지고 있다.

첫째, 무지개 원리는 희망의 원리이다.

둘째, 무지개 원리는 일곱 가지 실천의 원리이다.

셋째, 무지개 원리는 전체가 하나를 이루는 통합의 원리이다.

이 무지개 원리가 완성되기까지 30년의 세월이 필요했다.

필자는 대학생 시절 노만 빈센트 필 박사의 『적극적 사고방식(The Power of Positive Thinking)』을 읽고 크게 영감을 얻었다. 그 이후 자기계발 서적을 많이 읽었다.

그러다가 탈무드의 예지를 만나면서 눈이 번쩍 뜨였다.

그리고 교육에 관련된 박사학위 준비를 하면서 인간의 뇌에 모든 가능성이 집결되어 있다는 사실을 공부하게 되었다.

이후 약 10년간 이러한 정보와 깨달음들은 필자의 머리 속에서 곰삭
았다. 그 결과 탄생된 것이 무지개 원리다.

인류의 역사에 크게 영향을 끼친 세 가지 위대한 유산이 있다.
그 첫째는 고대 그리스인의 자연철학이다. 그 덕에 오늘날 과학문명
이 발달하게 되었다.
그 둘째는 로마인의 법철학이다. 그 기반 위에 오늘날 인권 및 공동
선이 구현되고 있다.
그 셋째는 유다인의 역사철학이다. 그 도움으로 오늘날 우리는 복된
미래를 향해 도전하고 있다.
그런데 이 중 세 번째 것은 그리 널리 알려져 있지 않거나 과소평가
되고 있다는 것이 필자의 소견이다.

역사철학이란 무엇인가? 이는 "한 개인과 국가의 역사에 흥망성쇠
를 결정짓는 법칙이 있다"는 철학을 말한다. 유다인들은 자신들의 과
거 역사를 더듬어 보면서 이 법칙을 찾아냈다. 그리고 이 법칙을 자손
들에게 가르치기 위하여 『탈무드(Talmud)』를 만들어 냈다.
이 탈무드는 유다인을 세계에서 가장 위대한 민족으로 만들어 놓았

다. 모든 민족 가운데 유다인이 노벨상을 가장 많이 받은 민족이라는 사실이 이를 반증하고도 남는다.

모쪼록 대한민국의 모든 젊은 부모들, 특히 엄마들이 이 책을 읽어 자녀들을 훌륭하게 교육할 수 있기를 바란다.

되도록이면 많은 선량한 시민들이 이 책을 읽고 제발 '사촌이 땅을 사도 배 아파하지 말고' 이 땅에 컨그레츌레이션(congratulation) 문화를 확산시켜 내실 있는 3만 불 시대에 진입하였으면 좋겠다.

이 책이 나오기까지 여러 사람의 수고와 도움이 함께 했다. 그들에게 모든 공로를 돌린다. 추천의 글을 기꺼이 써 주신 분들께도 깊은 감사를 표한다. 감사, 감사, 감사.

고촌 풍곡리 연구실에서
글쓴이 차동엽

| 차례 |

I

달인을 만드는 2%

'생활의 달인'이라는 말이 있듯이
달인은 우리와 전혀 다른 사람이 아니다
단지 2%가 다를 뿐이다

각 분야에서 크게 또는 작게 성공한 사람들
아니 어떤 처지에서도 행복할 줄 아는 사람들
그들에게는 남들에게 없는 2%가 있다
그들은 달랐다 _1장

체념하는 사람에게 인생은 다람쥐 쳇바퀴이고
도전하는 사람에게 인생은 무한한 가능성의 지대이다
팔자(八字)는 없다 _2장

성공에서건 행복에서건
달인과 범인의 차이는 2%이다
뇌 속에 성공이 있다 _3장

1 그들은 달랐다

나의 소원

필자는 늘 희망을 이야기한다. TV 강의에서도, 책에서도, 사람을 만날 때에도 언제나 희망을 이야기한다. 그래서 그런지 좋아해 주시는 분들이 많다. 거리를 다니다 보면 필자의 얼굴을 알아보는 사람도 많고 종이를 들고 와서 사인을 요청하는 사람도 제법 된다. 이 분들은 시쳇말로 나의 팬들이다.

그렇다고 필자가 명예와 권력을 좇아 다니는 것은 아니다. 정직하게 말하자면, 이런 것들이 싫지는 않다. 하지만 필자는 결코 이런 것들을 추구하지는 않는다. 필자는 무엇보다 의미를 추구한다. 의미 있는 일이면 혼신을 쏟아서 실행한다. 필자에게 의미가 빈약한 명예와 권력은 전혀 매력이 없다. 오히려 죄책감을 주기 때문에 피한다.

의미를 추구하게 된 것은 전적으로 세계적인 심리학자 빅터 프랭클

덕이 크다. 그는 여러 권의 저서를 통해서 인간은 원초적으로 '의미에의 의지'를 지녔다는 이론을 전개하였다. 그에 의하면 인간을 궁극적으로 행복하게 해 주는 것은 존재의 '의미'이다. 그와의 만남은 필자에게 진정한 행복과 성공은 '의미'를 추구하는 것이라는 진리를 깨닫게 해주었다.

의미란 무엇일까? 필자는 남을 기쁘게 해 주고, 절망한 사람들에게 희망을 주고, 상처받은 사람들에게 위로를 주며, 도움이 필요한 사람들에게 도움을 줄 때 의미를 발견한다. 사실 진정한 의미는 이런 것들보다 훨씬 큰 것이다. 하지만 이런 작은 일들에도 분명코 의미가 있다.

필자의 소원은 성공하는 것이다. 필자는 성공을 원한다. 성공이란 무엇일까? 필자는 부, 명예, 권력, 이런 것들이 '성공'이 아니라고 말하고 싶지는 않다. 이런 것들은 나름대로 성공의 요건이 된다. 하지만 진정한 성공이라고 말하고 싶지도 않다. 진정한 성공은 그 이상의 것이어야 한다.

독자께서는 이 책을 통해서 그 성공이 무엇인지 깨닫게 되기를 바란다. 그리고 머지않아 그 성공의 주인공이 되기를 바란다.

유다인의 성공 법칙

만일 그들이 한국에 태어난다면
교육부 장관을 지낸 서울대 문용린 교수가 지은 『지력혁명』이라는 책에 아주 재미있는 이야기가 소개되어 있다.

김옥균이 옥황상제에게 소원을 들어 달라고 했다. 이에 옥황상제는 내기 바둑을 두어 김옥균이 이기면 소원을 들어주기로 했다. 다행히 김옥균이 승리했다.

"다름이 아니라 아직도 우리나라에는 많은 사람들이 타의에 의해서든 자의에 의해서든 자기가 무엇을 잘하는지, 무엇을 해야 하는지를 모르고 살아가고 있습니다. 귀감이 될 만한 위대한 천재 세 사람만 한국에 다시 태어나게 해주십시오."

옥황상제는 잠시 생각하다가 이공계 기피 현상을 고려하여 아인슈타인, 에디슨, 퀴리 부인을 한국에 다시 태어나게 해주었으나 시간이 지나도 한국의 발전에 진전이 없자 세 사람을 찾아가 보았다.

먼저 아인슈타인을 만나 보았더니 그는 대학에도 못 가고 허드렛일을 하고 있었다.

옥황상제가 이유를 물었더니 아인슈타인은 수학에 가장 자신이 있지만, 그것만으로는 대학에 들어갈 수가 없다고 했다.

다음으로 에디슨을 찾아갔다. '에디슨은 원래 대학을 안 나왔으니까 잘되었겠지' 했더니 그는 골방에서 육법전서를 읽고 있었다. 그 이유는 발명은 했는데 특허를 얻기가 어려워 특허 관계법을 공부하고 있다는 것이었다.

마지막으로 퀴리 부인을 찾아갔더니 이렇게 말하는 것이었다.

"여자라고 교육도 잘 시켜 주지 않고 잘 써주지도 않는군요."

이 이야기는 '하는 일마다 잘되는 삶'을 향한 우리의 여정에 일말의 힌트를 제공한다. 성공과 행복을 갈망하는 우리에게 부족한 2%가 무엇인지를 암시하고 있는 것이다.

유다인과 한국인의 차이

유다인 출신 중에는 세계에서 제일 우수한 석학, 비범한 예술가, 엄청난 부호들이 많다.

20세기를 주도한 최고의 지성 21명 중 15명이 유다인이다. 할리우드의 걸출한 영화감독들과 스타들의 대부분이 유다인이다. 미국 내 최고부자 40명 중 절반이 유다인이다.

1901년에서 1990년까지 90년간 자연과학 분야에서 노벨상을 받은 사람 404명의 종교 실태를 조사해 보니, 그리스도교가 76%를 차지했고, 그 밖에 유다교가 22%, 불교 0.9%, 회교 0.1%로 나타났다. 유다인이 소수민족임을 감안할 때 대단한 성과라 아니할 수 없다. 이렇듯이 유다인은 거의 전 부문에 걸쳐 세계적으로 두각을 나타내고 있다.

그렇다면 우리 한국인은 어떨까?

한국인의 두뇌는 세계에서도 매우 뛰어난 것으로 나타났다. 2003년 말 오스트리아의 빈 의대는 50개국 국민의 IQ를 비교한 후 한국이 2위라는 연구 결과를 발표한 바 있다. 또 '경제협력개발기구(OECD)'에서 실시한 「학업 성취도 국제비교(PISA)」를 보면 선진국 40개국 가운데 한국 고교 1년생들이 문제 해결 능력에서 1위를 차지하여 세계 최상위임을 입증했다.

게다가 한국의 교육열은 단연코 세계 1위다. 교육을 위해서라면 국제 이산가족이 되는 것도 불사한다.

그럼에도 불구하고 한국은 아직 세계적인 위인을 배출하는 데는 그리 실적이 좋지 않다. 고등학교 때까지 '수재'였던 학생들도 대학에만 가면 '둔재'가 되고 마는 게 한국 교육의 현실이다.

이런 현상을 우리는 어떻게 설명해야 할까? 도대체 유다인과 한국인 사이에는 어떤 차이가 있는 것일까?

그들은 자신들의 강점을 계발했다

위의 질문에 답하기 위하여 하버드 대학 교육대학원의 교육심리학과 교수였던 하워드 가드너(Howard Gardner) 박사의 '다중지능(MI: Multiple Intelligence)이론'을 소개할 필요가 있다. 그에 의하면 사람 속에는 8가지 종류의 지능이 함께 존재한다. 이 다중지능은 언어지능, 음악지능, 논리수학지능, 공간지능, 신체운동지능, 인간친화지능, 자기성찰지능, 자연친화지능을 말한다. 이들은 한 개인 속에 모두 존재하지만, 각 지능의 높낮이는 지능별로 다르고 사람마다 차이가 있다고 한다. 이들의 연구결과를 따르면, 성공한 사람들은 IQ보다 다중지능 가운데 자신의 강점을 계발하여 집중적으로 발휘한 사람들인 것으로 나타났다. 예를 들어 보자.

모짜르트, 베토벤, 정명훈, 서태지 등은 '음악지능'을 특별히 발휘하여 성공하였다.

피카소, 레오나르도 다빈치, 비디오 아티스트 백남준 등은 '공간지능'이 탁월하여 성공하였다.

골프 황제 타이거 우즈, 박세리, 미셸 위 등은 '신체운동지능'이 뛰어나서 성공가도를 달리고 있다.

여기서 위인들을 많이 배출한 유다인의 '비밀'이 밝혀진다. 즉, 이스라엘에서 영재(英才)란 우리가 생각하듯이 IQ만 높은 아이를 의미하지 않는다. 그보다는 특정한 한 분야에서 뛰어난 재능을 가진 아이를 영재라 하는데 이것은 다중지능이론과도 일맥상통한다.

유다인 학생들은 방과 후에 영재 교육 기관에서 특별한 수업을 받는다. 로보틱스, 저널리즘, 천문학, 기계 수리에서부터 유머, 지도자 정신, 이야기 듣기 같은 과목들까지 있다고 한다. 가능한 한 많은 선택의 방향을 제시하여 아이들이 자신의 관심사를 발견하게 하고, 또한 한 분야에만 편중되지 않도록 조정하기 위해서다. 과학 영재라고 해서 과학 분야만 집중적으로 교육하는 것이 아니라 창의력 과목도 듣게 하여 논리력과 창의력이 상승 작용을 하도록 하는 것이다. 이 원칙은 예술 분야의 영재들에게도 적용된다.

유다인 전통의 상징 '사브라'

유다인에게 있어서 방금 이야기한 '다중지능' 교육의 산실은 '탈무드' 이다. 해학과 지혜가 담겨 있는 유다인들의 민담 정도로 우리에게 알려져 있는 『탈무드(Talmud)』는 사실 1,000년간(B.C.500—A.D.500) 치밀하게 설계된 책이다.

이스라엘 국립대학에서 교수를 지낸 류태영 박사는, 그의 책 『지혜의 삶—탈무드에서 배우는 자녀교육법』에서 세계 역사를 빛낸 유다인의 우수성의 바탕이 바로 탈무드 교육이라고 말한다.

이러한 유다인 자녀 교육의 특징을 드러내는 상징적인 단어가 '사브라'이다. 이스라엘 사람들은 자녀들을 선인장 꽃의 열매인 '사브라' 라고 부른다. 이 선인장에는 사막의 어떤 악조건에서도 꽃을 피우고 열매를 맺는 강인함과 억척스러움이 배어 있는 것이다.

사랑하는 자녀를 '사브라'라고 부를 때마다 부모는 자녀에게 다음과 같은 메시지를 심어주고 있는 셈이 아닐까.

"너는 사브라다. 내 인생은 선인장과 같았다. 나는 사막에서 뿌리를 내리고, 비 한 방울 오지 않고 땡볕이 쬐는 악조건 속에서 살아남았다. 아침에 맺히는 이슬 몇 방울 빨아들이며 기어코 살아남았다. 그러니 너

는 얼마나 소중한 존재냐. 너라는 열매를 맺기까지 나는 인고의 세월을 견디어 냈다. 너는 사브라다. 선인장 열매다.

그러니 너도 끝까지 살아 남거라. 그리하여 또 다른 열매를 맺어라. 그 열매가 맺어지거든 그를 사브라라고 불러 주어라."

이토록 말을 배울 때부터 자신을 지칭하는 말로 '사브라' 소리를 거의 매일 듣고 자라는 이스라엘 청소년들 의식 안에는 필경 강한 생존본능이 자리잡게 되었을 것이다.

유다인의 성공 법칙, 셰마 이스라엘

탈무드에서 중히 여기는 정신적인 자산 가운데 넘버원이 바로 '셰마 이스라엘(이스라엘아, 들어라)'이다. 신명기 6장에 나오는 말씀으로서 오늘날도 모든 유다인들이 매일 아침, 저녁 최소 두 번 낭송해야 하는 이 명령의 핵심은 '마음', '목숨', '힘'을 다하는 삶의 자세이다.

"너희는 마음을 다하고 목숨을 다하고 힘을 다하여 주 너희 하느님을 사랑해야 한다. 너희는 〔…〕 이말을 너희 자녀에게 거듭 들려주고 일러 주어라"(신명 6,5-7).

여기서 '마음'은 히브리어로 '레브'라 하는데 이는 감성을 다하라는 말이다. 곧 모든 정(情)을 합해서 하느님을 사랑하라는 말이다.

'목숨'은 히브리어로 '네페쉬'라고 하는데 이는 영혼을 다하라는 말이다. 그런데 영혼의 핵심적인 기능은 '의지'이다. 이는 곧 모든 의(意)를 다해서 하느님을 사랑하라는 말이다.

'힘'은 히브리어로 '메호데'라고 하는데 이는 생각의 힘을 다하라는 말이다. 곧 모든 지(知)를 모아서 하느님을 사랑하라는 말이다.

이러한 처방에는 좋은 습관을 들이는 것이 성공과 행복의 관건이 된다는 예지가 서려 있다. 평소 '마음'과 '목숨'과 '힘'을 다하여 하느님을 사랑하는 것이 습관화되면, 어느 분야에서도 최선의 결과를 이끌어 낼 수 있다. 그런 습관을 지니고 있는 사람은 스포츠, 예술, 학문, 연구 등 어느 분야에서건 반드시 최고를 달성할 수 있게 되는 것이다.

또 하나 여기서 놓치지 말아야 하는 것은 바로 그 다음에 이어지는 '거듭 거듭'이라는 어구이다. 이는 습관화, 체화, 인격화를 의미한다. 곧 앞에서 말한 삶의 자세들이 몸에 밸 때까지 반복적으로 교육하고 훈련해야 한다는 것이다. 이로서 전인적 자기 계발이 완성된다고 할 수 있다.

필자는 이 '셰마 이스라엘'이야말로 가장 완벽한 인성 계발 원리이자 모델이며, 프로그램이라고 생각한다. 독자는 이 책 곳곳에서 그 편린들을 만나게 될 것이며 특히 19장에서 이들을 통합하여 체계화한 '무지개 원리'를 접하게 될 것이다.

성공한 사람들의 2%

마음을 다하였다

채플린이 무명시절 철공소에서 일을 할 때의 이야기이다. 어느 날 일 때문에 바빴던 사장이 그에게 '빵'을 사오라고 부탁했다. 저녁시간이 지나서야 사장은 채플린이 가져다준 봉투를 열어볼 수 있었다. 그런데 그 안에는 빵과 함께 와인 한 병이 들어 있었다. 사장은 채플린에게 이유를 물었다. 채플린은 이렇게 대답했다.

"사장님은 일이 끝나면 언제나 와인을 드시곤 했습니다. 그런데 오늘은 마침 와인이 떨어진 것 같아서 제가 둘 다 사왔습니다."

채플린의 말에 감동을 받은 사장은 채플린의 일당을 올려주었을 뿐만 아니라 이후로 그를 대하는 태도가 완전히 달라졌다고 한다.

이 에피소드는 채플린이 이후 세계적인 배우로 출세한 이유를 밝혀준다. 채플린은 하나를 하더라도 마음을 다할 줄 알았던 것이다. 채플린을 코미디의 달인으로 만들어 준 2%는 '마음'을 다하는 정성이었던 것이다.

플러스 사고를 하였다

2002년 노벨 물리학상은 일본인 코시바 마사토시 교수에게로 돌아갔다. 그해 3월 그는 도쿄 대학 졸업식에 초청을 받았다. 그는 과거 도쿄 대학의 물리학과를 꼴찌로 졸업하였다. 졸업식장의 대형 스크린에는 그의 학창 시절 성적표가 공개되었는데, 16개 과목 중 우(優)는 '물리학 실험 I'과 '물리학 실험 II' 두 개뿐이었다. 나머지는 양(良)이 10개,

가(可)가 4개였다. 그런 그가 노벨상을 받게 되었던 것이다.

그의 비밀은 무엇일까. 그것은 '플러스 사고'에 있었다. 그는 이를 '능동적 인식'이라 표현하였다. 그는 졸업식 축사에서 학교의 우등생이라고 해서 사회에서도 우등생이 된다는 법은 없다고 지적하면서, '수동적 인식'과 '능동적 인식'에 대하여 말했다.

"학업 성적이라는 것은 배운 것을 이해한다는, 말하자면 수동적 인식을 얼마나 잘했는가를 나타내는 것입니다. 성적이 좋은 사람이 관료가 되고 혹은 교수가 되기도 하지만, 해외로부터 문헌이나 이론을 수입하는 일에만 골몰하는 경우가 자주 있습니다. 수동적 인식의 폐해임에 틀림없고, 사실은 성적 우수자가 빠지기 쉬운 함정이기도 합니다."

그는 오늘날 '수동적 인식'의 가치가 점점 떨어지고 있는 반면, 스스로 해결책을 찾아낼 수 있는 '능동적 인식'이 더욱 가치를 드높이고 있다고 말한다. 그가 말하는 수동적 인식은 '남이 간 길을 착실히 따라가는 것'이다. 이런 인식을 가진 사람은 새로운 기회를 만들어낼 수 없다. 그렇기에 능동적 인식, 곧 '남이 가지 않은 길에서 스스로 길을 만들어 간다는 생각'을 지니고 살아가야 한다는 것이다.

코시바 마사토시 교수를 물리학 분야의 달인으로 만들어 준 것은 '안 된다'는 생각보다 '할 수 있다'는 신념으로 새로운 길을 도전하는 '힘', 곧 지성을 다하는 플러스 사고였던 것이다.

밑바닥을 기겠다는 각오가 있었다

현재 전 세계 82개국에서 7천 명의 직원들을 고용하고 있는 아이디어 컴퍼니인 '사치&사치'사의 회장 케빈 로버츠에 얽힌 이야기이다. 그는 1960년대에 당시 국제적으로 사업을 확장해가던 메리 퀸트라는 회사의 취업 면접에서 이런 제의를 하였다.

"앞으로 6개월 동안 전임자 월급의 반만 받고 일하겠습니다. 나중에 제게 가치가 있다고 판단되시면 그때부터 제 능력에 맞게 월급을 주십시오."

그는 채용되었다. 그는 바닥부터 시작할 각오가 되어 있었다. 그는 일찍부터 인생을 투자란 관점에서 바라본 인물이었다. 어느 누가 다른 사람 월급의 절반을 받고 일을 하고 싶겠는가? 하지만 그는 눈앞에 있는 일이 정말 배워볼 만한 일이라고 생각했고 그래서 승부수를 던졌던 것이다.

후일 그는 이렇게 회상했다.

"나는 매 순간을 사랑했다. 혁신과 즐거움은 우리의 열정이었다."

케빈 로버츠를 변화무쌍한 화장품 업계의 달인으로 만들어준 2%는 미래를 위해 당장 손해가 되는 일이라도 기꺼이 한다는 결연한 '의지'였던 것이다.

실패를 실패로 여기지 않았다

발명왕 에디슨은 '천재는 1%의 영감과 99%의 노력으로 이루어진다'라는 명언으로도 유명하다. 이 말에서 알 수 있듯이 그는 발명을 하기 위해 엄청난 노력을 했던 과학자다. 그가 전구를 발명할 때까지는 2,000번의 실패가 있었다고 한다.

한 젊은 기자가 그에게 그토록 수없이 실패했을 때의 기분이 어떠했는지를 물었다. 에디슨은 이렇게 대답했다.

"실패라니요? 난 한 번도 실패한 적이 없습니다. 나는 단지 전구가 빛을 내지 않는 2,000가지의 원리를 알아냈을 뿐입니다."

에디슨은 결코 자신의 실패를 실패로 생각하지 않았던 것이다. 그에게 있어서 실패란 성공의 방법을 발견하기 위한 전 단계였을 뿐이다.

1931년, 성실한 노력으로 진정한 천재란 어떤 인물인가를 보여준 이 과학자는 1000여 개가 넘는 발명 특허를 남기고 세상을 떠났다.

에디슨을 발명의 달인으로 만들어 준 2%는 실패에도 굴하지 않고 끊임없이 도전하는 '거듭 거듭'의 정신이었던 것이다.

행복한 사람들의 2%

그렇다면 우리를 행복하게 만들어 주는 2%는 무엇일까. 다음의 이야기가 그 답 가운데 하나를 가르쳐 줄 것이다.

마더 데레사가 미국을 방문했을 때였다. 어느 날 조금은 부유해 보이는 중년부인이 근심어린 얼굴로 데레사 수녀를 찾아왔다. 무슨 일이냐고 묻자 여인이 고민을 털어 놓았다.

"수녀님, 저의 삶은 너무나 권태롭습니다. 그날이 그날인 것 같고……. 이렇게 살아가는 것이 의미가 없을 바에야 차라리 죽는 게 낫다는 생각만 듭니다."

데레사 수녀는 여인의 말을 듣고 있다가 그녀의 손을 잡으며 말했다.

"인도로 오십시오. 제가 살고 있는 인도로 오시면 진정한 삶을 보여 드리겠습니다."

무작정 인도로 오라는 수녀님의 말을 여인은 수긍할 수가 없었다. 그러나 수녀님을 한번 믿어 보자는 생각으로 여인은 인도행 비행기에 몸을 실었다.

그녀가 물어물어 데레사 수녀를 찾아간 곳은 병으로 죽어가는 사람들, 불구자, 부모를 잃은 어린 아이들이 가득 모여 사는 곳이었다. 부인은 데레사 수녀가 노구를 이끌고 열심히 사람들을 돌보는 것을 보고 팔을 걷어붙이지 않을 수가 없었다.

부인은 그날부터 데레사 수녀 옆에서 가난하고 약하고 병든 사람들을 위로하고 도왔다. 그러는 동안 부인은 기쁨과 의욕을 느꼈다. 그녀의 얼굴엔 어느새 생기가 가득했다.

하루 종일 눈코 뜰 새 없이 보냈던 그녀가 하루를 정리하면서 수녀에게 말했다.

"수녀님, 수녀님의 뜻을 이제야 알겠습니다. 자기가 해야 할 일을 발견하여 그것에 힘쓰는 것이야말로 인생의 진정한 의미라는 것을 깨달았습니다."

자원봉사를 하면 월급이 두 배로 늘어난 것만큼 행복하다. 자원봉사에 참여하는 사람은 수명도 더 길다. 테네시주 밴더빌트 대학의 연구에 의하면 자원봉사를 많이 할수록 그들이 느끼는 행복도 더 크다고 한다.

이와 반대로 행복한 사람들이 자원봉사 활동에 더 많이 참가하는 것으로 연구 결과가 나타났다. 심리학자들은 이런 현상을 '기분이 좋을 때 선행도 더 잘하는 현상(Feel-Good, Do-Good Phenomenon)'이라고 부른다.

연구자들은 타인에게 선행을 베풀면 긍정적인 효과가 도미노처럼 일어난다고 입을 모은다. 좋은 행동을 하면 그 행동의 수혜자뿐 아니라 결과적으로 더 많은 사람을 돕게 되는 것이다.

심리학자 조너선 하이트는 타인의 선행을 목격하는 사람도 감정적인 이득을 본다고 말한다. 이를 감정의 '고양(elevation)'이라 부른다. 명예롭고 영웅적인 행위를 하는 사람을 보거나, 감사를 하거나, 남을 돕는 행위를 보면 이런 감정을 느낀다고 한다.

만사형통의 7법칙

법칙에 대하여

이 세상에는 법칙이 있다. 자연의 운행에 법칙이 있듯이 사람 살아가는 데에도 법칙이 있다. 앞에서 언급한 것들을 잘 들추어 보면 거기서 불변의 법칙들이 발견된다. 법칙이라는 것은 공식대로 이루어진다는 것이다. 곧 '인풋(input)'을 알면 '아웃풋(output)'을 예측할 수 있다는 것이다.

성공에도 법칙이 있다. 그 법칙의 조건을 충족시켜 주면 반드시 성공하는 길이 있다는 말이다. 그래서 소위 '성공학' 관련 연구들이 속속 진행되고 있는 것이다.

마찬가지로 행복에도 법칙이 있다. 행복에로 이르는 길이 있다는 말이다. 그래서 요 근래 미국과 영국의 대학들에서는 '행복학' 열풍이 불고 있는 것이다. 일례로 미국 하버드대에서 2006년 2월 개강한 탈 벤 샤하르 박사의 「긍정심리학」에는 수강생 수가 855명으로 하버드 학부생 6,500명의 13%에 달하는 진기록을 보였다.

이제는 전인적 자기 계발 원리가 필요하다

앞의 탈무드, 셰마 이스라엘, 성공한 사람들의 2% 등에서 잠깐 잠깐 짚어 본 것은 이 책 전체에서 소개할 '무지개 원리'에 녹아 있는 성공 법칙과 행복 법칙의 일부분들이다.

이 책을 준비하면서 필자는 성공과 행복 관련 국내외 저술들을 두루 읽어보았다. 대체로 공감을 하면서도 한편 아쉬움을 느꼈다. 그것은 대부분의 제언들이 단편적인 방법이나 부분적인 처방만을 제시하고 있다는 점 때문이었다. 그래서 책을 읽을 때는 고개가 끄덕여지고 '될 것' 같은데 막상 실전에서는 효과가 크게 드러나지 않는 한계를 절감할 수밖에 없었다.

이제는 통합적 원리가 필요하다.

필자는 일찍이 유다인의 '셰마 이스라엘'에 녹아 있는 '마음을 다하여', '목숨을 다하여', '힘을 다하여', 그리고 '거듭 거듭'에서 전인적 계발 원리를 발견하였다.

이후 필자는 인간두뇌구조와 심리구조에 관심을 기울여 봤다. 그 결과 인간의 두뇌 영역을 '좌뇌', '우뇌', 그리고 '뇌량'으로 나누어 접근할 수 있다는 사실에 주목하였다. 그리고 이것이 인간의 지성, 감성, 의지와 관계된다는 사실을 알아내었다.

이러한 구조적인 토대 위에 개별적이며 부분적인 성공 법칙들과 행복 법칙들을 통합한 결과, 마침내 만사형통의 7법칙이 탄생하였다. 그래서 '무지개 원리'라 이름 붙였다. 전체의 밑그림은 다음과 같다.

고금(古今) 지혜의 통합	무지개 원리
지성 계발 ('힘'을 다하여 : 좌뇌)	무지개 원리 1 ┃ 긍정적으로 생각하라(5장) 무지개 원리 2 ┃ 지혜의 씨앗을 뿌리라(6장)
감성 계발 ('마음'을 다하여 : 우뇌)	무지개 원리 3 ┃ 꿈을 품으라(8장) 무지개 원리 4 ┃ 성취를 믿으라(9장)
의지 계발 ('목숨'을 다하여 : 뇌량)	무지개 원리 5 ┃ 말을 다스리라(11장) 무지개 원리 6 ┃ 습관을 길들이라(12장)
인격화 ('거듭 거듭')	무지개 원리 7 ┃ 절대로 포기하지 말라(17장)

필자는 이미 이 '무지개 원리'를 많은 사람들에게 전하였다. 개인적으로, 강의 때에, 상담할 때에, 또 책에서도 소개하였다.

이미 많은 분들이 이 원리를 통해서 팔자와 운명의 굴레를 벗어나기 시작하였다. 매일 이 원리를 실행하면서 성공과 행복의 가도를 걷고 있다.

'마음'과 '목숨'과 '힘'을 다해 무언가를 사랑하는 것이 습관화되면 어느 분야에서도 최선의 결과를 이끌어낼 수 있다. 이것이 우리를 성공한 사람들과 행복한 사람들로 만들어 주는 마지막 2%이다. 우리의 라이벌은 자기 자신이다. 하루하루 조금이라도 앞으로 나아가야 한다.

I can do it

1. 어떤 분야에서 무슨 일을 하든 자신이 현재 하고 있는 일에 '마음'(情)과 '목숨'(意)과 '힘'(知)을 다하자. 그 안에 성공과 행복이 있다.
2. 자신이 하고 있는 일에서 나만의 강점을 부각하자. 그리고 그것을 전문화하자.
3. 자신이 좋아하는 것을 찾고 그것을 즐기자. 행복하게 사는 사람이 성공한다.

바보 소리 들으면 성공한 거야

85세를 일기로 세상을 떠난 한국의 슈바이처 장기려 박사는 아름다운 일화를 많이 남겼다. 어느 해 정월 초하룻날, 아침 일찍 박사 곁에서 자고 일어난 애제자가 잠자리를 정돈하고 먼저 세배를 올렸다.

장기려 박사는 따뜻한 미소를 머금고 덕담을 해 주었다.

"금년엔 날 좀 닮아서 살아보아."

스승의 큰 사랑에 어리광을 잘 부리던 제자가 재롱삼아 말을 받았다.

"선생님 닮아 살면 바보 되게요."

그러자 장기려 박사는 껄껄껄 웃으며 다음과 같이 토를 달았다고 한다.

"그렇지, 바보 소리 들으면 성공한 거야. 바보로 살기가 얼마나 어려운 줄 아나?"

혹여 세상 사람들은 늘 불쌍한 환자들에게 무료진료를 해주던 장기려 박사를 '저 사람 바보 아냐?' 하고 생각했을지 모른다. 가난한 사람들에게 먹을 것을 퍼주던 그에게 내심 '이상한 사람'이라고 빈정거렸을지 모른다. 하지만 장기려 박사는 바보가 아니었다. 그는 '바보로 살기'로 작정했던 사람이었던 것이다.

춘원 이광수 선생이 병원에 입원하여 치료를 받을 때 담당 레지던트였던 장기려 박사를 가리켜 '당신은 바보 아니면 성자'라고 한 말이 실감된다.

2 팔자(八字)는 없다

팔자(八字) 이야기

그 말이 머리에서 뱅뱅 돌아요

필자가 청주에 강의를 갔을 때, 쉬는 시간을 이용하여 어느 분이 상담을 요청하였다. 일자리를 못 찾고 놀고 있는 아들이 하나 있는데 하도 답답하여 처음으로 점술집을 찾아가 아들 사주팔자를 알아보았다는 것이다.

"점쟁이가 하는 말이 아들 사주가 아주 안 좋다는 거예요. 하는 일마다 꼬이고 안 된대요."

"그랬는데요?"

"그래서 제가 무슨 방법이 없냐고 물었죠. 그랬더니 100만 원만 가져오면 액운을 없애고 운이 트이는 방법을 가르쳐 준다는 거예요."

"그래서, 100만 원을 갖다 줬나요?"

"집에 와서 생각하니까 그건 아닌 것 같아서 고해성사를 보고 정신 차렸죠 뭐. 근데요 그 다음이 문제예요."

"뭐가 문젠데요?"

"그 점쟁이가 해 준 말이 제 머리에서 떠나지 않는 거예요. '아들 사주가 아주 안 좋다'는 말이 머리에서 뱅뱅 돌아요."

필자는 바로 그거다 싶었다. 사주팔자가 운명을 결정짓는 것이 아니라, '내 사주가 그렇다던데' 하는 생각이 운명을 결정짓는 것이 아닐까 싶었던 것이다. 필자는 그 자매를 위로하며 단단히 일러 주었다.

"자매님, 바로 그 안 좋다는 생각이 자매님에게 안 좋은 영향을 끼쳐서 자매님을 팔자의 굴레로 얽어매는 거예요."

가치 없고 거짓된 예언들은 우리가 깨닫지 못하는 사이에 잠재의식 또는 무의식으로 남아서 우리를 속박한다. 인간의 마음은 자기의 선천적인 운명이 좋다고 하면 교만해지고, 나쁘다고 하면 낙심하기 쉬운 법이다. 그리고 교만이나 낙심, 어느 쪽이든 우리에게 좋지 않다.

팔자타령

우리는 안 좋은 일이 일어나면 습관적으로 팔자타령을 한다. 그 밑바탕에는 '사람은 팔자대로 살아간다'는 운명론이 짙게 깔려 있다.

팔자와 관련하여 가장 먼저 떠오르는 속담은 무엇일까? 아마도 '개 팔자가 상팔자'라는 속담 아닐까? 이는 놀고 있는 개가 부럽다는 뜻으로 자신이 분주하고 고생스러울 때 쓰는 말이다.

심히 그 뜻이 무서운 속담도 있다. '팔자는 독에 들어가서도 못 피한

다.', '이 도망 저 도망 다해도 팔자 도망은 못한다' 등의 말이 바로 그
것이다. 이 말 속에는 다른 것은 몰라도 팔자는 어떤 방법을 써도 피하
지 못한다는 체념이 깔려 있다.

더 나아가 우리에게 직격탄을 날리는 속담도 있다. '뒤로 오는 호랑
이는 속여도 앞으로 오는 팔자는 못 속인다'라는 말이다. 이는 우리의
운명은 우리 자신 마음대로 할 수 없음을 극명하게 보여주는 속담이다.

이렇듯 우리는 알게 모르게 많은 속담들 속에서 피할래야 피할 수 없
는 '팔자'를 만나 왔으며, 그만큼 일상에서도 의식적으로 무의식적으로
팔자에 얽혀 살아가고 있는 것이다.

첨단시대의 아이러니, '미래예측산업'

원래 이 팔자(八字)라는 말은 사주에서 나온 것이다. 사주는 음양오행
설에 기초해 명을 예측하는 일종의 학(學)이다. 이는 '한 사람이 태어난
연(年), 월(月), 일(日), 시(時)의 4개의 기둥(四柱)에 각각 두 자로 된 간
지를 붙여 만든 여덟 글자(八字)가 서로 영향을 미치면서 일생의 운명
을 결정한다'는 것을 요지로 하고 있다.

문제는 지난날 미신으로 여겨왔던 사주풀이를 비롯한 점술문화가 아
이러니컬하게도 오늘날 정보통신기술이라는 '새 옷'을 입고 최고의 호
황을 누리고 있다는 사실이다.

왜 우리는 점술에 열광하는가?

첨단과학의 시대라고 하는 21세기에 대체 무엇이 한국인으로 하여금
점을 보러 가게 하는 것일까?

여러 사회학자들은 다음과 같은 이유를 들어 설명한다.

첫째, '불확실한 현실과 불확실한 미래'다.

우리는 원칙이 통하지 않고, 변화가 잦은 사회 속에서 살고 있다. 한국인이 점을 좋아하는 이유는 바로 그 불안정한 사회현실 때문이다.

둘째, '쏟아지는 정보 속, 선택의 `문제'다.

점보는 것을 유난히 좋아하는 사람들은 낯모르는 역술인에게서 들은 내용을 철석같이 믿고 따르는 경우가 많다. 이것은 문화가 다원화하고 사회가 복잡해지면서 생존경쟁이 더욱 치열해짐에 따라, 믿고 의지할 수 있는 권위가 점차 사라졌기 때문이다.

셋째, '속전속결(速戰速決)주의 코드'다.

우리나라 사람들이 유난히 '빠른 것'을 좋아한다는 것은 이미 세계가 다 아는 사실이다. 따라서 현실이 아닌 내세에서의 행복을 보장하는 다른 종교에 비해, 점은 그 자리에서 바로 예언을 들을 수 있기에 훨씬 매력적으로 느껴지는 것이다.

넷째, '운명론(숙명론)에 대한 믿음'이다.

사회가 아무리 다변화하더라도 우리문화의 기본 바탕에는 동양적인 사상이 내재해 있음을 부정할 수 없다. 따라서 동양적인 운명사상을 믿는 것은 한국인이 점을 좋아하는 또 다른 이유가 된다.

마지막으로, '고민을 나눌 상대의 부재(不在)'다.

어떤 학자는, 현대사회에서 인정받는 종교인, 가톨릭 신부나 불교 고승을 만나 이야기를 들으면 마음이 후련해지는 것과 역술인에게 돈을 주고 점을 보면 마음이 편해지는 심리를 같은 선상에 놓기도 한다.

이러한 요인들이 지위의 높고 낮음, 남녀노소를 막론하고 점 한번 안 보는 것이 점 한번 보는 것보다 더 힘든 현실을 만들었다고 볼 수 있다.

그러나 과연 이것만이 우리의 최선책일까? 그 대답은 물론 노(No!)
이다.

팔자에 대한 집착이 팔자가 된다

과연 팔자라는 게 있는가?

과연 팔자라는 게 있는가? 이 물음과 관련하여 리이위(李一宇)가 쓴
『세치 혀가 백만 군사보다 강하다』라는 책에 재미있는 이야기가 있다.

옛날에 아주 영험한 도사가 있었다. 많은 사람들이 점을 보기 위해
몰려들었는데, 어느 날 과거 시험을 보러 가는 수재 세 명이 찾아왔다.
그들은 누가 과거에 합격될지 알고 싶어 도사에게 뜻을 밝힌 후에 향을
피우고 절을 올렸다. 도사는 눈을 지그시 감더니 그들에게 손가락 하나
를 내밀고는 아무 말도 하지 않았다. 잠시 후, 도사는 먼지떨이를 흔들
면서 이렇게 말했다.

"가보세요, 그때 가면 자연히 알게 될 거요. 이것은 천기라서 누설할
수가 없습니다."

세 명의 수재는 궁금했으나 그대로 돌아갈 수밖에 없었다. 수재가 돌
아간 후에 시종이 호기심에 차서 물으니 이미 밝혔다고 말했다. 시종이
다시 물었다.

"그럼, 스승님께서 손가락 하나를 내민 것은 무슨 뜻입니까? 한 명이
합격된단 말입니까?"

"그러니라."

"그들 가운데 둘이 합격된다면요?"

"그럼, 하나가 합격되지 못한다는 뜻이니라."

"그들 셋이 모두 합격되면 어떻게 하죠?"

"그때는 하나도 빠짐없이 모두 합격된다는 뜻이니라."

시종은 그때서야 깨닫고 나서 말했다.

"이것이 바로 '천기'였군요."

사주팔자를 불신하는 시각은 조선시대 일화에도 드러난다.

성종(成宗)은 자신과 사주가 똑같은 과부가 성 안에 살고 있다는 소문을 듣고서 그 과부를 불러들여 살아온 인생역정을 물어보았다. 과부의 삶은 다음과 같았다. 성종이 세자로 책봉되던 해에 이 여인은 어머니와 사별했고 성종이 임금으로 등극하던 해에 이 여인은 남편과 사별하여 과부가 되었다. 따라서 성종은 자신에게 경사스러운 일이 있던 해마다 이 여인에게는 불행한 일이 겹쳐서 지금은 밥을 빌어먹고 있는 처지임을 확인하고는 '못 믿을 건 사주로다' 하며 개탄하였다고 한다.

피라니아의 비극

우리는 흔히 운명론에 굴복하여 체념하는 이야기를 듣는다.

"이렇게 사는 것이 내 팔자이며 내 운명이야. 아무리 노력해도 난 벗어날 수가 없어!"

과연 '벗어날 수 없다'는 말은 맞는가? 이에 대해 올바른 답을 얻기 위하여 피라니아의 이야기를 들어보자.

남아메리카의 강에 사는 육식어 피라니아를 수조에 넣고 다음과 같은 실험을 했다고 한다. 피라니아가 먹이를 받아먹기 위해 수조 한쪽 끝으로 몰렸을 때, 수조의 한가운데를 투명한 유리판으로 막는다. 먹이를 먹고 반대쪽으로 헤엄쳐 가려던 피라니아는 투명한 유리판에 부딪혀 더 이상 앞으로 나아가지 못한다. 피라니아는 끊임없이 돌진하지만 번번이 고통만을 얻게 된다. 시간이 흐르면서 그들은 차츰 환경에 적응하게 되고, 유리판을 향해 돌진하기를 멈춘다.

몇 주일 후 유리판을 치워버려도 피라니아는 예전처럼 자유롭게 헤엄치려 하지 않는다. 수조 가운데쯤 가다가 자진해서 되돌아올 뿐이다. 만약 그들이 말을 할 줄 안다면 이렇게 외칠지도 모른다. "여기가 끝이야, 나는 여기서 더 갈 수 없어!"

사람들도 마찬가지다.

우리는 수조에 갇힌 피라니아처럼 자신의 능력과 본분을 망각한 채 살아갈 때가 있다. '나 같은 사람이 어떻게…….', '내 머리로는 감당 못할 것 같은데.' 이러한 말로 자신을 학습시켜 놓았기 때문이다.

수조 속 피라니아로 살 것인가, 자유로운 강물 속 피라니아로 살 것인가.

자아상이 바뀌면 팔자도 바뀐다

성공과 실패는 자아 이미지에 달려 있다

자아 이미지 심리학의 선구자인 프레스코트 레키(Prescott Lecky) 박사는 개인의 자아 이미지가 그 자신의 인생에 얼마나 큰 영향력을 행사하는지를 실험으로 입증하였다.

그는 자신의 학생들이 어떤 과목을 학습하는 데 애를 먹는 경우, 그것은 그 과목을 배우는 데 자신을 일치시키지 못했기 때문이라는 이론을 펼쳤다. 그는 만일 학생들이 자아 이미지를 변화시키도록 유도할 수 있다면 학습 능력 또한 크게 향상될 것이라고 믿었다.

이러한 생각은 다음과 같은 사례를 통해 입증되었다. 단어 시험에서 100개 중 55개의 철자가 틀려서 여러 과목에서 낙제점을 받았던 학생이 다음 해에는 평균 91점을 받아 교내에서 가장 뛰어난 학생이 되었다. 학점이 나빠 학교를 그만둔 한 여학생은 콜롬비아 대학에 입학하여 전 과목 A학점을 받는 우등생이 되었다. 시험 당국으로부터 영어를 구사할 능력이 없다고 통보를 받았던 한 소년은 다음해 문학상 시상식에서 표창장을 받았다.

그 학생들의 성적이 나쁜 것은 그들이 아둔하거나 기본 능력이 부족해서가 아니었다. 문제는 부적절한 자아 이미지였다. 그들은 우연히 시험 성적이 나쁘게 나온 사실을 토대로 다음과 같은 결론을 내렸다.

"나는 수학적인 개념이 없어요."

"나는 천성적으로 철자에 약해요."

한마디로 그들은 점수와 실패를 동일시했던 것이다. 그저 "시험에 떨어졌어요"라고 말하는 대신에 "나는 실패자입니다"라는 결론을 내리고, "그 과목에서 낙제했어요"라고 말하는 대신에 "나는 낙제생이에요"라고 말했던 것이다(맥스웰 몰츠, 『성공의 법칙』 참조).

이렇듯이 사람은 스스로 그려놓은 자아 이미지에 따라서 반응한다. '나는 할 수 있어'라고 생각하는 사람은 결국 해낸다. '나는 할 수 없어'라고 생각하는 사람은 결국 하지 못한다.

'나는 운이 좋다'고 말하라

일본 마쓰시타 전기의 창업자, 마쓰시타 고노스케는 신입사원 면접 때에 반드시 이런 질문을 했다고 한다.

"당신의 인생은 지금까지 운이 좋았다고 생각합니까?"

그는 이에 대한 답변을 들은 후, 그들 중 "아니요, 운이 좋았다고는 생각하지 않습니다"라고 말한 사람들은 채용하지 않고, "운이 좋았습니다"라고 대답한 사람은 전부 채용했다고 한다. 마쓰시타 고노스케는 '우수'한 것보다 '운'을 더 중요시했던 것이다. 그 이유는 무엇일까?

그 해답은 바로 "나는 운이 좋습니다"라고 자기 입으로 말할 수 있는 사람의 심층의식에 있다. 이렇게 말하는 사람의 심층에는 "내 힘만으로 된 것이 아니야"라고 하는 주변에 대한 '감사'의 마음이 반드시 있다고 한다.

밑바탕에 감사의 마음이 있는 사람은 당장은 우수하게 보이지 않아도, 반드시 좋은 인재로 성장할 수 있다는 가능성을 보았던 것이다. 그리고 사실 "예, 운이 좋았습니다"라고 바로 그 자리에서 대답해서 채용된 사람들이 과장이 될 무렵에는 그들의 뛰어난 능력에 힘입어 마쓰시타의 황금기에 돌입했다고 한다.

긍정적인 사고방식을 가지고 늘 감사하는 태도로 사는 사람에게는 행운이 찾아오는 반면 부정적인 사고방식을 가지고 늘 불평을 일삼는 태도로 사는 사람에게는 불운이 찾아온다.

성공한 사람들은 흔히 '운이 좋았다'고 말한다.

"나는 상사를 잘 만났어. 나를 믿고 일을 맡겼거든. 정말 운이 좋았어."

"부하 직원이 참 유능했어. 열심히 도와준 덕분에 목표를 달성했으니까. 운이 좋았어."

자신을 '운 좋다고 생각'하는 성공한 사람들에게는 공통된 특징이 있다. 그들은 남과 똑같은 상황에서도 남보다 더 많이 감사할 줄 안다.

세리, 죄인, 창녀들의 대반전

필자는 성경에서 가장 감동적인 이야기로 세리, 죄인, 창녀들의 반전을 꼽는다. 당시 유다인 사회에는 운명론에 빠진 사람들이 있었다. 바리사이와 율법학자들이 그랬다.

그들은 자연 재해, 실명, 신체의 마비 등과 같은 것들을 전부 하느님의 형벌이라고 보았다. 그들은 나병 환자들을 부정한 자들이라고 여겼기 때문에 공동체에서 격리시켰다. 그들의 눈에 세리, 죄인, 창녀들은 저주받은 팔자의 소유자들이었다. 그래서 그들과 함께 어울리지 못하게 했다. 함께 밥을 먹는 것도 금기시하였다.

이제 이러한 전통은 세리, 죄인, 창녀들 자신들의 '자아상'으로 굳어져 버렸다. 그들은 스스로를 '끝장난 인생', '저주 받은 운명', '지옥에 떨어질 죄인'으로 여겼다.

그런데 이들이 예수를 만나서 대변신을 하게 되었다. 당당한 하느님의 사랑받는 자녀로서 자의식을 회복하게 되었다.

예수를 만난 이들은 하나같이 불행한 운명에서 행복한 인생의 주인공으로 변화하는 대반전을 체험하였다. 나병 환자가 치유되었고, 악령 들린 자들이 풀려났고, 절름발이가 걷게 되었고, 벙어리가 말하게 되었고, 12년간 하혈병을 앓던 여인이 낫게 되었고, 그 밖에도 신나는 일들이 도처에서 발생했다.

이러한 대반전 드라마는 2000년 전의 박제된 사건이 아니라, 오늘에도 계속되고 있다.

네 손가락의 피아니스트

'네 손가락의 피아니스트'로 우리에게 잘 알려진 이희아(1985-)는 두 손을 다 합쳐 손가락이 네 개이고, 무릎 아래로 다리가 없는 선천성 사지 기형의 1급 장애우이다. 그러나 그녀는 열 손가락이 다 있는 사람이 치기도 힘들다는 쇼팽의 「즉흥환상곡」을 감미롭게 연주하며 국내외 장애·비장애인 모두에게 온몸으로 희망을 전하는 피아니스트가 되었다.

그녀는 연필이라도 쥘 수 있게 하려는 부모의 바람으로 일곱 살 때부터 피아노를 시작했지만 그녀 자신조차도 피아니스트가 되리라고는 생각하지 못했다고 한다.

그렇다면 그녀는 어떻게 피아니스트가 될 수 있었던 것일까? 월간 〈참 소중한 당신〉 2005년 9월호의 인터뷰에서 그녀는 "그건 하느님이 원하셨기 때문에 가능했던 거라고 생각해요"라고 말했다.

그녀의 부모는 딸이 어렸을 때부터 틈나는 대로 성경 비디오를 보여주며 함께 복음을 묵상하는 시간을 가졌다고 한다. 또한 피아노를 치기 힘들어도 바로 그 피아노 연주를 자기의 길, 자신의 십자가로 받아들이고 고통을 이겨내길 바랐다고 말했다. 이러한 믿음에 대한 응답으로 그녀는 어딜 가나 항상 하느님께서 자신과 함께 계시다는 걸 믿었고, 굳은 신앙과 피나는 노력으로 꿈을 현실로 만들었던 것이다. 그녀는 진정 신앙으로 팔자를 고친 이 시대의 아름다운 피아니스트다.

운명적으로 정해진 팔자는 없다. 팔자에 대한 집착이 팔자를 만든다. 자아상이 바뀌면 팔자가 변한다. 부정적인 자아상을 벗어버리고 자신의 미래를 긍정적으로 설계하라. 하늘은 스스로 돕는 자를 돕는다. 행운은 내가 만들어가는 것이다.

I can do it

1. '팔자타령'의 굴레를 벗어나자. 긍정적인 자아 이미지로 나 자신의 '자아상'을 새롭게 만들자.
2. '나 같은 사람이 어떻게'라는 고정관념에서 벗어나자.
3. '나는 할 수 있어!', '누군가가 나를 돕고 있어'라고 말하자.

레나 마리아 이야기

　스웨덴이 낳은 세계적인 가스펠 가수 레나 마리아의 이야기다. 그녀는 「발로 쓴 내 인생의 악보」와 「해피 데이즈」로 잘 알려진 천상의 목소리의 주인공이다. 그런데 가스펠 가수로는 드물게, 3일 동안 진행된 콘서트에 관객이 1,500명이나 참석하였다고 한다.

　레나 마리아는 1968년 스웨덴의 한 마을에서 두 팔이 없고 한쪽 다리가 짧은 중증 장애우로 태어났다. 병원에서는 부모에게 그녀를 보호소에 맡길 것을 권유했지만, 그녀의 부모는 하느님이 주신 아이로 확신하고, 신앙으로 정상아와 똑같이 키웠다.

　그 결과, 그녀는 세계 장애인 수영 선수권 대회에서 4개의 금메달을 땄고, 대학 졸업 후에는 가스펠 가수로 전 세계를 다니며 하느님의 사랑을 전하고 있다.

　1995년 정상인 비올라 연주가인 비욘 클링벨과 결혼한 레나는 스웨덴에서 행복하게 살고 있다고 한다.

　레나 마리아는 「My Life」라는 노래에서 이렇게 찬양하고 있다.

　"예수님, 당신께 제 마음과 영혼을 드리겠습니다. 나를 당신께 드리고, 당신 손 위에 내 인생을 올려 두겠습니다."

3 뇌 속에 성공이 있다

뇌와 인생

달콤한 휴식

필자는 대학 졸업 후 해군 학사 장교(OCS)로 군복무를 하였다. 해군 지원 생도와 해병대 지원 생도들이 함께 섞여서 딱 100일 훈련을 받고 임관하는데 이 훈련은 '빡세기'로 소문이 나 있다. 누구고 군생활에 얽힌 무용담이 있겠지만, 필자는 작은 체구에 훈련을 참 잘 받았다. 대열을 형성할 때 키 순서로 줄을 서기 때문에 항상 뒤에서 두 번째 아니면 세 번째 줄에 서야 했지만, 최종 성적은 전국 유수의 대학 인재들이 모인 해군 150명에서 10등을 하였다. 이것도 권총 사격에서 0점을 받은 것을 감안한다면 이론과 체력 훈련 전 부문에서 좋은 성적을 올렸다는 이야기가 된다.

훈련 시절 필자는 동료들로부터 '차돌'이라는 별명을 얻었다. 그런데 이것은 전적으로 '뇌'의 상상력을 활용한 덕이었다. 필자는 괴로운 훈련이 있을 때마다 상상의 세계로 들어가 소위 무릉도원을 즐겼다. 그러면 시간이 금세 갔다. 10km 구보를 할 때 필자는 마음속으로 묵주알을 굴리며 기도를 하였다. 그 덕에 힘든 줄을 몰랐다. 매번 옆에서 견디지 못하고 처지는 동료의 총을 들어주고 뛰었던 것을 기억한다.

한번은 이런 일이 있었다. 훈련의 피크라고 하는 '지옥주'를 보내고 있을 때였다. 지옥주는 말 그대로 지옥과 같은 주(週)이다. 일주일 내내 밥을 굶기고 잠을 안 재우고 좌학(＝이론 수업)과 훈련의 강도는 더 세게 하여 한계상황을 견디게 하는 훈련이 바로 지옥주인 것이다. 이때는 좌학과 좌학 시간 사이의 쉬는 시간마저 쉬지 못하고 풀 점핑(full-jumping)훈련에 빼앗기고 만다. 졸리고 배고프고 몸은 늘어지고 하는 상황에서 '풀 점핑'은 그야말로 상 고문이었다. 다리가 땅에 딱 붙어서 떨어지질 않았다. 훈련을 시키는 구대장들은 작대기 하나씩 들고 다리 밑을 휘둘렀다. 그러면 맞지 않으려고 팔짝 뛰기 때문에 풀 점핑은 아닐 망정 억지로라도 점핑이 이루어졌기 때문이었다. 필자는 이 고통을 또 '상상력'으로 극복하였다. 내 몸이 깃털처럼 가볍다고 생각하고 미친 듯이 뛰었다. 이런 내가 눈에 띄었던 모양이다. 구대장이 나에게 다가와 지휘봉으로 배를 찔렀다. 필자는 관등성명을 큰 소리로 댔다.

"네, ○○번 ○○○사후생."

"복창."(따라서 하라는 지시)

"복차－앙!"

"훈련 상태 양호."

"훈련 상태 양호!"

"휴식."

"휴식!"

그 덕에 필자는 쉬는 시간 내내 혼자서만 쉴 수 있었다. 참 달콤한 휴식이었다. 다른 동료들에게는 얄밉게 보였겠지만 훈련 기간 동안 필자에게는 이런 에피소드들이 많이 생겼다. 모두가 뇌의 상상력과 정신력 덕이었다.

고문관과 레인맨

군대를 다녀온 사람이라면 '고문관'이라는 말을 이해할 것이다. 고문관은 훈련을 받을 때 마음과 몸이 따로 놀아 지휘관의 명령을 즉각 이행하지 못하는 사람을 일컫는다. 남들은 '좌향좌'할 때 '우향우'를 한다든지 행군을 할 때 팔과 다리가 교차되어 움직이지 않고 같이 수평으로 움직인다든지 하여간 행동거지가 우스꽝스러운 사람이 꼭 부대마다 한두 명씩 있다. 그런데 재미있는 것은 이런 '고문관' 가운데 석·박사 학위 소지자들이 많이 있다는 사실이다. 학교 다닐 때는 인재 소리를 듣던 사람들이 군대에 와서 바보 취급을 받는 것이다.

영화 「레인맨」의 실제 주인공인 킴 피크는 7천 800여 권 이상의 책을 송두리째 암기한 걸어 다니는 백과사전이었다. 또한 그는 두 권의 책을 동시에 읽는가 하면, 책을 거꾸로 들고 읽거나 심지어 다른 사람들과 얘기하면서도 책을 독파할 수 있었다. 이러한 탁월한 능력을 갖고 있던 그였지만 특별한 신체적 장애가 없음에도 불구하고 면도나 옷입기 등을 혼자 힘으로 하지 못했다.

고문관과 레인맨, 이들은 뇌가 골고루 발달된 것이 아니라 일부만 특출나게 발달되고 다른 부분은 결함을 지니고 있기 때문에 이런 고초를 겪는 것이다. 이렇듯이 한 사람의 성격과 능력은 자신의 뇌 기능과 긴밀하게 연관되어 나타난다.

뇌는 결국 한 사람의 인생을 결정짓는다. 그러기에 국내 뇌 의학 연구 일인자라 일컬어지는 서유헌 박사는 이렇게 주장한다.

"내가 곧 뇌이며 뇌가 곧 나이다."

운명을 바꿔주는 신발상(新發想)

우스갯소리로 "머리가 나쁘면 다리가 고생한다"는 말이 있다. 또 "머리가 나쁘면 평생 고생한다"는 말도 있다. 매사에 머리를 쓰며 살라는 말인 것이다.

머리를 잘 쓰면 팔자가 바뀐다. 발상 하나가 세계적인 갑부를 만든다. 클립(clip)을 예로 들어보자. 오늘날 사람들에게 철사를 주고 서류를 묶는 클립을 만들어 보라고 하면 누구든지 만들 수 있다. 그런데 이것을 처음으로 생각해낸 사람은 특허권을 얻어서 세계적인 갑부가 되었다.

그러니 평소 떠오르는 발상을 소중히 여길 줄 알아야 한다. 기회를 잘 만나면 그 발상이 나의 운명을 바꿔줄 수 있는 것이다.

포스트 잍이 처음 나왔을 때, 사람들의 반응은 "어쩜 이렇게 기발한 생각을 다했을까"였으리라. 하지만 사실 포스트 잍을 상징하는 '붙였다 떼었다' 하는 접착제가 처음 개발되었을 때, 3M사의 경영진은 이런 생각을 했다고 한다.

"어쩌다 이런 게 다 나왔을까."

새로운 접착제를 연구하던 3M은 오랜 실험 끝에 '접착성 중화제'를 대량으로 개발하였다. 그러나 문제는 이 제품이 접착제 특유의 밀착력이 떨어진다는 것이었다. 버릴 수도, 판매할 수도 없어 고심하던 3M은 그대로 5년을 흘려보냈다.

그 후 1974년, 3M에 근무하던 아서 프라이는 "완전하게 붙지 않는다면……, 붙었다 떨어졌다 하는 접착제라면……, 그래, 아예 붙였다 떼었다를 할 수 있는 제품으로 만들면 되지!"라는 발상을 떠올렸다.

그가 이런 생각의 전환을 하게 된 데에는 다음과 같은 경험이 밑받침되었다. 교회에서 기도하는 도중, 그는 성가책에 꽂아 두었던 메모들을 바닥에 쏟았다. 그것들을 주우면서 그는 '잠깐이라도 쉽게 붙어있는 메모지가 있었으면……'이라는 우연한 생각을 했고, 그것이 결국 포스트 잇의 탄생을 만들었다. 자칫 '쓰레기'가 될 뻔 했던 접착제가 작은 생각의 전환 하나로 한 기업의 '효자 브랜드' 노릇을 톡톡히 해내게 된 것이다.

이처럼 새로운 발상은 문제를 해결해줄 뿐 아니라 새로운 인생의 길을 열어주기도 한다. 우리의 인생은 머리를 어떻게 쓰며 사느냐에 달려있다고 해도 과언이 아닌 것이다.

뇌내 혁명

뇌의 기능을 잘 활용하면 행복하게 살 수 있다. 뇌의 잠재력을 충분히 발휘시키면 반드시 성공할 수 있다. 나아가 뇌는 건강의 열쇠이기도 하다.

『뇌내 혁명』의 저자인 하루야마 시게오는 이러한 뇌의 영향력에 대하여 심도 깊은 연구를 했다. 그는 '마음으로 생각하는 것'은 추상적인 관념 상태에서 그치지 않고 반드시 구체적인 물질로 변화되어 '육체에 작용한다'는 사실을 밝혀냈다. 그 결과 그는 '플러스 발상'의 중요성을 내세운다.

인간이 화를 내거나 긴장하면 뇌에서는 노르아드레날린을 분비한다. 공포감을 느끼면 아드레날린을 분비한다. 분노라는 정보가 전달되면 육체는 경계 상태에 들어가 매우 활동적인 상태가 된다. 그런데 불행하게도 이 물질은 대단한 독성을 갖고 있어서 화를 자주 내거나 스트레스를 많이 받으면 그로 인해 발생되는 노르아드레날린의 독성으로 병에 걸리거나 노화가 촉진되어 그만큼 빨리 죽게 된다.

반대로 늘 미소를 띠고 사물을 긍정적으로 생각하면 뇌 안에서는 뇌세포를 활성화하고 육체를 이롭게 만드는 'β-엔돌핀'이라는 유익한 호르몬이 분비된다. 이 호르몬은 인체를 젊게 만들 뿐 아니라 암세포를 파괴하고 인간의 마음을 즐겁게 한다. 따라서 인생을 즐겁고 건강하게, 암이나 성인병에 걸리지 않고 장수하기를 바란다면 이처럼 좋은 호르몬을 많이 분비하는 삶을 살아야 한다.

이는 무엇을 말하는가? 바로 뇌 속에 인간의 성공과 행복이 있다는 말이다. 곧 '뇌내 혁명'은 바로 인생 혁명을 가져다 준다는 말인 것이다.

밝혀지는 뇌의 신비

뇌 속에 미래가 있다

현대는 '뇌 연구'가 대세다. 유행을 좇는 각종 서적들은 경영학, 심리학을 넘어 이제 뇌과학까지 그 영역을 넓혔다.

세계적인 추세도 마찬가지이다. 미국 과학재단(NSF) 등에서는 과학의 패러다임이 현재의 정보통신에서 바이오, 나노기술을 거쳐 종국에는 뇌 인지분야로 융합될 것임을 강조하고 있다.

세계 최초로 초소형 단분자 트랜지스터를 개발, 지난 2000년 네이처지 표지를 장식한 바 있는 나노 반도체 분야의 세계적인 전문가인 박홍근 하버드 대학 교수는 최근 나노기술을 이용한 뇌 연구로 관심 분야를 확장했다. 특히, 이 뇌 연구는 하버드 의과대학 등과 공동으로 수행중이라 한다.

왜 사람들의 관심은 '뇌'에 쏠리고 있는 것일까? 뇌에 인간의 무한한 가능성이 숨겨져 있기 때문이다. 아니 뇌가 인간의 전부이기 때문이다. 그러므로 뇌에 대한 연구는 결국 인간에 대한 연구인 셈이다.

뇌의 구조

뇌는 인간의 모든 행동과 의식, 무의식의 출발점이다. 그리고 생리작용의 중추이며 정서와 느낌의 중추이다. 즉, 뇌는 하느님이 만드신 최고의 걸작품으로서 인간의 고귀한 정신과 창조활동의 본산이며, 인격의 주체일 뿐만 아니라 모든 행동과 감정을 주관한다.

우리 뇌는 크게 세 층으로 나뉘는데 뇌간, 변연계, 대뇌피질이 그것이다. 뇌간은 뇌의 가장 아래쪽 척수와 연결되는 부위에, 변연계는 그 위쪽에 연결되며 대뇌피질은 변연계 전체를 감싸고 있는데 이 셋 중에서 가장 크다.

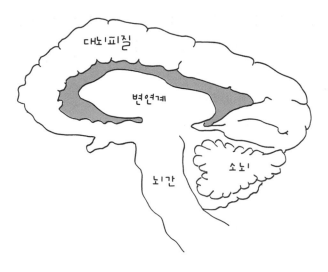

파충류의 뇌에 해당하는 뇌간은 맥박, 호흡, 소화 등 생존에 가장 중요한 대사 기능을 담당하므로 문제가 생기면 목숨을 유지할 수 없다.

포유류의 뇌에 해당하는 변연계는 감정, 욕구, 충동과 같은 파충류가 가진 것보다는 좀더 고차원적이고 포유동물로서의 특징을 드러내는 기능을 관장한다. 변연계는 생존에 가장 필요한 본능에 속하는 식욕과 성욕도 관장한다. 뇌간과 변연계에서 관장하는 기능들은 본능에 속하는 것으로서 매우 강한 힘을 지니고 있다. 그래서 이 본능을 인위적으로 거부하는 것은 대단히 힘들다.

영장류의 뇌에 해당하는 대뇌피질은 주름이 많이 잡혀 있고, 앞쪽의 전두엽, 위쪽의 두정엽, 뒤쪽의 후두엽, 옆에 있는 측두엽 등 4개의 엽으로 구성되어 있다. 대뇌피질은 외부의 세계를 깊이 인지하고 생각하며 인과율에 따라 앞뒤를 분간하고 판단하는 등 여러 가지 일들을 수행한다. 우리는 대뇌피질을 지님으로써 인간으로서의 능력과 품위를 가지는 것이다. 즉, 각종 기술문명과 문화를 가꾸고 음악, 미술, 문학 등 예술을 통해 이전에는 없던 어떤 새로운 창조적인 작업을 한다.

그러나 대뇌피질, 변연계, 뇌간은 각각 독립된 존재가 아니다. 대뇌피질이 활동할 때 언제나 변연계 및 뇌간과 함께 한다. 그래서 인간이 지닌 본능은 다른 일반 동물들의 본능과 동일하지 않다. 고도로 발달된 대뇌피질의 작용을 받은 본능, 지성의 안내를 받은 본능인 것이다.

침팬지와 인간의 차이

인간을 구성하는 유전자 정보의 지도인 DNA는 뇌와 뗄 수 없는 관계이다. 그런데 인간과 침팬지의 DNA 구조는 98.7%가 동일하다고 한다. 즉, 차이는 1.3% 뿐이다. 그러나 이 차이는 대단히 크다. 이 '1.3'의 수치 차이가 인간과 동물을 나누었다. 이 차이가 인간을 만물의 영장으로 만들었다. 이 1.3%의 차이 때문에 인간은 동물원 우리 밖에서 구경하며 살지만 침팬지는 동물원 우리 안에서 갇혀 사는 신세가 된 것이다. 인간은 침팬지와 98.7%를 공유하고 있지만 다른 1.3% 덕에 인간인 것이다.

인간이 인간답지 못하게 사는 것은 이 1.3%의 기능이 제대로 발휘되지 못하기 때문이다. 1.3%만 살리면 고상한 인간이 된다.

이 사실은 우리의 삶에 영감을 준다. 우리는 무엇을 하든지 1.3%만 변화시키면 자연히 100%가 바뀌게 된다. 하루 24시간 가운데 1.3%, 곧 약 20분만 변화된 행동을 하여도 인생이 바뀌게 된다는 이치인 것이다.

좌뇌, 우뇌, 그리고 뇌량

인간의 대뇌는 좌뇌와 우뇌로 나뉘어져 있다. 두 개로 갈라진 반구들은 크기가 다를 뿐만 아니라 기능에도 차이가 있고 생성하는 뇌 호르몬에도 차이가 있다. 우반구는 신체의 왼쪽을 통제하고 좌반구는 신체의 오

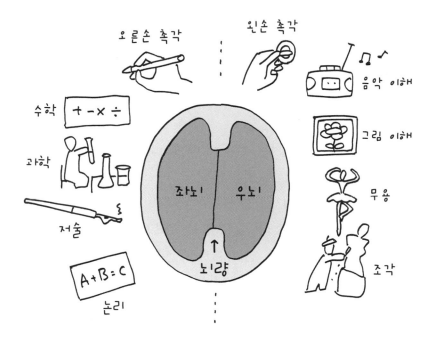

른쪽을 지배한다. 좌우반구 사이의 교신은 '뇌량(腦梁)'이라고 불리는 밀집된 신경섬유의 다발을 통해 이루어진다.

일반적으로 좌뇌는 언어적, 수리적, 분석적, 논리적, 이성적 분야를 담당한다. 즉, 좌뇌는 논리적인 사고에 능해서 숫자나 기호를 잘 인식하고 읽기와 쓰기, 그리고 계산하는 능력이 강하다.

반면 우뇌는 비언어적, 시공간적, 직관적, 감성적 분야를 담당한다. 우뇌는 공간 인식의 기능을 담당하고, 시각적 정보를 종합적으로 파악한다. 특히 감성적 세계에 강하여 음악, 미술 등 예술 분야를 담당한다.

좌뇌의 생각은 논리가 정연한 반면에 결정을 내리는 데에 시간이 걸리므로 급한 상황에서는 직감적이고 순간적인 우뇌의 결정에 따른다.

이러한 특수화에도 불구하고 좌뇌와 우뇌는 하나의 기능 단위로 작용한다. 뇌량을 통해 좌뇌와 우뇌 사이에 정보교환이 이루어지기 때문이다.

균형 잡힌 뇌를 키워가는 것은 중요한 일이다. 자신의 뇌에 어떤 것을 입력할 것인가를 결정하는 것은 대부분 자기 스스로 하는 것이므로 뇌는 결국 스스로 만들어가는 것이다. 나의 뇌를 어떻게 만들어갈 것인가, 나를 어떤 인간으로 다듬어나갈 것인가는 스스로 책임을 지고 결정해야 한다. 그래서 뇌 연구가 다치바나 다카시는 다음과 같이 말한다.

"흔히 사람은 마흔을 넘기면 자기 얼굴에 책임을 져야 한다.

하지만, 나는 사람은 스무 살이 지나면 자기 뇌에 스스로 책임을 져야 한다고 말하고 싶다"(다치바나 다카시, 『뇌를 단련하다』에서).

뇌와 쾌감

인간의 마음을 관장하는 뇌에는 에이 텐(A10)이라는 신경이 들어 있다. 이 신경은 쾌감신경이라고도 하는데, 이 신경이 어떤 자극을 받으면 우리 인간에게 쾌감을 전달한다. 그런데 여기에서 흥미로운 것은 이 신경이 성욕과 식욕, 체온 조절과 같은 극히 원시적인 생리 욕구에서 운동과 학습, 기억은 물론 지고한 인간 정신을 관장하는 대뇌피질의 전두엽 분야까지 연결되어 있다는 사실이다.

이는 심리학자 아브라함 마슬로우(Abraham H. Maslow) 박사의 「욕구 단계설」이라는 이론과 일맥상통한다. 그는 인간의 욕구를 크게 다음과 같이 다섯 가지로 구분한다: (1) 생리 욕구 (2) 안전 욕구 (3) 소속

감과 사랑에 대한 욕구 (4) 인정을 받으려는 욕구 (5) 자기실현의 욕구.

이 다섯 가지 욕구는 계단을 오르듯 낮은 차원의 욕구에서 점차 높은 차원의 욕구를 향해 단계적으로 상승한다. 마슬로우 이론은 현대 심리학계에서 일부만이 받아들이는 이론이지만 이 이론의 시사성이 여전히 유효한 것도 사실이다.

여기서 인간이 낮은 단계의 '생리 욕구', '안전 욕구' 그리고 '소속감과 사랑에 대한 욕구'의 충족에 머물게 되면 결국 파충류의 뇌로 상징되는 '간뇌'와 포유류의 뇌로 상징되는 '변연계'의 지시에만 따르는 차원에 주저앉고 만다. 물론 에이 텐(A10) 신경은 이것들과도 연결되어 있지만 말이다.

그러나 인간이 여기에서 한 단계 더 올라가 '인정을 받으려는 욕구(권력욕, 명예욕)' 및 '자기실현의 욕구'를 충족하려 할 때 고차원의 쾌락을 누리게 된다. 이럴 때 에이 텐(A10) 신경은 '지고경험(至高經驗)'에 이르게 되는 것이다. 마슬로우 박사는 고차원적인 자기실현의 욕구를 달성한 사람들이 느끼는 최고의 정신적 상태를 '지고경험'이란 말로 표현하고 있다.

'지고경험'이란 무엇인가? 인간 행복의 절정을 경험한다는 말이다. 결국 인간이 가장 행복하게 느낄 때는 권력이나 명예를 얻었을 때가 아니라, 사랑, 선행, 봉사 등을 통해 자신의 존재 의미를 구현할 때라는 것이다.

뇌 속에 성공을 입력하라

뇌 속에 성공의 메커니즘이 있다

하등 생명체에게 있어 삶의 목적은 오로지 그들의 개체와 종을 보존하고 살아남는 것이다. 예를 들어, 다람쥐는 나무 열매를 모으고 겨울을 대비해 그것을 저장해야 한다는 사실을 본능적으로 안다. 새들도 살기 위해 수천 마일을 날며 때때로 바다를 횡단하기도 한다.

　반면에 인간은 이런 단순한 동물들의 생존 목표 그 이상을 추구한다. 즉, 인간만의 꿈을 추구한다. 문제에 대한 해결책을 제시하고, 발명을 하며, 시를 쓰고, 사업체를 운영하며, 상품을 판매하고, 새로운 과학 분야를 개척하며, 마음의 평화를 얻거나 인격을 개발하는 노력을 하며, 더 만족스러운 삶을 살기 위한 여타의 활동에서 성공을 꿈꾼다. 인간답게 살기 위한 본능, 이를 우리는 성공 메커니즘이라 부를 수 있다(맥스웰 몰츠, 『성공의 법칙』 참조).

　바로 이 성공 메커니즘은 인간의 본능 속에 내장되어 있다. 그러므로 성공적인 삶은 얼마나 이 메커니즘을 잘 활용하느냐에 달려 있다.

성공 메커니즘은 어떻게 작동하는가

인간은 기계도 아니고 컴퓨터도 아니다. 하지만 엄밀히 따져 본다면 인간은 아주 강력한 컴퓨터보다 한수 위인 성공 메커니즘을 지니고 있다. 우리의 두뇌와 신경 체계가 바로 그것이다. 우리 뇌와 신경 체계는 스스로 목표물을 추적하는 어뢰나 미사일과 마찬가지로 어떠한 목표를 달성하기 위해서 자동적으로 작동하는 목표 지향적인 메커니즘을 구성한다.

이러한 메커니즘은 일정한 목표를 달성하거나 주어진 문제를 극복할 수 있도록 올바른 방향을 자동으로 잡아주는 '유도 시스템'의 기능을 한다. 또한 자동으로 문제를 해결하고, 필요한 해답을 주며, 새로운 아이디어나 영감을 제공하는 기능을 할 수 있는 '전자두뇌'의 역할도 담당한다(맥스웰 몰츠, 『성공의 법칙』 참조).

가난한 행상의 아들로 태어난 한 미국 소년이 있었다. 소년은 잠자리조차 없어 이곳 저곳 떠돌아다니며 살았다. 그러나 소년은 적극적인 생각과 겸손한 태도, 그리고 꿈을 가지고 있었다. 소년은 떠돌이 생활을 하다 보니 나중에 성공하면 호텔 사업을 해야겠다고 생각했다. 세월이 흐른 뒤, 소년은 온갖 어려움을 극복하고 드디어 꿈꾸던 호텔의 사장이 되었다. 그가 바로 힐튼호텔 창업자 콘라드 힐튼(Conrad N. Hilton)이다.

어느 날 한 기자가 힐튼에게 성공 비결을 물었다. 그러자 힐튼은 자신의 옆에 있던 5달러짜리 평범한 쇠막대기를 집어 들며 다음과 같이 말했다.

"이 막대기를 그냥 두면 아무데도 쓸모가 없습니다. 그러나 이 쇠막대기로 말발굽을 만들면 10달러 50센트를 벌 수 있습니다. 또 이것으로 바늘을 만들면 3,250달러를 벌 수 있고, 용수철을 만들면 250만 달러를 벌 수 있습니다."

힐튼의 말 속에 힐튼이 성공한 비밀이 숨겨져 있다. 힐튼에게는 탁월한 성공 메커니즘이 작동하고 있었던 것이다. 힐튼은 똑같은 쇠막대기라고 할지라도 어떻게 응용하고 활용하느냐에 따라서 그 부가가치는 확연히 다를 수 있다는 사실을 본능적으로 파악하고 있었던 것이다.

머릿속에 성공의 패턴을 심으라

혹시 GIGO란 말을 아는가? 그것은 'Garbage In, Garbage Out'의 약자로 '쓰레기가 들어가면 쓰레기가 나온다'는 의미이다. 사실 이것은 아주 당연한 논리다. 그러나 이 흔한 구절을 조금 다른 방식으로 인간에게 적용해본다면? 이렇게 되지 않을까?

"GIGO, Good In, Good Out!(좋은 것이 들어가면, 좋은 것이 나온다!)"

우리는 우리의 머릿속에 성공의 패턴을 심을 수 있다. 우리는 성공하는 습관이나 성공의 리듬을 타는 법을 학습할 수 있다.

예를 들어 보자. 초등학교 학생 중 빈번히 낙제하는 학생은 애초에 그가 성공적으로 공부할 수 있는 과제가 적었기 때문에 낙제를 한 것이고 그로 인해 '성공의 느낌', 즉 승리감을 발달시킬 수 있는 기회를 박탈당한 것이다.

따라서 선생님들은 학업 계획을 짤 때 학생들이 성취감을 맛볼 수 있도록 하는 것이 중요하다. 즉, 이때 주어지는 과제는 그 학생의 눈높이에 맞춰야 하며, 의욕과 동기를 유발할 수 있을 만큼 흥미로워야 한다. 이러한 작은 성취감이 학생들에게 '성공의 느낌'을 불어넣어 줄 것이며, 앞으로 모든 과업을 시작할 때 소중한 힘이 될 것이다.

행복가이드

뇌가 '나'이며, 뇌가 '인생'이다. 우리의 인생도 행복도 두뇌를 어떻게 쓰며 사느냐에 달려있다. 실현 가능한 것부터 시작해서 성취감을 즐기도록 해야 한다. 승리가 승리를 가져오고 성공은 성공 위에 지어진다. 작은 성공 경험이 더 큰 성공을 불러온다.

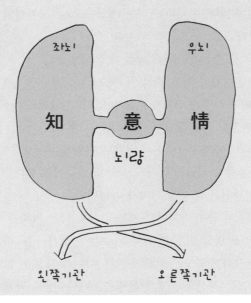

I can do it

1. 생각(좌뇌)과 상상력(우뇌)을 활용하여 행복해지자. 긍정적으로 생각하며 미소를 띠면 엔돌핀이 솟아 행복감을 느낀다.
2. 일상에서 떠오르는 생각들을 메모하는 습관으로 귀중한 아이디어를 놓치지 말자.
3. 뇌 속에 성공의 패턴을 입력하자. 성공하는 습관이나 성공의 리듬을 타는 법을 학습하자. 우선 자신 있고, 재미있는 일부터 시작하자.

운명을 바꾸려면 뇌를 개조하라

인생을 행복하게 살고 싶다고 생각하는 사람은 그런 방향으로 살아갈 수 있다. 또한 인생을 불행하게 살고 싶다고 생각하는 사람은 그런 방향으로 살게 될 가능성이 많다. 우리가 바라는 세상은 결국 자기실현을 향한 세계로 귀착하게 된다.

그러므로 운명을 바꾸려면 먼저 뇌를 개조해야 한다.

적극적 사고 훈련가인 지그 지글러(Zig Ziglar) 박사가 뉴욕의 지하도를 들어가려는데 거지 하나가 연필을 팔고 있었다. 지글러도 다른 사람들처럼 1달러를 주고 연필을 받지 않았다. 그런데 지나쳐 가다가 다시 되돌아와서 거지에게 말했다. "아까 준 1달러의 대가로 연필을 주세요."

거지가 연필을 주자 지글러 박사가 이렇게 힘주어 말했다. "당신도 나와 같은 사업가요. 당신은 더 이상 거지가 아닙니다."

지글러 박사의 이 말 한마디에 거지는 '그래, 나는 거지가 아니야. 길거리에서 돈 1달러를 받고 연필 한 자루씩 주는 사업가라구' 하고 생각했다. 그 순간부터 거지의 자화상은 달라졌을 뿐 아니라 새로운 힘과 용기를 얻을 수 있었다. 그는 자신의 운명과 환경을 바꾸는 말을 되새기듯이 했다. "나는 거지가 아니라 사업가다. 나는 사업가다. 연필을 파는 사업가다."

이렇게 생각의 큰 변화를 겪은 거지는 훗날 정말로 큰 사업가가 되었다. 그리고 지글러 박사를 찾아와 다음과 같이 말했다.

"당신의 말 한마디가 나를 변화시켰습니다. 다른 사람들은 연필도 안 받은 채 돈 1달러만 주고 가기 때문에 나는 늘 거지 자화상을 가지고 있었죠. 그러나 당신은 연필을 받아 가면서 '당신도 나와 똑같은 사업가'라고 말해 주어서 내 인생이 이렇게 바뀔 수 있었습니다."

II

힘을 다하여 : 지성 계발

힘에는 물리적인 힘이 있고 정신적인 힘이 있다
어느 힘이 더 센가. 물론 후자이다
지성 계발은 바로 도전하는 삶을 위한 힘을 키우는 일이다

4 좌뇌에 숨은 블루오션을 찾으라

생각의 힘

머리가 좋은 체질?

필자는 며칠 전 한의사 한 분을 소개받았다. 평소 과로하고 있는 필자의 건강을 염려하시던 분께서 일부러 모셔와 '진찰 한번 받아 보라'며 떠미는 것이었다. 정성이 고마워서 필자는 순순히 응했다. 한의사는 몇마디 묻고 맥을 짚어보시더니 이렇게 말씀하시는 것이었다.

"머리가 무척 좋은 체질이십니다."

그분은 필자가 태양인(太陽人) 계통에 속하기 때문에 그렇다는 말을 덧붙이셨다. 물론 다른 말씀도 했다. 필자가 평소 느끼고 있던 신체 증상들도 족집게처럼 짚어 내셨다. 여하튼 독자께서는 의아스러울 것이다. 머리가 좋은 체질도 다 있나?

한의사의 말이 사실이든 아니든 필자는 '머리'를 써야 하는 일을 소임으로 맡아 충실히 수행하고 있다. 필자는 연구소 소장이라는 직책 때문에 '미래 정보'에 대해 관심이 많다. 정보는 필자의 자산이다. 필자는 강연도 많이 하고 글도 많이 쓴다. 그렇다고 양으로만 땜빵하는 식이 아니다. 늘 질적으로 참신한 아이템을 내어 놓으려고 노력한다. 이는 교만이 아니라 객관적인 진술이다.

이런 필자를 보고 '머리 좋다'고 평하거나 '아이큐가 얼마나 되느냐?'고 물어오는 이들이 드물지 않다. 필자는 이들의 말을 부정하지도 않지만 그렇다고 전적으로 긍정하지도 않는다. 왜냐하면 필자는 그냥 앉아서 '머리'만 믿고 게으름 부리지 않고, 고급 정보를 얻으려고 부단히 노력하기 때문이다. 필자는 길을 가다가 간판을 보고도 시대의 추세를 읽고, TV 드라마나 개그 프로를 보면서도 새로운 정보를 얻는다. 신문이나 잡지를 보면서도 기막힌 정보를 발견하고는 흙에서 진주를 건지는 기쁨을 누리기도 한다.

이런 정보들은 말 그대로 '좌뇌에 숨은 블루오션'을 발굴하는 데 크게 도움이 되고 있다. 필자야말로 이 분야의 파이어니어라고 감히 자부한다.

자, 이제 좌뇌에 숨은 블루오션을 찾아 여행을 떠나 보자.

사람의 몸은 생각하는 대로 반응한다

좌뇌는 사고 즉, 생각을 관장한다. 그리고 생각은 감정을 낳는다. 감정은 대체로 우뇌의 소관이다. 그러니까 우리의 우뇌는 결국 좌뇌와 연동하여 작동한다는 말이 된다. 다음의 예화를 보자.

어떤 사람이 나이아가라 폭포를 구경하다가 너무 목이 말라 폭포의 물을 마셨다. 그런데 돌아서는 순간, '포이즌(poison)'이라고 쓰여 있는 팻말을 보게 되었다. 그는 독을 마셨다는 생각에 갑자기 창자가 녹아내리는 듯한 아픔을 느낌과 동시에 배가 슬슬 아파오기 시작했다.

고통으로 괴로워하는 그를 주변 사람들은 급히 병원으로 옮겼다. 그런데 담당의사는 환자의 자초지종을 듣더니 오히려 껄껄 웃는 게 아닌가? 의아해하는 환자를 향해 담당의사는 다음과 같이 말했다.

"선생님, 포이즌은 영어로는 '독'이지만 프랑스어로는 '낚시금지'라는 뜻입니다."

그 말을 들은 환자는 아프던 배의 통증이 순식간에 사라지는 것을 느꼈다. 그리고 멀쩡하게 병원을 나와 집으로 돌아갔다.

이야기 속, 환자의 고통은 과연 무엇을 의미하는가? 사람은 생각하는 대로 느낀다.

생각을 다스리면 감정이 조절된다

보통 사람 같으면 '불행'이 될 일을 긍정적으로 생각해서 '행복'으로 전환시킬 줄 알았던 사람이 대철학자 소크라테스였다. 그는 어떤 악조건 속에서도 행복의 기회를 발견할 줄 아는 긍정적 발상의 주인공이었다.

소크라테스의 아내 크산티페는 말이 많고 성미가 고약했다. 사람들이 묻기를 "왜 그런 악처와 같이 사느냐"고 하니 소크라테스는 다음과 같이 대답했다고 한다.

"마(馬)술에 뛰어나고자 하는 사람은 난폭한 말만 골라서 타지. 난폭한 말을 익숙하게 다루면 딴 말을 탈 때 매우 수월하니까 말이야. 내가 그 여자의 성격을 참고 견디어 낸다면 천하에 다루기 어려운 사람은 없겠지."

또 한번은 부인의 끊임없는 잔소리를 어떻게 견디느냐고 사람들이 물었다. 그랬더니 소크라테스는 "물레방아 돌아가는 소리도 귀에 익으면 괴로울 거야 없지"라고 대답하며 웃더란다.

어느 날은 부인이 소크라테스에게 잔소리를 퍼붓다가 머리 위에 물 한 바가지까지 휙 끼얹었다. 그래도 소크라테스는 태연히 말했다고 한다.

"천둥이 친 다음에는 큰비가 내리는 법이지."

보통 사람 같으면 크산티페의 고약한 언동 때문에 같이 감정이 폭발하여 화병이 들고도 남을 일이었다. 하지만 소크라테스는 재치 있게 긍정적으로 생각함으로써 아예 분노라는 감정을 생기지 못하게 하였다. 이것이 생각의 힘이다. 우리가 느끼는 모든 감정 이면에는 생각이 자리 잡고 있다. 따라서 생각을 긍정적으로 다스리면 감정은 그에 따라갈 수밖에 없다.

생각은 행동을 낳는다

우리를 움직이는 힘, 그것 역시 생각에서 비롯한다.

하루는 어떤 실업자 한 사람이 노만 빈센트 필을 찾아왔다. 그는 자기가 완전히 버림받은 사람이라고 말했다. 그때 노만 빈센트 필 박사가 그 사람에게 몇 가지 질문을 했다.

"당신은 아내가 있습니까?"

"있습니다. 돈을 잘 못 벌고 못 도와주지만 충성스럽게 나와 함께 살아주는 아내가 있습니다."

"자식이 있습니까?"

"예, 교육은 잘 못 시키지만 건강하고 튼튼한 자식이 있습니다."

"친구들이 있습니까?"

"몇 친구는 참 좋은 친구입니다."

"건강합니까?"

"건강합니다. 없어서 못 먹습니다."

"잠은 잘 잡니까?"

"돈벌이는 못하지만 잠은 아주 잘 잡니다."

그러자 필 박사가 그에게 강한 어조로 말했다.

"당신이 들어올 때는 아무것도 없다고 했지만 당신은 굉장히 부자입니다. 가족도 있고, 친구도 있고, 건강하고 잠도 잘 자는데 왜 당신이 가난합니까? 당신은 잘못된 자화상을 가지고 있습니다."

"박사님의 사무실에 올 때에는 아무것도 없는 것으로 알았는데 박사님과 대화하면서 많은 것이 있음을 알게 되었습니다."

그러자 필 박사는 "그럼 있는 사람처럼 행동하십시오. 구두도 똑바로 신고, 외모도 반듯하게 하고 나는 부유한 사람임을 고백하세요" 하고 충고했다.

이후에 그 실업자는 빈센트 필 박사의 말처럼 행동했고, 곧바로 직장을 구할 수 있었다.

최선을 기대하면 최선을 얻을 수 있다 : 플라시보 효과

생각은 자기 자신의 신체에도 영향을 끼친다. 이것이 극단적으로 나타난 것이 바로 '플라시보 효과(placebo effect)'다. '위약(僞藥) 효과(가

짜약 효과)'라고도 하는 이 효과의 유래는 다음과 같다.

프랑스에 에밀 쿠에라는 약사가 있었다. 어느 날 쿠에가 잘 아는 사람이 의사 처방전 없이 찾아와서 "시간이 늦어 병원에 갈 수도 없고 당장 아파 죽을 지경이니 약을 지어 달라"고 하소연했다. 쿠에는 처방전이 없었기 때문에 처음에는 거절했으나, 그 사람의 사정이 딱하여 거짓말을 했다.

즉, 쿠에는 그 사람이 말하는 통증에는 실제로 아무 효과도 없으나 인체에 아무런 해도 끼치지 않는 포도당류의 알약을 지어주었다.

며칠 후 쿠에가 우연히 길에서 그 환자를 다시 만났다. 그런데 그가 던지는 말이 의외였다.

"선생님, 그 약이 무슨 약인지 몰라도 참 신통합니다. 그 약 하나 먹고 깨끗하게 나았는걸요. 참으로 감사합니다."

어떻게 이런 일이 있을 수 있을까? 분명 쿠에가 준 약은 아무런 효과도 없는 약이었는데 말이다. 그 이유는 다음과 같이 생각할 수 있다.

환자는 에밀 쿠에라는 약사에 대한 믿음, 그리고 믿고 있는 약사가 지어준 약에 대한 믿음으로 '나을 수 있다'는 확신이 있었다. 그리고 그 믿음으로 인해 약의 성분과 상관없이 병이 나을 수 있었던 것이다.

우리는 또한 때때로 '나빠질 것이다'라는 부정적 예견을 갖고 행동하기도 한다. 이것이 '플라시보 효과'와 반대되는 '노시보 효과(Nocebo effect)'다. 문제는 그 효과에 있어서 플라시보 효과보다 노시보 효과가 훨씬 더 크고 나쁘다는 것이다. 그러므로 올바른 생각을 선택한다면 인생의 큰 시련이 닥쳐도 오히려 기쁨과 평화가 넘쳐날 수 있다.

기대하라, 그리하면 얻으리라 : 피그말리온 효과

'플라시보 효과'와 비슷한 것으로서 '피그말리온 효과'라는 말이 있다. 원래 그리스 신화에서 나온 이 말은, 조각가인 피그말리온이 자신이 조각한 여인상과 사랑에 빠진다는 내용을 담고 있다. 이 용어 역시 기대효과의 중요성을 말하고 있다. 우리의 기대(생각)가 놀라운 행동변화를 낳는 것이다.

심리학자인 로버트 로젠탈(Robert Rosenthal)은 이러한 내용의 연구를 실제 초등학교 실험에서 증명해 냈다. 로젠탈은 우선 초등학교 교사에게 학생들에 대한 기대를 가져올 수 있는 하나의 정보 즉, IQ 점수를 제공하였다. 로젠탈은 교사가 높은 IQ 점수를 받은 학생들에게 보이지 않는 기대를 가지고 그들을 미묘한 방식으로 격려하거나 호의적으로 행동할 것이라고 예상했다.

그 결과, 학기가 끝나갈 무렵 로젠탈의 생각은 들어맞았다. 즉, 교사가 일반 학생들보다 더 큰 지적 성장을 기대했던 IQ 점수가 높은 학생들이 큰 점수의 향상을 보였던 것이다. 또한 그 효과는 저학년에 매우 강한 영향력을 끼쳤다고 한다.

이것은 생각이 우리의 행동에 얼마나 중요한 영향을 끼치는지를 알려주는 극명한 사례다.

교사들은 IQ 점수가 높은 학생에게 더 자주 미소 지었고, 더 많은 시선을 주었고, 수업 중에 이 학생들의 응답에 더 호의적인 반응을 보였다고 한다. 따라서 기대를 받는 학생들도 학교 다니는 것을 더 좋아했고, 실수를 해도 교사들이 애정 어린 조언을 해주었기 때문에 성적 향상을 위해 열심히 노력할 수 있었다. 결과적으로 교사의 기대는 학생의 IQ 점수 그 이상의 영향력을 발휘했음이 드러났다.

이처럼 우리가 하는 생각은 자신뿐 아니라 타인을 변화시키는 데에도 놀라우리만큼 큰 영향력이 있다.

정보가 힘이다

정보가 그 사람의 세상이다

"눈을 감은 사람은 손이 미치는 곳까지가 그의 세계요, 무지한 사람은 그가 아는 것까지가 그의 세계요, 위대한 사람은 그의 비전이 미치는 곳까지가 그의 세계다."

이는 폴 하비(Paul Harvey)의 말이다.

이 말처럼 한 인간이 바라보는 세상에 중요한 작용을 하는 것 중 하나는 그가 가진 '정보'이다. 즉, '한 사람의 세상은 그가 가지고 있는 정보의 크기만큼이다'라고 할 수 있다. 정보가 부족하면 그의 세계는 작을 수밖에 없다.

따라서 중요한 것은 '우물 안 개구리'가 되어서는 안 된다는 것이다. 가만히 서서 그 어떤 변화도 없이 멈추어 있기를 고집하지 말자. 생각의 지평을 넓히는 작업은 우리를 더 넓은 세상으로 인도할 것이다.

옛날 사람들은 배를 타고 바다 멀리까지 가지 못하도록 했다. 천동설의 입장에서 생활해 나가던 인류는 지구가 평평하다고 여겼기 때문에 땅 끝이나 바다 끝에까지 가면, 그 뒤에는 낭떠러지가 있어서 떨어져 죽는다고 생각했던 것이다. 그러나 코페르니쿠스, 갈릴레오를 비롯한 자연과학자들이 새롭게 밝혀놓은 지동설에 의해 인류는 새로운 전기를 맞이했다. 그들은 의식과 생활을 재정비했으며, 심지어 성경에 대한 해석도 새롭게 해 나갔다.

그러므로 우리는 보다 넓은 정보를 갖추기 위하여 부단히 노력해야 한다. 어느 목사님이 들려주는 다음의 이야기에 필자는 백 번 공감한다.

"예전에 책 읽기에 대해 강연한 적이 있습니다. 그랬더니 어떤 분이 이런 질문을 했습니다. 왜 공부를 해야 하는지 한마디로 말해 달라는 것입니다.

"공부를 안 하면 저주를 받게 되기 때문입니다."

"저주라니 도대체 어떤 저주를 받는다는 것입니까?"

"'알던 사람 알다가 쓰던 물건 쓰다가 죽는 저주'를 받게 됩니다. 공부를 하게 되면 나의 범위를 넘어서는 만남들을 축복으로 받게 됩니다. 그래서 좋은 영향을 받고 또 좋은 영향력을 끼칠 수 있게 됩니다""(장경철, 전병욱, 강준민 공저, 『삼색영성』에서).

광활한 정보의 세계 속에서 지극히 제한된 정보만 갖고 사는 것은 마치 우리를 감옥에 가두어 두는 것과 같다. 그러기에 '저주'라는 말까지 나온 것이다. 확실히 무한한 가능성을 지닌 인간에게 '알던 사람 알다가 쓰던 물건 쓰다가' 죽는 것은 불행한 일임에는 틀림없다.

정보가 재산이다

1950년대 이후 미국의 성공한 기업가 가운데 65%는 교육수준이 높았고 30%는 고등교육은 받은 적이 없으나 일하면서도 항상 배움에 힘써 독학으로 성공했다고 한다. 이것으로 보아 평생학습은 성공하는 사람들의 가장 큰 특징이라는 것을 알 수 있다.

마이크로소프트(MS)사의 창립자 빌 게이츠는 어릴 적부터 지식의 습득이 재산임을 여실히 보여준 예라 할 수 있다. 그는 어려서부터 책을 즐겨 읽었으며 학교 수업시간 이외에는 집안 서재에 틀어박혀 아버지의 책을 이것 저것 들여다 보았다고 한다. 일곱 살 때 빌이 제일 즐겨 보았던 책은 『세계대백과사전』이었다. 또래 중에서 빌 게이츠처럼 많은 분량의 책을 끝까지 다 읽은 아이는 없었다.

커서도 마찬가지다. 휴가를 떠날 때도 그의 평생학습 원칙은 그대로 적용됐다. 그는 항상 테마가 있는 휴가를 갖는다고 한다. 가령 수년 전 브라질로 휴가를 떠날 때 휴가의 주제는 '물리'였고 그는 휴가 기간 내내 물리에 관한 서적을 탐독했다.

뿐만 아니라 첨단과학이 눈부신 속도로 발전하고 있는 시대의 흐름에 발맞추기 위해서 걸출한 과학 전문가를 초청하여 관련 기술발전에 대한 상세한 설명을 듣기도 한다고 한다.

리자청(李嘉誠)은 '〈미국 타임지〉가 선정한 세계를 움직이는 최고의 사업가', '〈포춘지〉 선정 세계 10대 영향력 있는 재벌' 등으로 명성이 화려한 홍콩 최고의 갑부이다. 그는 성공비결을 묻는 젊은이들에게 항상 '지식이 운명을 바꾼다'고 충고한다.

빌 게이츠나 리자청처럼 사회적으로 큰 성공을 거둔 이들의 비법은 결코 다른 곳에 있지 않다. 지속적인 학습은 이처럼 시대의 요구일 뿐 아니라 성공의 필수조건이기도 하다.

정보가 건강이다

필자는 정보 덕에 건강을 유지하며 살고 있다. 어느 식품, 어느 약이 잘 들으며, 어느 병원, 어느 의사가 용한지를 아는 것이 바로 건강 정보인 것이다.

필자는 B형 간염을 앓고 있지만 건강 관련서적 수백 권을 읽고 스스로에게 맞는 섭생법을 찾아내어, 그것을 꾸준히 실행하며 건강한 사람도 감당해내기 어려운 일정을 매일 소화하고 있다. 우리 주변에는 다 죽어 가던 사람이 건강 정보를 잘 만나서 극적으로 살아난 경우도 많이 있다. 반면에 안타깝게도 필자의 주변에 필자와 건강 정보를 주고받던 많은 환자들이 건강섭생법을 무시하다가 저세상으로 가기도 했다. 이들을 보면서 필자는 결론을 내렸다.

"정보가 건강이다."

하지만 잘못된 정보는 오히려 우리의 건강을 해친다. 자신의 건강에 맞는 정확한 정보를 선택하여 건강관리를 해야 하는데 그러지 못하고, 주변 사람들의 여러 가지 잘못된 건강 상식을 듣고 그것을 따라하다가 오히려 건강이 악화된 경우도 많이 볼 수 있다. 타인에게 의존하는 것은 한계가 있다. 자신이 정확히 파악해야 자신의 건강을 지킬 수 있다. 정보가 곧 건강유지 방법의 하나인 것이다.

생각의 창을 열라

다른 각도에서 보라

우리가 사물을 보는 방식을 통해 우리가 사고하고 행동하는 방식이 나온다. 한 가지 예를 들어보자. 한 여자라고 짐작되는 그림이 있다.

당신은 젊은 여자를 볼 수 있다. 혹은 늙은 여자를 볼 수도 있다. 어떤 것이 옳은 것인가?

사실 이것은 논리적으로 설명할 수 없는 문제다.

우리는 흔히 사물을 볼 때 있는 그대로를 본다고 생각하는 경향이 있다. 즉, 우리 자신이 객관적이라고 생각하는 것이다. 그러나 실상 우리는 이 세상을 있는 그대로

가 아닌, 영향받고 조절된 자신의 주관적 입장에서 본다. 사람들은 각자 스스로가 가진 독특한 경험의 렌즈를 통해 자신들의 방식대로 사물을 보는 것이다.

따라서 우리는 자신의 관점을 넘어서야 할 필요가 있다. 그럴 때 비로소 다른 사람의 의견을 더욱 경청하고, 또 그들이 갖는 시각도 더 개방적으로 받아들일 수 있게 되기 때문이다. 좁은 틀을 벗어나 생각의 창을 열자.

고정관념을 깨라

끝없는 망망대해에서 배 한 척이 암초에 부딪혀 가라앉고 말았다. 천신만고 끝에 살아남은 아홉 명의 선원들은 어느 무인도에 도착했다. 그러나 그들의 상황은 최악이었다. 허기를 채울 만한 음식도, 마실 물도 없었다.

사방이 모두 물이었지만 바닷물은 너무 짜고 써서 전혀 도움이 안 된다는 사실을 선원들은 잘 알고 있었다. 그들에게 유일한 희망은 하느님이 비를 내려주시거나 지나가는 선박이 구조해주는 것이었다.

그러나 기다리고 기다려도 비는 오지 않았고, 선원들은 차례로 죽어갔다. 결국 단 한 명의 선원만이 남았다. 그는 타는 갈증을 더 이상 참을 수 없어 가까스로 몸을 일으켜 바다로 뛰어든 다음 정신없이 바닷물을 마셨다. 짜거나 쓴맛은 전혀 느낄 수 없었다. 오히려 물맛이 너무 달아 갈증이 단번에 해소되었다. 그는 뭍으로 올라와 조용히 누워서 죽음을 기다렸다.

한참을 자고 일어난 선원은 자신이 아직 살아있다는 사실에 깜짝 놀랐다. 기이한 일이라고 생각했지만 매일 이 바닷물로 연명하는 수밖에 없었다. 마침내 기적처럼 구조 선박이 나타났다. 후에 이 바닷물을 분석해본 결과, 이곳은 지하수가 계속 흘러가는 지대여서 식수로 사용할 수 있는 샘물임이 밝혀졌다.

고정관념은 문제를 해결하지 못한다. 고정관념이 깨질 때 답이 나타난다.

문제가 없는 사람은 없다. 그래서 철학자 카를 포퍼는 이렇게 삶을 정의한다.

"모든 삶은 근본적으로 문제 해결이다."

필자는 이 말에 한마디를 덧붙이고 싶다.

"이 세상에 답이 없는 문제는 없다."

물음을 바꿔 물으라

어느 조미료 회사에서 실제로 있었던 일이다.

하루하루 조미료의 매출이 떨어지자 사내에서 긴급 대책회의가 열렸다.

"어떻게 하면 매출을 올릴 수 있을까?"

우수한 사원들이 모여서 온갖 아이디어를 짜내고 시험해 보았지만, 한 번 꺾인 매출은 상승의 기미가 보이지 않았다. 바로 그때, 한 사원이 이색적인 아이디어를 제시했다.

"조미료통의 구멍 크기를 두 배로 하면 어떨까요?"

그 기발한 아이디어는 곧바로 실행에 옮겨졌고 그 결과 매출이 배로 늘었다고 한다. 그녀의 물음은 남들과 달랐던 것이다. 즉, "어떻게 하면 매출이 늘 것인가?"가 아니고 "어떻게 하면 좀더 빨리 조미료를 사도록 만들 수 있을까?"였던 것이다.

인생을 바꾸는 비법, 그것은 물음을 바꿔 보는 데에 있다.

좌뇌의 블루오션 활용하기

좌뇌는 드넓은 생각의 바다이다. 이 바다에는 아직 아무도 그물을 드리우지 않은 블루오션(Blue Ocean) 곧 '새로운 가능성의 영역'이 있다. 이 블루오션을 활용하여 '하는 일마다 잘되는 삶'을 살기 위해서 다음의 '무지개 원리' 두 가지가 배당되어 있다.

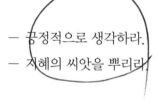

— 긍정적으로 생각하라.
— 지혜의 씨앗을 뿌리라.

이 두 가지에 대해서는 5장과 6장에서 자세히 취급할 것이다.

행복가이드

좌뇌는 '생각'을 관장한다. 생각은 우리의 감정과 몸에 영향을 끼치고 행동을 이끌어 낸다. 또한 좌뇌에 집적된 정보가 바로 힘이고 건강이다. 좌뇌에 숨은 무한한 가능성의 기회(=블루오션)를 활용하기 위해서는 다양하게 발상을 바꿀 줄 알아야 한다.

I can do it

1. 항상 긍정적이고 희망에 찬 생각을 하자. 최선의 결과를 얻게 될 것이다.
2. 새로운 정보를 주저 없이 받아들이자. 더 넓은 세상을 만날 것이다.
3. 고정관념을 깨자. 막혔던 담이 뚫릴 것이다.

만일 느린 엘리베이터 때문에 불평이 생긴다면

당신이 오피스 빌딩의 주인이라고 생각을 해보자. 만일 입주자들이 '엘리베이터가 너무 느려서 불편하다'고 문제를 제기한다면 어떻게 대응하겠는가?

아마도 그에 대한 해결책으로 여러 가지를 생각할 수 있을 것이다. 가령 엘리베이터를 새롭게 추가한다든지, 좀더 큰 엘리베이터로 바꾼다든지, 아니면 다른 업종의 사업자를 입주시켜서 영업 시작 시간과 마감 시간이 서로 겹치지 않게 할 수도 있다. 여러 가지 대응방법이 있겠지만, 위의 세 가지 방법은 모두 많은 시간과 많은 돈을 필요로 한다.

만일 시간과 돈을 적게 투자해서 이 문제를 해결해야 한다면 당신은 어떻게 하겠는가?

시카고의 한 오피스 빌딩 주인이 바로 이와 똑같은 문제에 직면했다.

"엘리베이터가 너무 느려터져서 업무에 지장이 많아요. 이 문제가 해결되지 않으면 당장 건물에서 나가겠어요."

정말 큰일이 아닐 수 없었다. 그런데 그 불평은 다음 날 바로 없어졌다. 달라진 것은 오직 하나, 각 층마다 엘리베이터 옆 벽면에 거울이 붙여져 있었다는 것이다.

'엘리베이터를 어떻게 늘려야 하나?'라는 쪽으로 생각하면 돈이 든다. 그러나 이 주인은, '엘리베이터를 기다리는 동안 짜증나는 것을 해소할 방법이 없을까?'라고 스스로에게 물었던 것이다.

물음이 바뀌면 답도 바뀌게 된다.

5 무지개 원리 1 | 긍정적으로 생각하라

부정적 사고의 극복

저마다 '생각의 길'이 있다

필자는 많은 사람을 만난다. 여러 직업의 사람들과 대화를 나누며 여러 부류의 사람들과 교류를 하고 있다. 그러다 보니 사람마다 '생각의 길'이 있다는 사실을 발견하였다.

사람마다 우리가 흔히 말하는 '사고 방식'이 있다. 어떤 사람은 그 길이 직선으로 곧게 나서 대화를 할 때에 상대방에게서 들은 바를 곧이 곧대로 믿는다. 반면에 어떤 사람은 그 길이 왼쪽으로 비뚜로 나서 상대방에게서 들은 바를 자기 식으로 굴절시켜서 받아들인다. 간혹 어떤 사람은 그 길이 오른쪽으로 휘어서 상대방에게 들은 바를 확대해서 맞장구치며 듣는다.

그리고 대체로 직업에 따라 그 '생각의 길'이 유형화된다. 다 그런 것은 아니지만 군인, 선생님, 공무원은 대체로 상대방의 말을 잘 받아들이며 '원칙'을 말할 때는 더욱 그렇다. 벤처기업 사원, 중소기업 사장 등은 대체로 '불가능은 없다'는 도전 정신으로 무장되어 있고, 문제 해결 능력이 탁월한 편이다.

물론, 각 사람마다 편차가 있을 수 있다. 또 전혀 딴판일 수 있다. 필자가 말하려는 요지는 사람마다 자신이 다니기를 좋아하는 '생각의 길'이 있으며, 사람마다 습관적으로 드러내는 생각 패턴이 있다는 점이다. 그 길과 방식이 부정적으로 굳은 사람은 아무리 확실한 기회가 찾아와도 거기서 위험 요인만을 본다. 한편, 그 길과 방식이 긍정적이며 적극적인 사람은 어떤 어려움이 닥쳐도 거기서 기회를 본다.

필자의 결론은 간단하다. 행복과 성공은 이미 그 '생각의 길'에 따라 정해져 있다는 사실이다. 변화를 원한다면 먼저 '생각의 길'을 다시 내야 한다. 잡초가 무성한 지대에 길을 내려면 길을 닦고 자주 왕래해야 한다.

그러면 우리는 어떻게 그리고 어느 방향으로 '생각의 길'을 내야 할 것인가? 지금부터 알아보기로 하자.

무엇을 볼 것인가

2차 대전 중에 델마 톰슨이라는 부인은 남편을 따라 캘리포니아 주 모하비(Mojave) 사막에 있는 육군 훈련소로 오게 되었다. 그녀는 남편이 훈련에 나가면 통나무집에 달랑 혼자 남았다. 그곳은 섭씨 46도를 오르내리는 지독한 무더위에, 바람에 날리는 모래가 음식에 섞이기 일쑤였다. 주변 사람들이라고는 멕시코인과 인디언뿐 영어가 전혀 통하지 않앉다. 그녀의 마음은 상심 그 자체였다. 그녀는 이곳에서 '도저히 살수 없다'며, '차라리 형무소가 낫겠다'고 친정아버지께 편지를 써 보냈다.

그러나 친정아버지의 답장에는 다음과 같이 달랑 두 줄만 적혀 있었다.

"감옥 문창살 사이로 내다보는 두 사람, 하나는 흙탕을 보고 하나는 별을 본다."

이 편지에 톰슨 부인은 충격을 받았다. 그리고 이 두 줄의 글이 그녀의 인생을 바꾸어 놓았다. 그녀는 곧 그곳의 낯선 이웃들과 친구가 됨은 물론 대자연을 깊이 관찰·연구한 끝에 『빛나는 성벽』이라는 책을 출판하기까지 했다. 생각을 바꿈으로써 불행의 포로에서 일약 베스트셀러 작가로 변신할 수 있었던 것이다.

흙탕을 보고 절망하며 살 것인가, 아니면 별을 바라보며 희망 속에서 살 것인가? 이것은 선택의 문제이다.

나아가 우리는 일상의 하찮아 보이는 것들 속에서 보이지 않는 가치를 볼 줄도 알아야 한다. 행복과 성공은 진흙 속에 숨겨진 진주를 찾아낼 줄 아는 안목에 달려 있다.

골리앗과 다윗의 차이

골리앗과 다윗은 사고방식에서부터 달랐다. 이는 그들이 지녔던 자화상에서 드러난다. 거인 골리앗이 소년 다윗에게 패한 것은 자화상의 추락에 기인한다.

골리앗은 자신을 대적하러 나선 다윗이 겨우 막대기를 들고 나왔을 때 자존심이 상했다. 골리앗은 다윗이 갑옷으로 중무장을 하고 나와도 상대가 될까 말까 한데, 겨우 짐승을 쫓을 때나 쓰는 막대기를 들고 나온 것을 보고 어이가 없어서 이렇게 말했다.

"막대기를 들고 나에게 오다니, 내가 개란 말이냐?"(1사무 17,43)

흥분한 골리앗은 자신의 무의식 속에 숨어 있던 '개'의 자아상을 뱉어내고 말았다. 이 순간 골리앗은 거인 장수가 아니라 성난 개가 되었다. 그 많은 표현 중에 왜 하필이면 '개'란 단어를 골리앗은 떠올렸던 것일까? 그것은 자신 안에 그런 부정적인 생각이 잠복해 있었기 때문이 아닐까.

반면 다윗은 자신의 뒤에 하느님이 있음을 굳게 믿었다.

"나를 거슬러 둘러선 수많은 무리 앞에서도 나는 두려워하지 않으리라"(시편 3,7).

다윗은 이미 승리를 확신했고 과연 그의 확신은 그대로 현실이 되었다.

생각을 바꾸면 삶이 달라진다

21세기의 감성 소설가 이외수의 산문집 『날다 타조』에 우리가 자신의 생각의 그릇을 넓히는 것이 과연 무엇을 의미하는지를 잘 설명해 주는 다음과 같은 대목이 나온다.

그대여.
아직도 그대에게 행운이 도래하기를 꿈꾸고 있는가.
물론 하느님의 품 속에는
각자가 간직하고 있는 마음의 그릇에 따라

걸맞는 행운이 준비되어 있다.

그러나 인간들이 시련과 인내로써

마음의 그릇을 넓힐 생각은 하지 않고

욕망과 허영으로써 자멸의 구덩이만을 넓히고 있다.

〔…〕

마음의 그릇이 작은 인간들은

아무리 큰 행운을 주어도

그것이 행운이라는 사실조차 모르고 팽개쳐 버린다

반대로,

마음의 그릇이 큰 인간들은

아주 작은 행운을 주어도

천하를 얻은 기쁨으로 하늘에 감사하는 마음을 가지게 된다.

사람들은 대체로 자신이 겪는 불행의 원인을 외부환경에서 찾는다. 그러나 이와 비슷한 상황에서 똑같은 일을 하는데 자신보다 일이 더 잘 풀리는 사람이 주변에 한 명이라도 있다면 우리는 마음을 고쳐먹어야 한다. 우리의 행복과 불행을 결정하는 것은 외부환경이 아니라 환경에 대한 우리들의 태도인 것이다.

따라서 우리는 환경을 바꾸든지 자기 자신을 바꾸든지 둘 중 하나를 선택해야 한다. 그런데 안타깝게도 우리가 처한 환경을 바꾸는 것은 거의 불가능하다. 그렇다면 남은 답은, 그것을 대하는 자신의 생각을 바꾸는 것이 상책이다. 우리의 생각이 긍정적으로 변화한다면 행동이 달라질 것이고, 행동이 달라지면 그에 대한 세상의 반응도 달라질 것이다.

부정적인 생각을 태워 버리라

액션영화배우인 이소룡은 평소에 부정적 사고를 없애는 훈련을 했다고 한다. 그는 자신의 부정적인 모습을 종이 위에 그린 후 그것을 구겨서 불에 태워 재로 날려 버리곤 했다.

이소룡의 절친한 친구였던 척 노리스(Chuck Norris)는 이소룡의 이러한 훈련법을 한층 더 심화시킨 인물이다. 『우리 안에 있는 비밀스런 힘』이란 자신의 책에서 노리스는 다음과 같이 말하고 있다.

"나는 실제 내가 갖고 있는 모든 부정적인 생각을 종이에 적어 그것을 불살라 버린다. 그리고 그것을 재로 만들어 버릴 때 그러한 생각도 내 머릿속에서 사라진다."

필자는 이 방법을 피정 중에 사용해 봤다. 긍정적인 생각이 왜 중요한지를 강의한 후 우리의 발목을 잡는 부정적인 생각을 없애기 위해 종이에 적어 미사 중 봉헌 때에 제출하게 했다. 그리고 그것을 예식 중에 불에 태워버리게 했다. 사람들은 자신의 부정적인 생각이 불에 타 없어지는 것을 자신들의 눈으로 보았다. 그들의 얼굴에는 해방감에서 오는 기쁨의 기색이 역력하였다.

하인즈 워드의 교훈

미식축구 슈퍼볼에서 MVP를 차지한 하인즈 워드(Hines Ward)는 어린 시절부터 미키 마우스를 좋아했다. 그래서 오른쪽 팔에 미키 마우스를 문신했다. 그가 문신을 새긴 데에는 이유가 있었다. 이는 그가 어린 시절부터 혼혈아라는 이유로 받았던 따돌림과 손가락질, 그리고 가난의 어려움 등으로 마음이 아플 때마다 미키 마우스를 보고 웃으면서 긍정적인 생각을 하고자 했기 때문이다. 그에게 미키 마우스는 자신을 웃게 만드는 친구였다.

미키 마우스를 보며 하인즈 워드는 웃음을 체질화시켰다. 그는 경기 중 상대방에 의해 몸을 다치고 코피가 나도 웃고, 공을 놓쳐도 웃고, 터치다운을 해도 웃는다고 한다. 바로 이 웃음이 오늘의 하인즈 워드를 만들었다.

하인즈 워드의 삶은 우리에게 교훈이다. 긍정적인 자아상으로, 긍정적인 생각으로, 긍정적인 태도로 살면 인생의 승리자가 된다는 훌륭한 가르침이다.

역경 그 너머의 축복을 보라

중국에 문화혁명(文化革命)이 일어났을 때, 말을 잘 그리는 화가가 한 사람 있었다. 그는 문화혁명 기간 동안 그림을 그릴 수 없어서 부랑자처럼 떠돌다가 마구간을 치우는 일을 하게 되었다. 처음에는 불평과 원망으로 가득 차 화를 내면서 일을 하다가, 차츰 말들과 정이 들면서 기쁨으로 그 일을 할 수 있었다.

그러는 사이에 어언 7년이라는 세월이 흘러 10년에 걸쳐 진행된 문화혁명도 끝이 났다. 화가는 다시 그림을 그리게 되었는데 신기한 것은 그가 7년 동안 붓을 놓았는데도 그림은 여전히 힘이 있었다는 것이다. 더욱이 말의 모습에서 예전에는 볼 수 없었던 생동감이 넘쳐흘렀다.

그 비결은 어디 있었을까?

비록 화가는 문화혁명 동안에 말 그림을 그릴 수는 없었지만 말들과 가깝게 지내는 시간은 많이 가질 수 있었다. 때문에 말들의 생리를 피부로 확연히 느낄 수 있었다. 이전에는 이론적으로만 알고 말을 그렸던 것이 이제는 몸소 체험한 후 말을 그리니 더욱 뛰어난 그림이 나올 수밖에 없었던 것이다.

희망봉에는 이런 사연이 얽혀 있다.

오랫동안 사람들은 아프리카 대륙 최남단을 '폭풍의 기슭'이라고 불렀다. 그곳은 누구도 가까이 할 수 없을 만큼 물결이 흉흉한 바다였다. 그러나 15세기 포르투갈의 탐험가 바스코 다 가마(Vasco da Gama)가 이곳에 도전하여 당당히 성공적으로 통과했다. 그 후, 그곳 이름을 '희망봉(喜(希)望峰, Cape of Good Hope)'이라고 부르게 되었다. 바스코 다 가마가 이곳을 지나고 나니 그곳에는 세계에서 가장 잔잔한 인도양과 아름다운 해변이 펼쳐져 있었다고 한다.

사람들이 그렇게 두려워하던 '폭풍의 기슭'이 두려움의 벽을 넘고 보니 '희망봉'으로 보이게 되었다. 이런 일은 우리가 겪는 고난이나 역경 속에서도 그대로 진실이 되어 나타난다.

소극적 사고의 극복

두려움의 때에

제2차 세계대전 당시 전쟁으로 말미암아 죽은 청년의 수가 30만 명이었다. 그런데 아들과 남편을 일선에 내보내고, 근심과 염려와 불안에 빠져 심장병으로 죽은 미국시민들이 100만 명을 넘었다고 한다. 총탄이 사람을 꿰뚫어 죽인 수보다, 불안과 공포가 죽인 사람의 수가 훨씬 많았다.

어느 조사 결과에 의하면, 사람들이 걱정하고 불안해하는 것 중에 40%는 지나간 과거에 대한 것이며, 50%는 아직 존재하지 않는 미래의 것이며, 10%만이 현재를 위한 것이라고 한다. 이처럼 지구상 인구의 절반이 '아직 존재하지 않는 미래' 때문에 불안 속에서 살고 있다. 불안 때문에 마음 졸이고 잠 못 이루다가 심장병으로 죽는 경우가 다반사이다.

엄청난 불안이 엄습할 때마다 믿음과 기도로 버틴 사람이 미국의 위대한 대통령 링컨이었다. 워싱턴에 가면 링컨이 애용하던 성경이 보관되어 있다. 그런데 그 성경 속에 손때에 이겨져 눌린 손가락 자국이 있다. 여러 번 같은 장소를 손가락으로 눌러서 생긴 자국이다.

"주님을 찾았더니 내게 응답하시고 온갖 두려움에서 나를 구하셨네"(시편 34, 5).

링컨은 남북전쟁 등 평생에 걸친 어려움 속에서 하느님은 반드시 대답해 주신다는 확신과 모든 두려움에서 건져주신다는 소망을 가지고 살았던 것이다. 그는 손자국이 나도록 같은 시편 구절을 되풀이해 읽으면서 노예제도 폐지라는 위업을 이뤘던 것이다.

메뚜기 자아상을 버리라

성경에는 이집트에서 탈출하여 하느님이 약속하신 땅으로 향하는 이스라엘 백성들의 이야기가 있다. 가나안 땅에 거의 도착했을 때, 하느님은 모세에게 일러 그 새로운 땅을 정찰할 사람들을 보내게 하신다.

사십 일 만에 돌아온 정찰대의 보고는 서로 달랐다. 정찰대 열두 명 가운데 열 명이 다음과 같이 말했다.

"우리는 또 그곳에서 나필족을 보았다. 아낙의 자손들은 바로 이 나필족에서 나온 것이다. 우리 눈에도 우리 자신이 메뚜기 같았지만, 그들의 눈에도 그랬을 것이다"(민수 13,33).

이들에게는 거인족 앞에 선 자신들의 모습이 마치 '메뚜기'처럼 작게 느껴져 왔던 것이다.

반면, 나머지 두 명인 여호수아와 칼렙은 이들과 정반대의 보고를 하였다.

"그곳은 젖과 꿀이 흐르는 땅입니다. 다만 여러분은 주님을 거역하지만 마십시오. 그리고 여러분은 저 땅의 백성을 두려워하지 마십시오. 그들은 이제 우리의 밥입니다. 그들을 덮어 주던 그늘은 이미 걷혀 버렸습니다. 주님께서 우리와 함께 계십니다. 그들을 두려워하지 마십시오"(민수 14,8-9).

이 얼마나 놀라운 대조인가! 자신들을 '메뚜기'로 보았던 저들에 비할 때, 오히려 적을 '밥'으로 보았던 이들의 자신감은 얼마나 당당한가. 그렇다면 이 자신감의 근거는 무엇이었는가. 그것은 자신들이 하느님의 백성이며 '주님께서 항상 우리와 함께 계시다'는 믿음이었다.

메뚜기 자아상과 하느님이 함께하는 불패의 백성이라는 자아상! 나는 과연 어떤 자아상을 살아야 하겠는가?

생각이 감정을 낳는다. 생각은 또한 행동을 변화시킨다. 마침내 생각은 인생을 바꾸어 준다. 그래서 현자는 다음과 같이 권고하는 것이다.

"무엇보다도 네 마음을 지켜라. 거기에서 생명의 샘이 흘러나온다"(잠언 4,23).

근심을 주님께 맡기라

인도 우화에 이런 이야기가 있다. 한 마리의 쥐가 살고 있었는데 그 쥐는 고양이가 무서워 꼼짝도 할 수 없었다. 이에 신이 이 쥐를 불쌍히 여겨 고양이로 만들어 주었다. 그러자 이번에는 개가 무서워 살 수 없었다. 다시 신은 그 쥐를 호랑이로 변신시켜 주었다. 그러나 이제는 사냥꾼이 무서워 살 수 없었다. 신이 탄식하며 말했다.

"너는 다시 쥐가 되어라. 무엇으로 만들어도 쥐의 마음을 가지고 있으니 나도 어쩔 수 없다."

우리가 갖는 걱정과 근심은 소극적인 생각만을 불러일으켜 어떠한 상황 속에서도 우리를 꼼짝달싹할 수 없게 만들 뿐이다. 두려움이 우리 마음속에서 자라게 되면 우리는 삶에서 그 반대의 것을 기대하는 법을 배워야 한다.

용장(勇壯) 다윗도 사람이었다. 그에게도 두려움의 순간이 숱하게 찾아왔다. 시기심에 사로잡혀 자신의 목숨을 노리는 사울을 피해 다니면서 그는 허다하게 위기일발의 상황에 처하기도 했다. 그 때마다 그는 주님께 의탁하여 극적으로 구원을 받았다. 마침내 그는 우리에게 권고한다.

"주님은 나의 빛, 나의 구원. 나 누구를 두려워하랴? 주님은 내 생명의 요새. 나 누구를 무서워하랴?"(시편 27,1)

이는 경험자의 권고이다.

도전 정신

두 사람의 다른 텔렉스

신발을 생산하는 회사에 몸담은 두 사람의 세일즈맨이 아프리카로 출장을 갔다. 이유는 신시장 개척지로서 아프리카의 가능성을 살펴보기 위함이었다. 그런데 정작 아프리카에 도착했을 때 그들 세일즈맨은 기가 막힐 수밖에 없는 상황에 맞닥뜨렸다. 아프리카인들 모두가 신발을 신지 않고 그냥 맨발로 다니는 것이 아닌가! 한동안 그 곳을 답사한 두 사람은 후에 본사로 각각 다음과 같은 텔렉스를 보냈다.

한 사람의 텔렉스 내용은 다음과 같았다. "신발 수출 불가능. 가능성 0%, 전원 맨발임."

그리고 또 한 사람의 텔렉스 내용은 다음과 같았다. "황금 시장. 가능성 100%, 전원 맨발임."

보는 눈에 따라 부정적인 시각을 가진 사람은 그 곳의 상황이 가능성 0%로 보였을 것이다. 그러나 긍정적인 시각을 가진 사람은 같은 그 상황이 가능성 100%로 보이게 되어있다. 이것은 모순이 아니다. 누가 맞고 누가 틀리고가 아니다. 보는 사람에 따라서 이것은 진실이다. 자 그럼 우리는 어떻게 볼 것인가.

한계는 없다

멀찍이 서서 모든 모험적 시도들을 깔보거나 무시하는 사람들이 있다. '너무 많이 믿기보다는 아무것도 믿지 말라'는 말에 흔들리는 사람들도 많다. 우리는 담대하게 그들을 무시할 수 있어야 한다. "그건 할 수 없어"라고 말하는 사람들이 세상을 이끌었다면 세상은 이미 오래전에 멈추고 말았을 것이다.

역사의 위인들은 모두 이런 냉소를 이겨내야 했다.

엘리 휘트니가 조면기(繰綿機, 목화씨를 빼내는 기계)를 보여주었을 때 사람들은 비웃었다.

에디슨은 사람들에게 전구를 보여주기 전에 먼저 어떤 사무용 빌딩에 무료로 전기 조명을 설치해 주어야 했다.

'모스부호'의 창시자로 유명한 모스는 그의 전신기를 보여주기 위해 10번이나 의회 앞에 서서 간청했다.

그러나 이들은 한계인식에 굴복하지 않았다. 이들에게 '가능성의 믿음'에 대한 한계란 없었다.

할 수 있다

필자는 몇 년 전 TV에서 참으로 감명 깊은 성공스토리를 본 적이 있다. 라이트 하우스와 모닝 플라넷, 데이터 스토어X, 엔젤힐링 등을 거느린 TYK 그룹의 총수 김태연 회장의 이야기였다. 그녀의 이름은 그녀의 트레이드마크가 되어버린 신비한 주문을 떠올리게 한다.

He can do it, She can do it, Why not me?(그도 할 수 있고, 그녀도 할 수 있는데 왜 나라고 못하겠습니까?)

과거 김태연 회장은 고향에서 제대로 기 한번 못 펴고 지내다가 23세 때 가족들과 함께 이민길에 올라 유색인종으로서 당해야 할 갖은 어려움은 다 겪었다. 어린 시절 배운 태권도로 도장을 운영할 때나 자신의 사업을 꾸려 나갈 때도 혼자 넘어야 할 산들이 수없이 많았다. 하지만 그때마다 스스로를 다잡으며 그녀는 속으로 되뇌었다.

"He can do it, She can do it, Why not me?"

마침내 그녀는 해냈다. 현재 그녀가 운영하는 라이트 하우스는 연매출 1천5백억 원을 기록하는 우량기업이며 환경, 컴퓨터, 인터넷, 피부

미용에 이르기까지 사업을 확장시켰다. 사업뿐만 아니라 태권도 도장인 정수원 아카데미의 그랜드 마스터로, 또 자신의 이름을 내건 프로그램인 '태연 김 쇼'의 진행자로 미국 내 저명인사들의 반열에 올라 있다.

그런 그녀는 이렇게 말하고 있다.

"사람의 마음가짐이 인생을 결정짓는 중대한 역할을 한다는 사실을 잊어서는 안 됩니다. 안 된다는 생각 때문에 조바심을 내고 자학을 하는 것처럼 자신을 망치는 지름길은 없습니다. 그런 마음이 자신의 발전을 방해하는 가장 큰 적임을 알아야 합니다. 다른 사람들이 다 할 수 있는 일을 왜 자신은 못한다고 생각을 합니까? 모든 일은 할 수 있다는 자신감에서부터 출발을 합니다. 자신의 마음속에 꿈을 가지고 그것을 실현시킬 수 있다는 생각을 하면 그것이 바로 성공의 출발이 되는 것입니다. 'He can do it, She can do it, Why not me?'"

행복가이드

행복과 성공은 '생각의 길'에 따라 정해져 있다. 부정적이고 소극적인 사고를 버리고 긍정적이고 적극적인 사고를 갖는다면 인생의 승리자가 된다. 미래는 '나도 할 수 있다'는 신념으로 도전하는 자의 몫이다.

I can do it

1. 변화를 원한다면 긍정적, 적극적 사고로 '생각의 길'을 다시 내자.
2. 아직 존재하지 않는 미래 때문에 두려워하지 말자. 걱정과 근심은 진취적 사고를 막는다.
3. 끊임없이 도전하자. 다른 사람이 할 수 있다면 나도 할 수 있다.

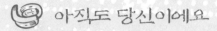 아직도 당신이에요

슈퍼맨을 기억하는가? 1980년대 어린이들의 영웅 '슈퍼맨' 역을 맡았던 크리스토퍼 리브!

그런데 어느 날, 그는 낙마 사고로 경추가 상하여 전신마비 장애인이 되었다. 너무나 고통스러운 나머지 그는 다음과 같이 생각했다.

"차라리 죽는 것이 나을 것이다. 이 험한 꼴로 어떻게 처자식을 만나 보겠는가? 이럴 줄 알았으면 유언장에 어떤 경우에도 나에게는 산소 호흡기를 사용하지 말아 달라고 써둘 것을……."

병실에 들어선 어머니에게 리브는 "이렇게 생명을 유지하느니 차라리 산소 호흡기를 빼고 죽는 것이 낫겠다"는 의사 표시를 했다. 다음으로 그의 아내, 데이나가 입원실에 도착했다.

리브는 아내에게도 자신의 뜻을 전하자 그녀는 뜻밖의 말을 해 주었다.

"아직도 당신이에요."

그녀는 전신이 마비되어 숨조차 혼자 못 쉬는 남편의 뺨을 두 손으로 만지면서 이렇게 말하였다. "두뇌가 살아 있는 한 당신은 아직도 그대로 당신이니, 제발 살아만 주세요."

데이나의 이 한마디는 슈퍼맨을 다시 살렸다. 이후 그는 사람들에게 희망과 용기를 주는 상징이 되었다. 그는 죽기 전까지 매년 유엔본부의 '루스벨트 국제장애인 시상식'에서 단골손님으로 연설을 했다. 쟁쟁한 여러 연사들 가운데 단연 가장 큰 감동을 자아내는 연설을 할 수 있었던 것은 불가능을 극복하고 미래를 창조하는 비전을 제시해 주었기 때문이다.

무엇이 위대한 인간 크리스토퍼 리브를 만들었는가. 그것은 아내의 말대로 "나는 여전히 살 가치가 있구나"라는 생각이었다. 이렇듯이 긍정적인 생각은 어떤 상황에서도 희망을 갖게 한다.

6 무지개 원리 2 | 지혜의 씨앗을 뿌리라

지혜의 샘을 찾으라

1년 반 동안의 내공 쌓기

필자는 유학을 마치고 귀국한 지 일 년 만에, 약 1년 반 동안 B형 간염과 간경화 증세로 모든 일을 놓고 쉬어야 했다. 좋다는 방법을 써보기 위해 이사만도 대여섯 차례나 하였다. 마침내는 지리산 골짜기에 가서 장기간 요양을 하게 되었다.

그 때 시간은 많고 무료하였다. 지금은 산보할 시간도 없이 지내지만 그 때는 하루를 거의 산보로 소일하였다. 무료함을 달래기 위하여 좋아하는 성경 말씀을 적어서 반복적으로 암송하였다. 그 때 외웠던 성경 말씀이 그렇게 많았던 것은 아니다. 필자는 그 때 많은 말씀보다는 필자를 굳건하게 붙들어줄 강력한 말씀 몇 마디가 필요했다. 그 때 필자가 외웠던 말씀 가운데 두 가지만 소개해 보면 다음과 같다.

첫째 말씀은 루카 복음서의 한 구절이다.

"참새 다섯 마리가 두 닢에 팔리지 않느냐? 그러나 그 가운데 한 마리도 하느님께서 잊지 않으신다. 더구나 하느님께서는 너희의 머리카락까지 다 세어 두셨다. 두려워하지 마라. 너희는 수많은 참새보다 더 귀하다"(루카 12, 6-7).

둘째 말씀은 로마서의 한 구절이다.

"하느님을 사랑하는 이들, 그분의 계획에 따라 부르심을 받은 이들에게는 모든 것이 함께 작용하여 선을 이룬다는 것을 우리는 압니다"(로마 8, 28).

이 말씀들은 필자를 다시 일어설 수 있게 해 주었다. 오늘도 필자는 매일 이 말씀들을 의지하고 산다. 말씀이야말로 오늘날 필자로 하여금 하루하루 살아가게 하는 내공이라고 할 수 있다.

필자는 확신한다. 말씀이 답이다. 말씀이 가장 믿을 만한 동반자다. 사람이 살다보면 절대 고독을 느낄 때가 있다. 어떤 동료도, 심지어 한 이불을 덮고 사는 부부사이도, 부모조차도 도움이 되지 못할 때가 있을 것이다. 이 때 말씀만이 끝까지 우리 곁을 지켜준다.

누구든지 인생에서 좌절을 벗어나고자 하면 말씀을 붙들라. 누구든지 인생에서 삶의 이정표를 발견하고자 하면 말씀을 붙들라. 누구든지 행복과 평화를 누리고자 하면 말씀을 붙들라.

가장 중요한 것

정보의 홍수 속에서 보다 많은 지식을 얻기 위해 열심히 뛰고 있는 현대인들에게 일침을 놓는 얘기 하나가 있다.

한 선비가 강을 건너게 해주고 있는 사공에게 으스대며 물었다.

"자네 글을 지을 줄 아는가?"

"모릅니다."

"그럼 세상사는 맛을 모르는구면. 그러면 공맹(孔孟)의 가르침은 아는가?"

"모릅니다."

"저런 인간의 도리를 모르고 사는구면. 그럼 글을 읽을 줄 아는가?"

"아닙니다. 까막눈입니다."

"원 세상에! 그럼 자넨 왜 사는가?"

이 때 배가 암초에 부딪혀 가라앉게 되었다. 이번엔 반대로 사공이 선비에게 물었다.

"선비님, 헤엄치실 줄 아십니까?"

"아니, 난 헤엄칠 줄 모르네."

"그럼 선비님은 죽은 목숨이나 마찬가지입니다!"

　이 이야기에서 선비의 모습은 어쩌면 많은 지식을 자랑하며 살지만 정작 '살아남는 법'은 모르고 있는 우리의 모습이 아닐까? 이 세상에는 여러 가지 사는 재미도 많고 보람도 많은데 우리가 덜컹 인생의 '암초'에 부딪히게 될 때 자기 목숨 하나 건지지 못한다면 그게 다 무슨 소용이 있을까?

　설령 세상의 지식은 모자라더라도 살아남는 법을 아는 사공이 오히려 더 큰 지혜를 가진 자가 아닐까?

각자의 샘

인생에서 가장 소중한 것은 지혜다. 지혜는 세상의 어떤 복과도 비교할 수 없다.

　"지혜는 산호보다 값진 것 네 모든 귀중품도 그것에 비길 수 없다. 지혜의 오른손에는 장수가, 그 왼손에는 부와 영광이 들려 있다. 지혜의 길은 감미로운 길이고 그 모든 앞길에는 평화가 깃들어 있다"(잠언 3,15-17).

　역사를 움직인 인물들은 평생 학습자로 살았다. 새 천년은 지식 혁명 시대이다. 지식을 생명처럼 여기는 시대이다. 사람들은 지식과 정보를 소유하고, 그것을 활용할 지혜를 소유한 사람을 찾는다. 단순히 지식을 소유한 사람이 아니라 지식을 창출해 내는 지식 생산자를 찾는다.

　지식을 쌓는 것만으로는 부족하다. 지식에서 지혜를 건져 올릴 줄 알아야 한다.

인류에게는 많은 지혜의 샘이 있다.

문화마다 지혜의 샘이 있다. 예를 들어 그리스 · 로마 신화와 같은 각 나라들의 고대 신화를 생각해 보자. 신과 영웅에 대한 세계관이 녹아 있는 신화들은 단순한 신화 차원에 머무르지 않는다. 그것들은 우리 삶에 실제로 농축되어 작용함으로써 우리의 안목을 넓혀준다. 중국에는 사서삼경이나 『채근담』 등이 이런 역할을 하고, 한국에서는 『삼국유사』, 『격몽요결』, 『명심보감』 들이 이런 역할을 한다.

종교마다 지혜의 샘이 있다. 기독교의 『성경』이나 유다교의 『탈무드』는 이미 널리 알려진 지혜서이며, 이슬람교의 『코란』, 힌두교의 근본 경전인 『베다(Veda)』, 불교의 여러 경전 등도 각각 그들 종교의 뿌리이자 중심사상이 되어왔다.

위인들의 명언들이 있다. 사람은 죽어서 이름을 남긴다지만 위인들이 남긴 천금 같은 말 한마디는 때로 그들의 이름보다 더 길이 남는다. 누구고 한번쯤 가슴속에 위인들의 말을 좌우명 삼아 암송해 본 경험이 있을 것이다. 사람들은 위인들의 짧은 문장 하나에서 자신들의 삶의 방향과 통찰을 얻는다.

속담과 격언에도 지혜의 샘이 있다. 옛 선조들의 지혜가 고스란히 전승되어 온 속담이나 격언은 후손들의 실생활에 그대로 적용되어 무릎을 '탁' 치게 만든다.

각자 자신의 삶을 동반해 줄 지혜의 샘을 갖자. 집회서는 말한다.
"마음속으로 지혜의 길을 찾고 그 신비를 깊이 묵상하는 사람은 행복하다. 그는 사냥꾼과도 같이 지혜를 뒤쫓고 지혜가 가는 길목을 지킨다"(집회 14,21-22 : 공동번역).

각자 자신에게 맞는 지혜를 찾아 가급적이면 그것을 암송해 보자. 그냥 이해한 것보다 훨씬 풍요로운 열매를 맺게 해 줄 것이다.

씨앗 뿌리기

외우라

'글을 백 번 읽으면 그 뜻이 절로 드러난다(讀書百遍 義自見)'는 말이 있다. 우리 조상들은 특히 옛 성현들의 심오한 가르침을 이런 방식으로 깨우쳐 알아들었다.

이는 탁월한 독서법이며 수행법이다. 똑같은 문장을 백 번 소리 내어 읽는 것은 단지 머리로만 읽는 것이 아니고 마음과 몸으로 읽는 것이나 다름없다. 이 과정을 통해서 온몸이 그 말뜻을 알아듣게 된다. 아니 그 말뜻이 이미 몸에 배게 된다. 그래서 우리 조상들에게 있어서 공부를 한다는 것은 인격을 도야하는 것과 똑같은 것을 의미했다.

유다인 지혜의 보고 '셰마 이스라엘'에도 이러한 원리가 녹아 있다.

"너희는 집에 앉아 있을 때나 길을 갈 때나, 누워 있을 때나 일어나 있을 때나, 이 말을 너희 자녀에게 거듭 들려주고 일러 주어라. 또한 이 말을 너희 손에 표징으로 묶고 이마에 표지로 붙여라"(신명 6,7-8).

한마디로 지혜의 말씀을 입에, 눈에, 귀에, 마음에, 살과 뼈에 심어놓으라는 가르침이다.

유다인들은 오늘날까지 이 가르침을 글자 그대로 실행하고 있다. 지혜의 말씀을 적은 쪽지를 그들이 쓰고 다니는 모자 속에 넣어 놓고, 가죽 팔찌와 옷 술단에 넣어 달고 다닌다. 중요한 말씀을 하루에도 수시로 외며 상기한다. 그 결과 유다인은 세계에서 제일 우수한 석학, 걸출한 예술가, 엄청난 부호들을 배출하였다.

반복해서 말하라

아메리카 인디언들은 어떤 말을 '만 번' 이상 되풀이하면 그 일은 반드시 이뤄진다고 믿는다고 한다. 이는 우리가 지혜의 말씀을 외우면 좋은 일이 생긴다는 사실과 일맥 상통하는 것이다.

프랑스의 약사이자 심리치료사인 에밀 쿠에 박사는 반복적인 말의 효과를 이용해 '자기 혁신' 분야에서 큰 진전을 이루었다. 그가 한 것이라고는 단지 환자들에게 "나는 매일 어떤 방식으로든 점점 더 기분이 좋아진다(Everyday in every way, I'm feeling better and better)"는 말을 하도록 지시한 것뿐이다. 지극히 단순한 이 방법은 각종 질병을 치료하는 데 있어서 놀라운 효과를 거두었다고 한다.

이 성공에 뒤이어, 회복 촉진제를 연구하던 독일 의사인 요하네스 슐츠 박사는 더 큰 진전을 보였다. 그는 우선 환자들의 긴장을 풀어주고 그들을 편안한 상태에 놓이게 하였다. 그런 다음, 그들 스스로 긍정적인 메시지들을 말로 표현하고 또 이를 시각화하도록 격려하였다. 이 방식은 환자의 잠재의식으로 곧바로 전달되어 그들의 신체적, 정신적 건강 회복에 큰 도움을 주었다.

우리의 외부세계는 내부세계와 일치한다. 즉, 행동은 사고방식의 반영인 것이다. 따라서 우리가 말씀을 붙들고 사는 한 언젠가 그 말씀은 우리 안에서 성취되고야 만다.

활용하라

백여 년 전, 아일랜드의 어느 마을에 부유한 여인이 살고 있었다. 어느 날 이 마을에 전기가 공급되자 그녀의 집만이 유일하게 전기를 들여올 수 있었다. 당시에는 부유한 사람들만 전기를 설치할 수 있었기 때문이다. 이웃사람들은 모두 그녀를 부러워하였다. 그런데 전기를 설치한 지 한 달 후, 전기 검침원이 계량기를 보러 와서는 의아한 표정을 지으며 그녀에게 물었다.

"왜 계량기가 거의 그대로지요?"

여인이 대답했다. "해가 져서 촛불을 찾을 때에만 전기를 켰다가 곧 껐거든요."

그렇다. 그녀는 '전기'라는 편리한 빛의 도구를 촛불을 켤 때에만 사용하였던 것이다.

지혜도 마찬가지다. 문명의 이기를 제대로 활용할 줄 몰랐던 그 여인 처럼, 우리도 자신이 가진 지혜를 사용할 줄 모르면 아무 소용없다. 실제로 성공한 사람들은 자신 안에 심어놓은 지혜의 씨앗을 싹틔워 풍성한 열매로 결실을 맺은 이들이다.

위기 때 빛나는 지혜

난관을 뚫게 한다

소설가 서머셋 모음은 무명 시절, 어렵게 한 권의 책을 출판하게 되었다. 그러나 출판사에서는 이 무명작가의 소설을 위해 많은 돈을 지불하여 광고까지 해줄 의사는 없는 듯 했다.

'어떻게 하면 많은 사람들에게 나의 작품을 알릴 수 있을까?'

몇날 며칠을 생각하던 끝에 모음은 기발한 아이디어 하나를 떠올렸다. 그는 곧장 신문사로 달려가 광고담당 기자에게 다음과 같은 광고 카피를 건네주었다.

"마음씨 착하고 아름다운 여성을 찾습니다!

저는 스포츠와 음악을 좋아하고, 성격이 온화한 청년입니다. 제가 바라는 여성은 모든 점에서 최근 '서머셋 모음'이 쓴 소설의 주인공과 닮은 사람입니다. 착한 마음, 지혜와 아름다움을 지닌 바로 그런 여성이지요. 자신이 그 책의 주인공과 닮았다고 생각한다면 제게 즉시 연락해 주십시오. 꼭 그러한 여성과 결혼하고 싶습니다."

이 광고가 신문에 나오자마자 모음의 소설은 날개 돋친 듯 팔려 나갔다. 광고가 실린 지 채 1주일도 안 되어 그의 책은 어느 서점에 가도 구할 수 없을 정도가 되었다.

위대한 작가의 무명 탈출은 바로 그의 재치 어린 지혜에서 비롯되었다.

두려움을 없애준다

제2차 세계대전 당시 있었던 일이다.

독일의 어떤 학교 기숙사에 사이좋은 친구 둘이 있었다. 그 중 하나는 유다인이었다. 그런데 그는 공부를 하다 말고 언제나 이상한 시 같은 것을 소리 높여 외치곤 했다. 그는 구약성경 시편 23편을 히브리어로 암송하고 있었던 것이다.

"주님은 나의 목자, 나는 아쉬울 것 없어라. [⋯] 내 영혼에 생기를 돋우어 주시고 바른길로 나를 끌어 주시니 당신의 이름 때문이어라. 제가 비록 어둠의 골짜기를 간다 하여도 재앙을 두려워하지 않으리니 당신께서 저와 함께 계시기 때문입니다. 당신의 막대와 지팡이가 저에게 위안을 줍니다"(시편 23,1-4).

독일인 친구도 그 시편 음률이 좋아서 어느새 익히게 되었고, 둘은 서로 틈틈이 그 시를 소리 높여 외우곤 했다.

함께 지내던 날도 잠시, 어느 날 유다인 친구는 나치의 비밀경찰에 붙잡혀 가스실로 끌려가게 되었다. 독일인 친구는 자전거를 타고 그가 탄 트럭을 뒤쫓아 갔지만 따라잡을 수는 없었다. 그때 유다인 친구는 트럭 뒤로 얼굴을 내밀고 시편 23편을 소리 높여 외웠다. 그것이 독일인 친구가 그를 본 마지막 모습이 되었다.

전쟁은 계속 되었고, 독일인 친구도 결국 징병 당했다. 그러다가 러시아에서 전투 중에 연합군에게 포로로 잡혀 총살을 당할 위험에 처하게 되었다. 동료들이 하나 둘씩 쓰러질 때 그 독일인은 유다인 친구를 떠올렸다. 가스실로 끌려가면서도 기쁘게 시편을 외우던 그 모습……

그는 자신에게 총을 겨눈 군인에게 허락을 받고, 사랑하는 친구가 외웠던 시편 23편을 조용히 히브리어로 외우기 시작했다. 그러자 알 수 없는 힘이, 용기가, 그리고 평안이 그를 감싸면서 자신을 겨눈 총구 앞에서 자기도 모르게 목소리가 높아지기 시작했다.

그때, 연합군의 러시아 장교가 자리를 박차고 일어나더니 같이 목소리를 높여 시편을 외우기 시작했다. 그는 유다인이었던 것이다. 장교는 즉시 그 독일인을 풀어주라고 명령했고 사형 중지 서류에 사인을 하여 그를 해방시켰다.

단점을 장점으로 바뀌게 한다

보석상을 운영하는 한 부호가 유럽 여행 중, 진귀한 보석을 발견하였다. 거액의 돈을 주고 보석을 산 그는 자신의 나라로 돌아가 그 이상의 돈을 받고 팔 생각으로 설레었다. 그러다 살 때는 미처 보지 못한 작은 흠집이 있는 것을 발견했다.

"아! 이런 흠이 있었다니……."

그는 어찌할 줄을 몰랐다. 감정가들도 그 흠집 때문에 보석의 가치가 떨어진다고 입을 모았다. 제값을 받기는커녕 가격은 한없이 내려갔다. 보석상 주인은 여러 가지 생각에 잠겼다.

'어떻게 하면 이 보석을 원래의 가치로 되돌릴 수 있을까?'

그는 오랜 고민과 생각 끝에 한 가지 묘안을 떠올렸다. 바로 보석의 작은 흠에 장미꽃을 조각하는 것이었다. 결과는 어떠했을까? 장미꽃 조각 하나로 그 보석의 가치는 몇 배 이상으로 올라갔으며, 모든 사람들이 사고 싶어하는 예술품이 되었다.

숨기려고 감추려고만 했던 작은 흠을 새로운 장점으로 부각시키는 것, 지혜란 바로 이런 것이다.

대화 능력이 향상된다

미국 국무장관을 지냈던 헨리 키신저는 정치가로서 외교관으로서 세계를 움직여 나갔던 인물이다. '대통령은 닉슨이었지만 세계를 움직인 사람은 헨리 키신저다' 라고 말할 만큼 주도적인 역할을 했던 사람이다.

그가 성경 말씀에 대하여 다음과 같은 말을 한 적이 있다.

"어려서부터 나의 아버지를 통해서 배웠던 그 성경의 지식이 지금도 나의 삶을 지배한다. 성경에 정치적인 원리가 전부 다 들어 있더라."

사실 헨리 키신저는 독일에서 미국으로 이민 갔던 유다인이었다. 그는 한평생 영어 발음이 어눌했다. 그럼에도 불구하고 어릴 때 배우고 읽었던 성경 지식이 그의 생애를 지배하고 그를 세계 정치 무대에서 주도적인 역할을 할 수 있게 만들었던 것이다.

이렇듯 우리는 지혜의 말씀 암송을 통해 대화의 원리를 터득할 수 있다. 가장 중요한 대화의 원리는 마태오 복음 7장 12절에 있다.

"남이 너희에게 해 주기를 바라는 그대로 너희도 남에게 해 주어라. 이것이 율법과 예언서의 정신이다."

이 말씀은 우리로 하여금 대화할 때마다 상대방의 입장에서 할 수 있도록 지혜를 준다.

마음을 다스리게 한다

어느 날 다윗 왕이 궁중의 보석 세공인을 불러 이렇게 지시했다.

"나를 위해 반지를 하나 만들어라. 그 반지에는 내가 큰 승리를 거둬 그 기쁨을 억제하지 못할 때, 그것을 조절할 수 있는 글귀를 새겨 넣어라. 또한 그 글귀는 내가 절망에 빠져 있을 때도 나를 구해낼 수 있는 것이어야 한다.”

왕의 명령을 받은 보석 세공인은 곧 아름다운 반지 하나를 만들었지만, 왕이 지시한 적당한 글귀가 생각나지 않아 곤욕을 치르고 있었다.

그러던 어느 날, 보석 세공인은 솔로몬 왕자를 찾아가 도움을 구했다. 이에 왕자는 다음과 같은 글귀를 새겨 넣으라고 조언하였다.

‘이것 역시 곧 지나가리라!’

그러면서 솔로몬 왕자는 다음과 같이 이유를 말했다. “왕께서 승리의 순간에 이 글귀를 보면 곧 자만심이 가라앉을 것이고, 절망에 빠져 있을 때 이 글귀를 보면 이내 표정이 밝아질 것입니다.”

삶에서 우연히 만나는 촌철살인과도 같은 한 마디가 그 사람의 인생을 결정짓기도 한다.

지혜의 말씀은 우리 내면의 어두움을 몰아내는 빛이 되어준다. 지혜의 말씀을 암송하여 머리에 담아두면, 난관을 뚫게 해 주고 두려움을 없애주며, 단점을 장점으로 바꾸어주고 대화 능력을 향상시켜 주며, 마음을 다스리게 해 준다.

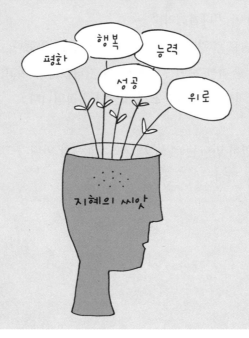

I can do it

1. 인생의 좌표가 될 명언이나 말씀 구절을 보이는 곳에 붙여두고 수시로 암송하자.
2. 나의 삶에 절망, 두려움, 우울증 등이 밀려올 때 지혜의 말씀을 빛으로 삼아 몰아내자.
3. 곤경에 직면한 이웃들에게 지혜의 말씀을 들려주며 위로하자.

도스토예프스키 이야기

러시아의 문호 도스토예프스키는 지혜의 씨앗을 만나서 인생행로를 바꾸었다.

그가 1866년에 발표한 그 유명한 소설 『죄와 벌』은 이러한 변화의 결실이었다. 그가 젊었을 때에는 청년 작가로 글줄이나 쓴다고 교만하기 이를 데가 없었다고 한다. 그야말로 안하무인격이었다. 그러던 그가 비밀결사에 참여했다가 체포되어 시베리아 벌판으로 떠나게 되었다. 알아주는 사람 하나 없는 시베리아 강제 노동 수용소에서 기한도 없는 유형의 생활이 계속되었다. 낮에는 강제노동에 시달렸고, 밤이면 어둡고 추운 골방에서 외로이 절망을 달래가며 지냈다.

그때 누군가가 그에게 성경 한 권을 보내왔다. 그래서 그는 매일 저녁 성경을 읽게 되었다. 그는 성경 속에서 하느님을 만났다. 성경을 통해서 하느님의 음성을 들었다. 그리고 그는 하느님 앞에서 '양심'이라고 하는 것을 깊이 생각해 보게 되었다. 마침내 그가 온갖 심혈을 기울여 인생 말엽에 작품을 하나 내놓았는데 그것이 바로 양심의 문제를 다룬 『죄와 벌』이다. 성경 말씀으로 새롭게 태어난 그가 양심의 문제를 깊이 깨달아 성경의 진리를 극적으로, 문학적으로 풀어나갈 수 있었던 것이다.

이렇게 말씀은 말씀에 그치는 것이 아니라 삶을 변화시키는 힘이 있다. 그 이유는 말씀이 읽혀지고 말해지는 동시에 활동하기 때문이다.

III

마음을 다하여 : 감성 계발

마음은 감성의 처소이다. 마음에서 꿈의 세계가 펼쳐진다
감성 계발은 창조적인 인생의 열쇠이다

7 우뇌에 숨은 블루오션을 찾으라

우뇌의 잠재력

필자의 독서법

필자는 책을 많이 그리고 빨리 읽는다. 요즈음은 시간이 별로 나지 않아서 그런 재미가 없지만 어쩌다 서점을 한번 들를 때면 서점에서 대충 쭉 훑어보는 것으로도 새로운 정보를 한 보따리 얻어온다.

필자가 가장 공들여 읽는 부분은 책의 서문과 목차이다. 에필로그가 있는 경우에는 그것도 꼼꼼하게 읽는다. 일단 이렇게 하고 나면 글의 전체 윤곽이 짐작된다. 글을 많이 써본 필자의 경험상 제대로 쓴 글이라면 책의 주요 개념은 서문, 목차, 에필로그 속에 녹아 있음을 안다.

책의 본문을 읽을 때는 대각선으로 읽되 일일이 다 읽지 않는다. 한눈에 들어오는 단어들을 순간적으로 연결시켜보면 그 페이지의 글이

'새로운 정보'를 제공하는지 아닌지 금세 판단된다. 그리고 핵심문장이 어디에 숨어 있는지 육감적으로 집어낸다. 그 대목은 '줌인(zoom in)'시켜 확실하게 읽고 넘어간다. 그 대목의 이해는 방금 한눈에 들어왔던 단어들과 연결시키면 그리 어렵지 않게 진행된다. 이 모든 과정은 단 몇 초 안에 이루어진다.

물론, 이런 독서법의 위험과 한계가 있을 것이다. 하지만 의외로 효율적이며 과학적이기도 하다.

두뇌생리학적으로 말하자면, 이 독서법은 '우뇌'를 많이 활용한 독서법에 속한다고 말할 수 있다. 위의 이야기에서 핵심 문장을 '줌인' 시켜 읽는 것만 '좌뇌' 독서에 해당하고, 나머지는 모두 '우뇌'의 연상능력을 최고도로 발휘시킨 독서법인 것이다.

우뇌를 잘 활용하면 기분이 좋아진다

살구나 매실을 떠올리면 저절로 침이 분비된다. 달콤한 아이스크림을 상상하는 것만으로도 즐거워진다. 이러한 현상은 우뇌가 감정의 처소로서 우리의 기분을 관장하기 때문이다.

우뇌의 상상력은 우리를 이유 없이 기분 좋게 할 수도 있고 기분 나쁘게 할 수도 있다. 우리의 우뇌가 행복한 상상을 하게 되면 소위 행복 호르몬인 도파민이 분비된다. 도파민은 인간이 다른 동물에 비해서 특별히 고도의 정신기능과 창조성을 발휘할 수 있도록 하는 가장 대표적인 신경전달물질이다.

우리 뇌의 구조는 현 상태의 감정에 반대 심문을 하지 않도록 설계되어 있다. 우리가 행복하고 즐거운 기분으로 충만해 있을 때, 우리의 기억 체계는 곧 납부해야 할 세금이나 직장에서의 해고에 대한 불안 등을 떠올리지 않는다.

여기서 나온 것이 '기분 일치 가설(mood congruity hypothesis)'이다. 즉, 이 가설은 '우리의 기억 체계는 현재의 기분과 일치하는 과거의 사건들을 회상하는 역할을 하는 경향이 있다'는 것을 핵심으로 한다.

또한 우뇌는 본능, 창조성, 고도의 정신기능 등과 관련이 있다.

우뇌의 상상력이 우리의 삶을 지배한다

상상력은 우뇌가 지니고 있는 가장 중요한 능력이다. 인생에서 상상력은 우리가 알고 있는 것보다 훨씬 더 중요한 역할을 한다. 성공한 사람들은 하나같이 상상력이 뛰어나다. 나폴레옹은 다음과 같이 말했다.

"상상력이 세계를 지배한다."

스타벅스 커피의 놀라운 성장에서 상상력이 차지한 비중을 생각해 보자. 『스타벅스, 커피 한잔에 담긴 성공 신화』라는 자서전에서 하워드 슐츠(Howard Schultz) 회장은 한 이탈리아 도시의 거리를 거니는 장면을 떠올리면서, 온갖 상상력을 동원하여 열정과 낭만적인 분위기와 행복한 사람들로 가득 찬 가로변의 작은 카페를 머릿속에 그렸다고 한다. 슐츠는 일상적인 상품인 커피를 새롭게 재창조하는 기회를 포착했던 것이다. 그는 저서에서 이렇게 말했다.

"우리가 만일 상상력을 사로잡을 수 있다면 다른 사람도 사로잡을 수 있을 것이다."

오늘날 우리가 자주 찾는 스타벅스 커피점은 이탈리아에서의 낭만적이고 행복한 경험과 도심 속의 에스프레소 커피 가게, 그리고 쇼핑센터를 복제해 놓은 듯한 슐츠 회장의 상상적 노력의 결과물인 것이다.

천재들은 우뇌로 생각한다

인류사에 길이 남을 위인들은 우뇌의 능력을 발휘한 사람들이다.

역사상 가장 위대한 천재 중 한 사람은 우리가 익히 들어온 레오나르도 다빈치다. 그는 이미 500년 전에 증기선, 헬리콥터, 잠수복, 엘리베이터, 자동차, 굴착기, 낙하산, 망원경 등을 상상해 냈다. 다른 사람들과 똑같은 두뇌를 가지고 어떻게 이 모든 것을 생각해 냈을까. 바로 그의 상상력이다. 그는 상상을 즐기고 그 상상을 '현실화'하는 능력에서 천재성을 드러냈다.

에디슨 역시 학교에 입학한 지 3개월도 못 되어서 '바보'로 낙인찍혀 학교를 그만둔 학습장애아였다. 제대로 된 교육이라고는 겨우 3개월도 못 받은 에디슨이었지만 전등, 전축 등 많은 것들을 발명하여 특허만 해도 1,093개를 받아 기록적인 업적을 세웠다.

벤젠의 구조를 밝힌 독일의 화학자 케쿨레의 경우는 어떠한가. 그는 꿈 속에서 뱀이 꼬리를 물고 빙빙 도는 것을 보고 힌트를 얻었다고 한다.

또한 원자의 모형을 최초로 고안한 톰슨은 그 대상을 수박에서 찾았다. 수박씨가 그에게 원자핵의 이미지로 영감을 준 것이다.

위대한 발명가들의 공통점을 보면 논리보다 이미지를 캐치하여 업적을 이룬 경우가 많다. 그들에게 논리는 어디까지나 다른 사람에게 자신의 이미지를 전달하는 수단에 불과했던 것이다.

마음을 성형하는 의사 이야기

1940년대 미국의 유명한 성형외과 의사였던 맥스웰 몰츠는 자신을 찾아온 사람들과 상담하는 과정에서 매우 의미 있는 발견을 하게 되었다. 즉 똑같은 얼굴의 상처에 대해서 어떤 사람은 그것을 영광스럽게 여기고 있는가 하면, 어떤 사람은 그것을 추하게 여기고 있다는 것이다.

그가 만난 어느 독일인의 경우를 보자. 그의 얼굴에는 큰 칼자국이 나 있었는데 그 자신은 그것이 용감한 결투에 따른 영광스런 상처라는 자부심을 가지고 있었다. 반면에 어느 미국인 세일즈맨은 교통사고로 인해 입은 얼굴의 상처 때문에 자신감을 상실하였고 그것이 그의 콤플렉스로 작용하고 있었다.

몰츠는 이 관찰을 통해서 다음과 같은 결론에 이르게 되었다.

"이와 같은 경험을 겪으면서 나는 완전히 새로운 길을 걷기 시작했다. 1945년 무렵 나는 성형 수술 상담을 요청한 수많은 사람들이 수술 이상의 어떤 것을 필요로 하고 있으며, 그 중 몇몇은 수술이 전혀 필요하지 않은 상태라고 확신하게 되었다.

이러한 사람들을 단순히 코, 귀, 입, 팔이나 다리를 수술받아야하는 환자가 아니라, 그 사람 자체를 환자로 간주하는 경우, 나는 그들에게 수술 이상의 어떤 것을 해줘야 할 필요가 있다는 사실을 깨달은 것이다. 그리고 그들에게 심리적, 감정적, 정신적으로 얼굴을 성형하는 방법과 함께 감정상의 상처를 치료하는 방법, 그리고 그들의 신체적 외모를 바꾸는 것뿐 아니라 태도와 생각을 변화시킬 수 있는 방법을 가르쳐 줄 필요가 있었다"(맥스웰 몰츠, 『성공의 법칙』에서).

자아 이미지가 각인되어 있는 영역이 바로 우뇌이다. 물론, 우뇌에 그려진 이 자아 이미지는 좌뇌에 각인된 자신에 대한 생각과 연결되어 있다. 그런데 우뇌에 그려진 자신에 대한 이 밑그림의 영향력은 앞서 몰츠가 진술한 바와 같이 대단히 크다고 말할 수 있는 것이다.

우뇌는 결재 없이 작동한다

사람은 보고 들은 대로 행한다

인간은 '보고 들은' 것에 의해 지배받는다고 하여도 과언이 아닐 것이다. 특히 인간은 '보는 것'에 의존해서 진화해 왔다. 인간의 감각에는 여러 가지가 있지만, 시각은 모든 감각의 60%를 점유한다. 일상생활에서도 사물을 보는 행위는 높은 비율을 차지하고 있다.

교육심리학 통계에 따르면, 인간의 학습은 시각이 87%, 청각이 7%, 그리고 미각·후각·촉각을 합하여 약 6%로 이루어진다고 한다. 또한 인간의 기억력도 들은 것은 10%, 본 것은 50%로서 듣고 보고 한 것이 80%를 기억한다고 한다.

'율곡'이 한반도에 태어난 인물 가운데 몇 손가락 안에 드는 성현이었던 것은 순전히 어머니 신사임당의 가르침을 '보고 들은' 덕이었다. 한국인의 자랑스러운 어머니 상(像)으로 대표되는 신사임당은 기회 있을 때마다 식솔들에게 가내 범절을 가르치며, 모든 면에서 몸소 모범을 보였다.

이러한 신사임당 역시 자랄 때 가정에서 보고 들은 영향이 크다. 강릉 외가에서 자란 신사임당은 딸 다섯 중 둘째로 태어났다. 외조부 곁에서 늘 먹을 갈고 붓을 만지작거리며 자란 그녀는 일찍이 그림과 글씨에 남다른 재능을 꽃 피울 수 있었다. 그와 마찬가지로 신사임당의 일곱 자녀들도 늘 어머니 곁에서 먹을 가까이 하고 붓을 가까이 했다. 현재 큰딸 매창의 글씨나 그림이 많이 남아 있고 다섯째인 율곡의 학문적 성공은 물론, 일곱째인 우(瑀)의 그림, 글씨 등이 많이 남아 우리 문화를 빛내고 있는 것이 결코 우연은 아니다(안 영, 『그 영원한 달빛, 신사임당』 참조).

널리 알려진 '맹모삼천지교(孟母三遷之敎)'에서도 알 수 있듯이, 우리가 '보고 듣는' 사물이나 사건, 심지어 사람에 대한 인식은 단순히 그 자체를 받아들이는 것 이상이다. 이들은 우리의 무의식과 잠재의식에 자리를 잡고 지속적으로 영향을 끼친다. 따라서 '본다는 것', 그리고 그 영상을 관장하는 우뇌의 작용은 참으로 중요하다.

오염되고 있는 청소년들의 우뇌

우리시대 미래의 주인공인 청소년들에 있어서, 아니 현대인에 있어서 가장 큰 문제점 중 하나는 저급한 인터넷 사이버 문화의 확산일 것이다. 온갖 음해적인 캐릭터들로 무장한 온라인 게임, 기괴한 인터넷 소설의 범람, 자살권장 사이트 등은 사악한 바이러스와도 같아서 나이어린 청소년들의 무분별한 호기심을 자극하고 있다.

문제는 이러한 잘못되고 지나친 인터넷 사용이 심각한 중독증세와 정서장애를 유발할 수 있다는 것이다.

미국의 플로리다 대학과 신시내티 대학 공동연구팀은 의학전문지인 〈정서장애 저널(JAD · Journal of Affective Disorders)〉에서 인터넷이 중독 증세와 조울증, 불안장애 등 정서장애를 일으킬 수 있음을 밝혔다. 미국에서는 이미 20만 명이 사이버 중독증을 가지고 있다고 하니, 세계 최대 인터넷 사용량을 자랑하는 한국 역시 그보다 더했으면 더했지, 덜하지는 않을 것이다.

잠재의식이 성공과 실패를 만든다

미국의 어느 초등학교에서 실시한 흥미로운 실험을 예로 들어보자.

실험에 협조한 교사가 학생들에게 이렇게 말했다.

"최근의 연구에 의하면, '눈동자가 파란 아이들이 갈색인 아이들보다 학습능력이 뛰어나다'고 발표했단다."

그런 뒤 교사는 아이들에게 자신의 눈동자 색을 작은 카드에 적어서 수업 중에 목에 걸게 하고, 1주일 동안 아이들의 모습을 관찰했다. 그 결과는 다음과 같다.

'갈색 눈'의 카드를 단 아이들은 학습의욕이 저하됐으며, '파란 눈'의 아이들은 성적이 눈에 띄게 향상됐다. 그런 후, 교사는 아이들에게 다시 말했다.

"저번에 발표된 연구결과는 잘못되었다는 주장이 나왔단다. '갈색 눈의 아이들이 파란 눈의 아이들보다 훨씬 뛰어나다'는 것이 옳다고 한다."

결과는 어떠했을까? 예상한 대로 이번에는 갈색 눈을 가진 아이들의 성적이 좋아지고, 파란 눈의 아이들은 학습의욕이 저하되었다.

이와 같이 자신이 어떤 이미지를 갖느냐에 따라, 같은 사람이라도 달라질 수 있다.

기존의 잠재의식에 새겨진 이미지는 오히려 스스로의 한계로 작용한다. 그것을 바꾸지 않는다면, 자신에게 있어 더 나은 미래로의 도약은 불가능하다.

스포츠 세계에서도 우뇌의 능력은 확실하게 나타난다. 아무리 재능이 많아도 '우뇌 능력'을 발휘하지 못하는 선수는 승자가 되기 어렵다.

다른 사람을 이기기보다 자신이 최고가 되기 위해 잠재능력을 발휘하는 편이 훨씬 도전적이며 의욕을 증대해 주기 때문이다.

그러기에 유능한 선수들은 이렇게 말한다. "세계적인 기록에 도전하고자 한다면, 우선 자신부터 최고로 만들어야 한다."

그리는 대로 된다

이미지 트레이닝

뛰어난 스포츠 선수에게 내재해 있는 이미지는 분명 하루아침에 형성된 것은 아니다. 이것은 마치 경기를 위한 연습을 하듯 트레이닝이 필요한 것이다.

미국 일리노이 대학에서 재미있는 실험을 한 적이 있다. 이 대학 농구팀 선수를 A, B, C 세 그룹으로 나누어 A그룹 선수에게는 한 달 동안 슈팅 연습을 시키고, B그룹 선수에게는 한 달 동안 슈팅 연습을 시키지 않았다. C그룹 선수들에게는 매일 30분 동안 마음속에서 자신이 직접 공을 던져 득점하는 장면을 그려보고, 또 기량도 점점 향상되는 자신들의 모습을 상상하는 소위 '이미지 트레이닝'만을 했다고 한다.

한 달이 지난 후, 놀라운 결과가 나왔다. 전혀 훈련을 하지 않은 B그룹이 아무런 진전이 없었던 것은 예상대로였다. 하지만 매일 체육관에서 실제 연습을 한 A그룹과 시각화(Visualization)를 통해 마음의 훈련을 한 C그룹 선수들이 똑같이 슈팅 득점률에서 25%의 향상을 보였다는 것이다.

이 실험결과는 보이지 않는 것을 마음으로 보는 것, 곧 '비전'이 얼마나 큰 효과가 있는지를 여실히 증명해 주고 있다.

　우리가 머릿속에 이미지를 그려 보면 실제와 같은 효과가 나타난다. 우리의 뇌는 실제로 일어난 일과 머릿속에 그린 이미지를 잘 구별하지 못한다.

　즉 실제는 없는데도 뇌가 있다고 느끼면 그 사람한테는 있는 것이 되는 것이다. 따라서 머릿속에 이미지를 선명하게 그릴수록 그 이미지가 실현될 가능성이 높아지게 마련이다.

　성공의 이미지를 머릿속에 강하게 각인할수록 실제로 성공할 가능성이 높아진다. '공부를 못한다', '안 된다'와 같은 부정적 이미지를 그리면 그로 인해 부정적 결과가 나오게 된다. 반면 시험을 잘 보는 장면, 상 받는 장면을 떠올리면 실제 우뇌가 강화되어 성공 가능성이 높아진다.

우뇌의 블루오션 활용하기

우뇌는 드넓은 상상력의 바다이다. 이 바다에는 아직 아무도 그물을 드리우지 않은 블루오션(Blue Ocean), 곧 '새로운 가능성의 영역'이 있다. 이 블루오션을 활용하여 '하는 일마다 잘되는 삶'을 살기 위해서 다음의 '무지개 원리' 두 가지가 배당되어 있다.

— 꿈을 품으라.
— 성취를 믿으라.

이 두 가지에 대해서는 8장과 9장에서 자세히 취급할 것이다.

행복가이드

우뇌는 감정(정서)을 관장하며 상상력의 보고이다. 좌뇌가 의식 속에서 논리회로를 거쳐서 작동하는 데 반하여 우뇌는 잠재의식 내지 무의식에 입력된 이미지들의 영향으로 급한 상황에서 결재 없이 바로 작동한다. 그러므로 우뇌가 지닌 가능성을 살리는 길은 상상력을 통한 이미지 트레이닝이다.

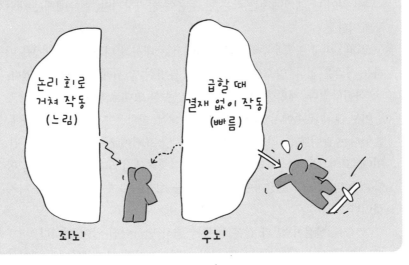

I can do it

1. 일상에서 우뇌의 상상력과 창조력을 최대한으로 발휘하도록 노력하자. 이로써 불편한 것을 개선하고, 새로운 것을 만들어 보자.
2. 우뇌의 상상력으로 기분 좋은 감정을 유지하여 행복하게 살자. 곧 좋은 사람, 아름다운 경치, 감동적인 추억을 떠올리며 현재의 행복감을 고조시켜 보자.
3. 어떤 일을 시작할 때 먼저 이미지 트레이닝을 하자. 곧 우선 그 일을 완벽하게 해낸 자신을 상상하고 그에 따라 행동하자.

🐚 모의 훈련

당신은 달 표면에 최초로 발자국을 남긴 닐 암스트롱 선장의 말을 기억하는가. 그는 달 표면에 첫 발을 내딛고, 다음과 같은 말을 남겼다.

"이 일이 나 개인에게는 작은 한 걸음에 불과하지만, 인류에게는 대단한 도약이다."

그러나 미국 항공우주국과의 교신에서는 대사가 더 있는데, 그것을 기억하는 사람은 없다. 암스트롱 선장은 그 유명한 말 뒤에 이렇게 덧붙였다.

"아름다웠다. 계획한 그대로였으며 연습한 그대로였다."

이는 그가 우주에서 일어날 수 있는 모든 상황을 지상에서 철저하게 연습했다는 말이다. 그리고 그것이 실제로 달 표면에 착륙할 때 도움이 된 것이다. 그러므로 암스트롱처럼 우리도 머릿속에서 모의 훈련을 하면 할수록 우뇌의 기능이 발달하여 어려운 일을 성공시킬 수 있는 토대를 다지는 것이다.

'연습을 실전처럼!'과 같은 문구는 괜히 만들어진 말이 아니다. 머릿속에 불안을 해소하는 이미지를 그려 보라. 그러면 실제상황에서 당황하지 않을 것이다. 이미지 속에서 잘 체험하면 실제 상황에서는 불안감이 사라진다. 뿐만 아니라 극복하려는 용기가 생기며, 오히려 위기상황을 그리는 일이 즐거워질 수 있다.

아침에 일어나서 하루 일정을 영상으로 그리는 습관이, 치열한 경쟁의 세계에서 당신을 진정한 승자로 만들어 줄 것이다.

8 무지개 원리 3 | 꿈을 품으라

꿈은 이루어진다

조카에게 준 선물

필자는 어려운 집안에서 자랐다.

　이북에서 혈혈단신 서울로 내려와서 독학으로 대학까지 마친 아버지는 해방 직후 합동통신사 기자생활을 하며 청운의 꿈을 펼치고 계셨다. 그러다가 6·25가 터지자 피난을 못 떠나고 서울에 잔류하다가 공산당에게 잡혀서 이른바 '부역'이라는 것을 하셨다. 공산당의 일에 협조했던 것이다. 9·28 수복 이후 부역자들은 색출되어 즉결심판을 거쳐 모두 총살형을 당했다. 그런데 아버지는 어느 국군장교의 도움으로 구제되었다고 한다. 대신 곧바로 국군에 입대하여 군복무에 임했다. 군복무를 마치고 아버지는 어머니의 고향인 경기도 남양만 어귀 '서신'이라는 곳으로 낙향하여 면사무소 공무원이 되었다. 이후 '부역'에 대한 죄책감이 아버지를 괴롭혔다. 거기에 이북에 살고 있는 가족들과의 이산의 아픔이 가중되었다. 자연히 술을 많이 마시게 되었고 돈 버는 일에는 무관심하셨다.

우리 집은 필자가 초등학교 4학년 때 서울로 이사했다. 처음 이사 온 곳이 관악산 밑 철거민촌 '난곡'이라는 동네였다. 그 때부터 집에서 쌀과 연탄을 취급하게 되어 그것들을 배달하며 집안일을 도왔다. 그러다가 학비 부담 때문에 전액 장학금을 주는 유한 공고에 들어갔다. 그러나 대학을 들어가겠다고 실습시간에 영어공부를 하다가 담당 선생님에게 걸려서 줄 빰을 맞기도 했다. 그런 고생 끝에 서울대학교 공과 대학에 합격하게 되자 나를 높이 평가한 담임선생님은 졸업식 날 '너는 틀림없이 박사가 될 수 있어'라며 격려의 말을 해 주었다.

그런데 대학 진학 후, 줄곧 진로를 놓고 고심하였다. 학업에는 곧잘 적응하였으나, 아무래도 적성이나 취미가 기계보다는 사람을 상대하는 직업이 어울릴 것 같았다. 의사 아니면, 변호사가 되고 싶었다. 그러나 이미 때는 늦었다. 먹고 살기에 바빠서, 그리고 경제 논리에 밀려서 '진정 나는 무엇이 되고 싶은가'를 너무 늦게 묻게 되었던 것이다.

학년은 올라갔다. 그리고 군에 입대를 해야 했다. 해군 학사장교로 임관된 후 얼마 안 되어 조카가 생겼다. 조카의 탄생 소식에 필자는 조카에게 '시' 하나를 주고 싶었다. 물론, 나중에 글을 읽을 줄 알 때 읽으라고 지은 것이었다. 시를 지어 액자에 담아 보냈다. 그 시 전문은 다음과 같다.

소년이여,

보석처럼 빛나는 까만 하늘을 담은 그대 눈은

아득히 무엇을 바라보는가 바라보는가.

진리의 불씨 하나 얻기 위하여

그런 꿈에 가득히 가슴 설레이는가.

저 높은 하늘 뜬 구름 흰 구름에

그 마음 띄워

우러러 그대 꿈은 험한 세상의 다리이어라.

광야에 외치는 소리도 좋기는 하지마는

애오라지 그대 꿈은 역사의 말없는 받침돌이어라.

바다는 강에서 트여나가고 강은 샘에서 비롯하듯이

사람은 뜻에서 근원하는 것.

용약하는 희망이라야

우리는 산다.

꾸는 것과 품는 것의 차이

미국에서 90세 이상의 노인들을 대상으로 물었다.

질문은 단 한 가지, "90년 인생을 돌아보았을 때 가장 후회가 남는 것은 무엇입니까?"

이 질문에 대해 90%의 사람이 동일한 대답을 했다고 한다. 그 대답은 바로 "좀더 모험을 해 보았더라면 좋았을 것을……"이라고 한다.

사실 꿈은 누구나 꾼다. 하지만 꿈을 꾸기만 한다고 이루어지는 것은 아니다. 꿈을 꾸는 것은 일시적이고 단절적일 수 있기 때문이다. 그러므로 꿈을 지속적으로 품을 필요가 있다. 꿈을 이루는 사람들은 대부분이 꿈을 집요하게 품어왔던 사람들이다. 역사 속에서 위업을 달성한 사람들은 모두가 단지 꿈을 꾸는 데서 그치지 않고 꿈을 고이 품었던 사람들이다. 아브라함이 그랬고, 야곱이 그랬고, 요셉이 그랬다. 에디슨이 그랬고, 마틴 루터 킹이 그랬고, 시각장애인으로서 한국인 최초로 백악관 보좌관이 된 강영우 박사가 그랬다.

이제 우리가 왜 꿈을 품어야 하는지, 그리고 어떻게 품어야 하는지에 대하여 알아보기로 하자.

하버드 대학의 놀라운 연구결과

하버드 대학에는 목표, 곧 꿈이 사람의 인생에 끼치는 영향에 대해 조사한 유명한 자료가 있다. IQ와 학력, 자라온 환경 등이 서로 비슷한 사람들을 대상으로 실험을 한 결과, 놀라운 사실을 발견할 수 있었다.

27%의 사람은 목표가 없고, 60%는 목표가 희미하며, 10%는 목표가 있지만 비교적 단기적이라고 응답하였다. 단지 3%의 사람만이 명확하면서도 장기적인 목표를 갖고 있었다. 그리고 이들을 25년 동안 끈질기게 연구한 결과 재미있는 사실이 발견되었다.

명확하고 장기적인 목표가 있던 3%의 사람은 25년 후에 사회 각계의 최고 인사가 되었다. 그들 중에는 자수성가한 사람도 있으며, 대부분 사회의 주도적인 위치에서 영향력을 행사하고 있었다.

10%의 단기적인 목표를 지녔던 사람들은 대부분 사회의 중상위 층에 머물러 있었다. 그들은 단기적인 목표를 여러 번에 나누어 달성함으로써 안정된 생활의 기반을 구축하였으며, 사회 전반에 없어서는 안 될 전문가로 활동하고 있었다. 예를 들어 의사, 변호사, 건축가, 기업가 등

이다.

그중 목표가 희미했던 60%는 대부분 사회의 중하위 층에 머물러 있었다. 그들은 모두 안정된 생활환경에서 일하고는 있지만, 10%의 사람들에 비해 뚜렷한 성과는 없었다.

우리가 주목해야 할 것은 바로 27%의 목표가 없던 사람들이다. 그들은 모두 최하위 수준의 생활을 하고 있었고, 취업과 실직을 반복하며 사회가 나서서 구제해 주기만을 기다렸다. 때로는 남을 원망하고, 사회를 원망하면서 말이다.

나는 어디에 속한 사람인가? 3%, 10%, 아니면 60%? 자신이 내리는 답에 자신의 미래가 달려 있다. 이 법칙은 냉엄하다. 적어도 10%, 할 수 있다면 3%의 범주에 속하려는 결단을 내려야 할 것이다.

오르지 못할 산은 없다

2006년 7월, 미국 백악관 국가장애위원회 정책차관보가 미국 루스벨트 재단이 선정한 '127인의 공로자'로 선정됐다. 이 127인에는 록펠러, 맥아더 장군, 헨리 키신저 전 미국 국무장관과 빌 클린턴, 로널드 레이건 전 대통령, 코피 아난 유엔 사무총장 등이 포함되어 있다. 미 백악관 차관이라면 흔히 그 나라 사람이라고 생각하기 쉬울 것이다. 그러나 그 주인공은 바로 한국인 강영우 박사다. 그는 한국인으로는 유일하게 127인에 포함됐다.

더욱 놀라운 것은 그가 시각장애인이라는 사실이다. 그는 중학교 재학 중 외상에 의한 망막 박리로 실명한 후, 온갖 시련과 사회의 편견과 차별을 굳은 신앙과 의지로 극복, 세계적인 재활의 귀감이 되고 있다.

그는 1972년 2월 결혼을 하고 그해 8월 한국 장애인 최초 정규 유학생으로 아내와 함께 도미, 3년 8개월 만에 피츠버그대에서 교육학 석사, 심리학 석사, 교육전공 철학박사 학위를 취득, 1976년 4월 한국 최초의 맹인 박사가 되었다.

그의 영문판 자서전인 『빛은 내 가슴에』는 미국 의회 도서관 녹음 도서로 제작 보급되고 있다. 또한 그는 2000년, 2001년 미국 저명인사 인명사전, 2001년 세계 저명인사 인명사전에도 수록되었다.

그가 불가능을 극복하고 이토록 복된 삶을 살 수 있었던 것은 어디에서 비롯된 것일까. 바로 하느님에 대한 굳은 믿음 속에서 꿈을 품고 있었기 때문이다.

강영우 박사, 그는 꿈의 사람이었고 이제는 꿈의 효력을 전하는 위대한 증인이 되었다.

바라봄의 법칙

어째서 꿈(=목표)을 장기적으로 품으면 그것이 현실이 될까. 이를 성경은 '바라봄의 법칙'으로 설명한다.

이 첫 번째 예가 아브라함이다. 하느님께서는 아브라함에게 자손과 땅을 약속해 주시고 줄곧 그것이 이루어질 것을 바라보게 하셨다. 하느님께서는 그에게 무수한 별과 모래알을 '보여주시고' 그 숫자만큼 자손에 대한 꿈을 꾸게 하셨다.

""하늘을 쳐다보아라. 네가 셀 수 있거든 저 별들을 세어 보아라." 그에게 또 말씀하셨다. "너의 후손이 저렇게 많아질 것이다""(창세 15,5).

땅을 주실 때에도 꼭 가나안 땅과 동서남북을 '보게 하신' 후 그 약속을 실현해 주셨다. 하느님께서는 '바라봄'의 힘을 이용하셨던 것이다. 아브라함은 하느님께서 약속하신 축복을 믿음으로 바라보았기에 축복의 주인공이 될 수 있었던 것이다. 우리도 아브라함과 같은 믿음으로 꿈을 향해 나아가야 한다. 그럴 때에 하느님은 반드시 우리에게 이루어 주실 것이다.

야곱의 이야기는 어떠한가. 20년간 삼촌 라반 집에 머물러 살면서 당하기만 했던 야곱은 라반의 양과 염소 중에서 얼룩지고 점 박히고 검은 것들을 가려내어 그와 같은 것들을 자신의 품삯으로 줄 것을 요구하였다. 라반은 이를 허락하였지만 야곱 몰래 얼룩지고 점 박히고 검은 것들을 숨겼다. 하지만 야곱은 기도 중에 하느님으로부터 '바라봄'의 법칙을 계시 받았다. 그리하여 야곱은 양들에게 흰 줄무늬가 난 나뭇가지들을 바라보게 하면서 이른바 세뇌교육을 시켰다. "껍질을 벗긴 가지들을 물통에, 곧 양들과 염소들이 물을 먹으러 오는 물구유에 세워, 가

축들이 그 가지들을 마주 보게 하였다. 그런데 양들과 염소들은 물을 먹으러 와서 짝짓기를 하였다"(창세 30,38).

나아가 야곱은 아무 양에게나 줄무늬 가지를 보여주지 않았다. "야곱은 튼튼한 양들과 염소들이 끼리끼리 짝짓기 할 때마다, […] 그 가지 앞에서 짝짓기를 하게 하였다"(창세 30,41).

마침내 바라봄의 법칙은 주효하였다. 그래서 약한 것들은 라반 차지가 되고, 튼튼한 것들은 야곱 차지가 되었다. "이렇게 해서 야곱은 대단한 부자가 되어, 수많은 양과 염소뿐만 아니라 여종과 남종, 낙타와 나귀들을 거느리게 되었다"(창세 30,43).

우리는 아브라함과 야곱으로부터 배울 줄 알아야 한다. 꿈을 품고 그 꿈을 계속 바라보면 때가 찼을 때 반드시 현실이 된다.

야망을 품으라

필자가 중학교 다닐 때 영어 참고서에는 다음과 같은 명구가 있었다.

'Boys, be ambitious! (소년이여, 야망을 가져라!)'

나이를 먹을수록 필자는 이 말에 수긍하게 된다. 우리는 이 야망을 긍정적인 의미로 이해해야 한다. 어려서 품은 꿈의 크기가 인생의 규모를 결정짓는다.

'한계'라는 말은 실패를 무마시키고자 하는 변명에 불과하다. 한계는 언제나 사람으로 하여금 '경험'에 지나치게 의존하도록 만들며, 마치 그림자처럼 졸졸 따라다니며 암살자처럼 우리의 의지를 죽인다.

많은 사람들이 자신의 능력을 과소평가하여 목표를 낮추고, 작은 성공에 안주하고 있다. 큰 야심은 큰 성공을 낳는다. 야심이 없다면 아무런 목적도 달성할 수 없게 된다.

일본인들이 많이 기르는 관상어 중에 '고이'라는 잉어가 있다. 이 잉어를 작은 어항에 넣어 두면 5-8cm밖에 자라지 않는다. 그러나 아주 커다란 수족관이나 연못에 넣어 두면 15-25cm까지 자란다. 그리고 강물에 방류하면 90-120cm까지 큰다. 고이는 자기가 숨 쉬고 활동하는 세계의 크기에 따라 난쟁이 물고기가 될 수도 있고, 대형 잉어가 되기도 한다. 우리의 '생각'이 고이가 처한 환경과도 같다면, 우리가 더 큰 생각을 품고 더 큰 꿈을 꾸면 더 크게 자랄 수 있다는 것을 알 수 있다. 이렇듯 생각의 크기는 제한을 받지 않는다.

어떤 꿈을 꿀 것인가

위인 중에서 역할 모델을 찾으라

교육 현장에서 '인물이 되려면 인물을 만나야 한다'는 말을 자주 듣게 된다. 그 말은 '인물은 길러진다'는 의미를 내포하고 있을 뿐만 아니라 '인물이 되는 데는 역할 모델이 필요하다'는 뜻도 담겨 있다.

그런데 본받을 만한 실제 인물을 만나 역할 모델로 삼는다는 것이 그리 쉬운 일은 아니다. 그럴 때는 책, 특히 고전이나 위인전을 읽어 역할 모델을 찾을 수 있다.

시카고 대학을 노벨상 왕국이라 한다. 그것은 동문 교수 중 노벨상 수상자가 70명이나 되기 때문이다. 과거 시카고 대학은 동부 명문대학에 비해 역사도 훨씬 짧고 시카고에 위치해 있어서 우수한 학생들을 동부 명문대학에 빼앗겨야만 했다. 그럼에도 불구하고 시카고 대학이 노벨상 왕국이 된 데는 항존주의 교육 철학의 시조인 로버트 허친스 총장의 공적이 컸다.

총장이 된 로버트 허친스 박사는 교양 교육의 일환으로 고전 백 권을 각 분야에서 읽도록 했다. 무엇보다도 백 권의 고전을 읽으면서 시간과 공간을 초월해서 영원불변하는 진리를 발견하고 그러한 진리 탐구에 필요한 역할 모델을 발견하도록 했다. 다시 말하면 위대한 인물을 고전 속에서 만나 위대한 인간이 되라는 의미였던 것이다. 그러한 교양 교육의 성과로 시카고대 동문 교수 중에서 엄청나게 많은 노벨상 수상자가 나오게 된 것이다.

선한 꿈을 품으라

청년 시절, 필자에게는 미래의 꿈을 나눈 친구가 한 명 있었다.

그 친구는 사회에서 돈을 많이 벌기를 꿈꾸었고, 필자는 사회에 좋은 일을 많이 하기를 꿈꾸었다. 우리는 서로 약속을 했다. 친구가 돈을 많이 벌게 되면 필자가 그 돈을 좋은 일에 사용할 수 있도록 도와주겠다는 약속이었다.

그 이후, 둘은 서로 소식도 모른 채, 약 20년간 떨어져 살았다. 그러던 어느 날, 그 친구와 극적으로 다시 연락이 되어 만났다. 알고 보니 그는 나를 계속 찾고 있었다고 했다. 그는 어느새 성장하는 중소기업의 사장이 되어 있었다.

그리고 그 친구는 그 옛날 우리가 했던 약속을 상기하면서 필자에게 거금의 돈을 희사했다. 우리는 그 돈으로 땅을 사고 그곳에 지금의 연구소를 신축했다.

사실, 그는 어려운 시절을 보냈다. 나중에 그의 이야기를 들어보니 사업에서도 여러 번 실패했다고 한다. 그러나 그는 꿈을 품었다. 반드시 부자가 되어 좋은 일에 돈을 쓰겠다는 꿈이 있었다. 물론 그 속에는 필자와의 약속도 들어있었다.

아직도 그는 꿈을 꾼다. 좋은 일에 더 큰 도움을 줄 수 있는 사람이 되기를 말이다. 그의 꿈이 이루어진 것은 그 꿈이 선하였기 때문이리라.

꿈이 이루어지도록 하려면

법칙을 활용하라

미국의 유명한 성공학 강사 브라이언 트레이시는 '자연에 법칙이 있듯, 인간에게도 몇 가지의 정신 법칙이 있다'고 주장한다. 그의 말에 따르면 인생이 순조롭다는 것은 생각과 행동이 바로 이 정신 법칙과 조화를 이루고 있기 때문이며, 만약 문제가 발생했다면 틀림없이 법칙을 어긴 결과라는 것이다.

이 법칙들 가운데 우리의 꿈이 이루어지는 데 도움이 될 만한 것을 소개하면 다음과 같다.

첫째, '신념의 법칙'이다. 이것은 '무엇이든 느낌을 갖고 믿으면 그것은 현실이 된다'는 것이다.

예를 들어 꼭 꿈을 이룰 것이라고 자신을 믿으면 어떤 어려움에 처해도 좌절하지 않고 목표를 향해 계속 전진할 수 있다. 그러나 성취가 운이나 우연에 의해 좌우된다고 믿으면 바라는 대로 되지 않을 경우 쉽게 포기하거나 좌절하게 된다. 말할 필요도 없이 낙관적인 신념을 가진 사람들이 미래를 설계하고 창조한다. 그리고 반드시 꿈을 이룬다.

둘째, '인력의 법칙'이다. 이것은 '인간은 살아 있는 자석이다'라는 것이다. 즉, 우리는 자신의 생각과 일치하는 것들을 우리의 삶으로 끌어들인다.

행복한 사람들은 행복한 다른 사람들을 끌어당기고, 경제적 풍요로움을 생각하는 사람은 돈을 벌 수 있는 아이디어와 기회를 끌어당긴다. 이처럼 자신이 진정 원하는 것에 집중하면 인력의 법칙이 작동한다.

셋째, '상응의 법칙'이다. 이것은 '안에 있는 대로 밖으로 표출된다'라는 것이다. 삶의 모든 것은 안으로부터 밖으로 향한다. 따라서 먼저 스스로를 변화시켜야 한다. 내면의 상태를 꿈과 희망으로 가득 채우면 외부로 나타나는 삶 또한 그에 따라 변화된다. 괴테는 말했다. "무엇인가를 잘하기 위해서는 먼저 그것이 되어야 한다."

꿈이 이루어질 것을 믿고(신념의 법칙), 원하는 것들을 끌어들여(인력의 법칙), 나의 내면을 그것과 일치시키는(상응의 법칙) 노력을 통해 바라는 바를 현실로 만들자.

시각화(visualization)하라

꿈을 현실화시키는 데 가장 유용한 방법은 바로 그것을 이미지로 시각화(visualization)하는 것이다.

자신과 자신이 원하는 모습에 대한 성공적이고 이상적인 목표를 세워 매일 그것을 생각하고 바라보면, 우리는 그것을 현실로 만들 수 있다.

브라이언 트레이시는 이러한 시각화 과정에 다음과 같이 4가지 요소가 있다고 말한다. 이를 꿈의 성취와 관련하여 살펴보자.

첫째, 빈도(frequency)다. 미래의 목표, 행동 등을 얼마나 반복해서 시각화하느냐가 우리의 생각과 느낌과 행동에 강력한 영향을 끼친다는 것이다. 반복의 정도는 우리가 그것을 얼마나 이루고 싶어 하는가를 알려주고, 그만큼 욕구와 믿음을 강화시키는 작용을 한다.

둘째, 선명도(vividness)다. 이것은 꿈을 얼마나 맑고 깨끗하게 또 구체적으로 상상하여 볼 수 있는가를 말한다. 성공한 사람들은 자신이 원하는 것을 분명히 그릴 수 있다. 반면 실패한 사람들은 이루고자 하는 것에 대해 불분명하고 확신이 없다.

셋째, 강도(intensity)다. 이것은 꿈의 시각화에 부여하는 감정의 양을 말한다. 어떤 것을 원하면 우리는 그것에 흥분하고 몰입하여 열정을 갖게 된다. 이렇게 목표가 달성될 것이라고 강하게 믿으면 훨씬 빨리 이루어진다.

마지막으로, 지속시간(duration)이다. 이것은 꿈을 마음속에 잡아두는 시간을 말한다. 상상하는 시간이 길수록, 반복해서 볼수록 실현될 가능성은 커진다. 이렇게 하면 잠재의식에 명령처럼 수용되고 우리 자신은 그와 일치되도록 조정된다.

기회가 있을 때마다 시각화를 통해 머릿속을 이상적인 그림으로 가득 채우자. 그리하면 잠재의식은 우리가 그린 성공 이미지에 맞도록 우리의 말과 행동, 감정을 조절하여 꿈의 성취를 향해 나아갈 것이다.

꿈을 향한 과정을 즐기라

꿈을 이루려면 그 과정을 즐길 줄 알아야 한다. 단지 목표지향적이 되어서 그 과정을 지겹게 여기거나 의무로 여기면 중도에서 포기하기가 쉽다.

알버트 그레이는 '성공의 공통분모'라는 주제의 연설에서 자신이 관찰한 성공한 사람들의 모습을 다음과 같이 말했다.

"성공하는 사람은 성공하지 못한 사람들이 하기 싫어하는 일을 하는 습관을 가지고 있다. 물론 그들도 그런 일을 하고 싶지 않기는 마찬가지이다. 그러나 그들은 목적의식이라는 힘으로 그것을 극복하고 하기 싫은 일을 하고 싶은 일로 만든다."

지당한 말이다. 꿈을 이루려면 '해야만 하는 일'을 '하고 싶은 놀이'로 만들어야 한다.

2002년 월드컵의 영웅 거스 히딩크 감독은 우리나라 대표팀을 맡고 나서 가장 먼저 지적한 것이 '축구를 즐기라'는 것이었다. 히딩크는 선수들에게 늘 다음과 같이 강조했다.

"애국심으로 축구를 한다고 16강에 들 수는 없다."

그렇다. 요즘은 덜 하지만 한국축구를 보면 왠지 태권도를 보는 듯한 느낌이다. 투지는 좋으나 유연하지 못한 것이 아쉬움이다. 반면에 브라질 축구는 어떠한가? 부드럽기 그지없다. 누가 보아도 예술이다. 축구를 즐기지 않고는 결코 몸에 익힐 수 없는 몸동작들인 것이다. 왜 세계인은 '아트 사커(art soccer)'의 화신인 프랑스 대표선수였던 지단에게 열광했는가? 그의 유연한 몸동작은 물론 절묘하기 짝이 없는 타이밍 때문이었다. 이러한 것들은 결코 전투적으로 연습해서 얻어지는 것들이 아닌 것이다.

진정으로 즐겨라. 그러면 프로가 된다. 열정적으로 즐겨라. 그러면 불세출의 스타가 된다. 공부를 재미있어하고 배우기를 즐기는 학생이 공부를 잘 하게 되어있다. 가르치기를 좋아하는 교수가 명강의를 한다. 비즈니스를 재미있어 하는 사업가가 결국 부자가 된다.

꿈은 누구나 꾼다. 꿈을 꾸는 것과 품는 것은 차이가 있다. 중요한 것은 꿈을 지속적으로 품는 것이다. 역사 속에서 위업을 달성한 사람들은 모두가 꿈을 집요하게 품어 왔던 사람들이다. 꿈이 이루어지도록 하려면 꿈을 글로 써놓고, 그 꿈에서 눈을 떼지 말며, 이룰 수 있는 자신을 떠올리라. 또한 그 과정을 즐기라.

I can do it

1. 자신의 잠재력에 한계를 두지 말고 높은 목표를 세우자.
2. 자신의 꿈(목표)을 수치나 글로 적어 단계별 중·장기 계획을 세우고 상황을 자주 체크하자.
3. 성공한 사람이나 위인 중 한 명을 역할 모델로 선정하고 그 사람의 행동을 자신의 것으로 만들자.

반드시 밀물은 온다

　세계 제일의 경영자이자 엄청난 부호로 이름을 날린 철강 왕 카네기의 일화이다.

　카네기의 사무실 한켠, 화장실 벽에는 어울리지 않게 볼품없는 그림 한 폭이 걸려 있었다. 그것은 유명한 화가의 그림도 아니고, 그렇다고 그림 솜씨가 뛰어난 작품도 아니었다. 그림에는 그저 커다란 나룻배에 노 하나가 아무렇게나 놓여 있을 뿐이었다. 그러나 카네기는 이 그림을 보물처럼 아꼈다고 한다. 그 이유는 무엇일까?

　카네기는 춥고 배고팠던 청년 시절에 그 그림을 만났다. 그리고 그림 속, 나룻배 밑에 화가가 적어 놓은 다음 글귀를 읽고 희망을 품었다고 한다.

　"반드시 밀물은 오리라. 그 날 나는 바다로 나아가리라."

　카네기는 이 글귀를 읽고 '밀물'이 밀려올 그 날을 기다렸다. 비록 춥고 배고픈 나날의 연속이었지만 그 글귀는 카네기가 시련을 극복하는 데 원동력이 되어 주었다. 그리고 마침내 세계적인 부호가 된 카네기는 자신에게 용기를 심어 준 나룻배 그림을 고가에 구입해 화장실 벽에 걸어 놓은 것이었다.

　우리에게도 카네기처럼 반드시 밀물이 올 것이다. 마음속에 커다란 꿈을 품고 확신을 갖자. 바다로 나아갈 준비를 하자. 바로 지금부터 말이다.

9 무지개 원리 4 | 성취를 믿으라

믿음의 심리학

믿으면 막힌 길도 뚫린다

필자는 어떤 상황에서도 낙심하지 않는다. 언제나 길이 있다고 믿는다.

어느 날 필자가 강의를 마치고 돌아와 연구소에 갔더니 실장이 급하게 8천만 원이 필요하다고 했다. 언제까지냐고 했더니 '당장 내일' 필요하다는 것이었다. 사정을 듣고 보니 참으로 급한 상황이었다. 그 순간 필자는 습관처럼 마음으로 되뇌었다.

"어떻게 되겠지. 하느님께서 도와주시겠지."

이렇게 믿었다. 그리 불안하지 않았다. 그러면서 묘책을 찾았다. 순간, 얼마 전 논 팔았다는 J 자매가 떠올랐다. 그 자매 소식을 어머니가 잘 아시기에 집에 일찍 들어갔다. 그 돈의 행방을 물으니 '방앗간 집'

에 장기로 빌려주었다는 것이었다. 낭패였다. 그러나 아직 절망하지 않았다.

"그러면 어떻게 하지?"

이렇게 궁리하기를 약 1분쯤 되었을까? 전화가 왔다. 전화를 받던 어머니가 나에게 물었다. J 자매가 마실을 오고 싶다는데 와도 되냐는 것이었다. 필자는 '이게 웬일이냐' 싶어 빨리 오라고 수신호를 보냈다. 그리고 15분쯤 후에 J 자매가 당도하였다. 필자는 다시 그 돈의 행방을 물었다. 답은 똑같았다. 이미 빌려주었다는 것이었다. 그 말에 필자는 한숨을 쉬며 말하였다.

"그러면 어떻게 하지?"

이런 필자의 모습이 딱해 보였던지 J 자매가 물었다.

"얼마가 필요한데 그러세요?"

"한 1억 필요한데요."

기왕 여유있게 빌리고 싶어서 이렇게 말하였다. 한참을 궁리하던 J 자매가 말하였다.

"그만큼은 안 되고요, 이것저것 통장을 허물면 6천은 드릴 수 있어요."

그 말 끝에 어머니가 덧붙여 말하셨다.

"나도 한 2천 되는데."

얼마나 신기한 일인가. 정확하게 필요한 8천이 그 자리에서 마련된 것이었다. 이에 필자는 즉각적으로 말하였다.

"아이고, 하느님, 감사합니다."

이 말을 듣고 J 자매가 말하였다.

"신부님, 정말로 감사드려야 돼요. 사실은 오늘 제가 여기 온 것이

신기한 일이에요. 내일 치질 수술 예약을 해 놓았는데 갑자기 불안한 마음이 드는 거예요. 그래서 기도 좀 부탁드리려고 전화했다가 이렇게 된 거예요."

그렇다. 믿으면 길이 생긴다. 하늘이 돕는다.

자성예언

신념은 그 자체로 힘을 지니고 있다. 그래서 신념이 지니고 있는 힘을 일컬어 염력(念力)이라 한다. 사회학자 로버트 머튼은 사람들의 신념이 현실로 이루어지는 것을 '자성예언(自成豫言: Self-fulfilling Prophecy)'이라고 명명했다.

오래전 미국이 불경기로 허덕일 때의 일이었다. 사람들 사이에 한 은행이 망해 예금을 인출할 수 없을 것이라는 소문이 돌았다. 소문을 들은 많은 사람들이 은행으로 달려가 예금을 인출해갔다. 그 결과 은행의 잔고는 금방 바닥이 나서 파산하고 말았다. 사람들이 믿었던 것이 현실이 된 것이다.

심리학자 이민규는 이렇게 신념이 현실로 드러나는 것, 곧 자성예언을 다음과 같이 설명한다.

"'성공하는 사람은 따로 있다.', '나는 특별한 재능을 타고나지 못했다'고 믿는다면 결코 성공할 수 없다. [⋯] 당신이 사주팔자를 철석같이 믿고 있는 사람이라고 치자. 소문난 점술가가 이렇게 말한다. "아, 대단한 사주로 태어났군요. 정말 멋진 인생을 살게 될 겁니다." 그럴 때 당신은 이렇게 반문할지 모른다. "뭐라고요? 전혀 아닌데요?" 그런데 몇몇 다른 점술가들도 같은 말을 한다. 그렇다면 당신의 태도는 어떻게 달라질까? 달라진다면 왜 달라질까?

뭔가 성취하기를 원한다면 반드시 해야 할 일이 하나 있다. 스스로에게 '재능이 없다'는 믿음을 단호하게 거부하는 것이다. 재능을 갖고 있다는 확고한 신념이 없으면 아무리 놀라운 재능을 갖고 있어도 소용이 없다. '나는 재능이 없다'고 믿는 것은 우리에게 치명적인 영향을 끼친다"(이민규, 『1%만 바꿔도 인생이 달라진다』에서).

믿음이 주는 플러스 알파

미국의 찰리 패독이라는 유명한 올림픽 육상 선수가 오하이오 주의 클리블랜드에 있는 한 기술고등학교에서 강연을 했다. 그는 이렇게 말했다.

"여러분은 어떤 사람이 되기를 원하나요? 목표를 정하고 하느님께서 그것을 이루는 데 도움을 주실 거라고 믿는다면 반드시 이루어질 것입니다."

연설이 끝나자, 한 소년이 찰리 패독의 개인 코치를 찾아가서 이렇게 말했다.

"코치님, 저는 꿈을 가졌어요! 찰리 패독처럼 꼭 올림픽 선수가 되고 싶어요."

그러자 코치가 말했다.

"얘야, 꿈을 가지는 것은 훌륭하지만 그것을 이루기 위해 너는 꿈에다 사다리를 놓아야 해. 그 사다리의 첫 번째 단은 인내이며, 두 번째 단은 헌신이고, 세 번째 단은 훈련이며, 네 번째 단은 믿음이란다."

그 후 자신의 꿈을 결코 포기하지 않겠다는 결심을 하고 꿈의 사다리에 발을 올려놓은 소년은 마침내 1936년, 베를린 올림픽에서 4개의 금

메달을 땄으며, 그의 이름은 '미국 체육의 명예의 전당'에 새겨지게 되었다. 그가 바로 제시 오웬즈(Jesse Owens)다.

왜 코치는 꿈이 이루어지는 사다리의 가장 높은 단을 '믿음'이라고 말했을까? 그것은 믿음에 '플러스 알파' 효과가 있기 때문이다. 믿음이 기도와 연결될 때 그 믿음은 단지 신념이 지니는 '염력'의 수준을 넘어 제3의 힘을 이끌어 들인다.

믿음에서 생기는 의탁심

21세기 성녀로 불리는 마더 데레사 수녀는 환경을 뛰어 넘는 믿음을 지 녔다. 그분의 이야기를 들어보자.

그녀는 캘커타 '사랑의 집'에서 7천 명의 인도 사람들을 돌보았다. 하루는 음식을 담당하는 수녀가 데레사 수녀에게 와서 금요일과 토요 일에 먹을 양식이 떨어졌다고 걱정하며 보고했다. 그러나 데레사 수녀 는 믿음의 말로 응답하였다.

"걱정하지 마세요. 아버지가 되시는 하느님께서 알아서 돌보아 주실 것입니다."

그리고는 곧바로 하느님께 엎드려 믿음의 기도를 하기 시작했다.

"저희를 돌보시는 하느님 아버지를 믿습니다. 저희들의 필요를 채워 주심을 믿습니다."

놀라운 일이 일어났다. 금요일 아침이 되자 갑자기 정문 앞에서 트럭 소리가 나더니 빵을 잔뜩 실은 트럭이 들어왔다. 그리고는 7천 명의 사 람들에게 줄 수 있는 빵을 내려놓기 시작했다. 그 빵은 캘커타의 모든 학교가 갑작스런 당국의 지시로 휴교를 하는 바람에 급식으로 남은 것 이었다. 당시 학교에서는 학생들에게 급식으로 주기 위해 만들어 놓은 빵을 어찌 할까 궁리하다가 데레사 수녀가 운영하는 '사랑의 집'에 주 기로 결정했던 것이다. 그래서 금요일과 토요일 사랑의 집에서는 모두 빵을 배불리 먹을 수 있었다.

데레사 수녀의 믿음은 하느님을 아버지로 철석같이 신뢰하는 믿음이 었다. 마더 데레사에게 있어서 믿음은 전적인 의탁이었다.

기대하라

간절히 원하라

어느 날 한 제자가 스승에게 지혜를 얻는 방법을 물었다. 그러자 스승은 아무런 대답도 없이 제자를 강으로 데려가 얼굴을 강물 속으로 집어넣었다. 제자는 죽을 것만 같아서 스승의 손에서 빠져 나오려고 버둥거렸다. 그러나 스승은 두 손에 더욱 힘을 주었고 제자는 더욱 심하게 발버둥쳤다. 마침내 스승은 손에 힘을 풀고 제자를 물 속에서 건져 주며 물었다.

"얼굴이 물 속에 있을 때, 네가 가장 간절히 원했던 것이 무엇이냐?"

"숨을 쉬는 것이었습니다."

"그랬겠지. 지혜라는 것도 바로 그렇게 간절히 원해야 얻을 수 있는 것이다."

이 이야기가 우리에게 가르쳐 주는 것은 무엇일까. 바로 '삶은 우리가 진정으로 원하는 것만을 우리에게 준다'는 것이다.

2005년 12월 16일, 뉴욕의 주택가 브롱스의 한 아파트에서 불이 났다. 미처 대피하지 못한 트라신다 폭스 씨가 1개월 된 자신의 아들을 이불에 싸서 창밖으로 던졌다. 때마침 아래에서 불구경 중이던 한 아마추어 야구팀의 포수가 아이를 무사하게 잘 받아냈다.

지금은 뉴욕시 주택국의 직원으로 일하고 있는 펠릭스 바스케스는 9m 높이에서 떨어지는 아기를 받은 뒤, 주택국에서 일하기 직전 인명구조대에서 일했던 경험을 살려 인공호흡을 시킨 후 병원에 넘겼다.

한편 나중에 구조된 아이 어머니는 "아기를 던지기 직전 '하느님!

제발 아들을 살려 주세요'라고 기도했다"고 한다. 이 모자는 병원에서 치료를 받은 뒤 부상이 없어 곧바로 퇴원했다. 이 놀라운 사건은 '3층서 던진 아기 나이스 캐치'라는 제목으로 동아일보에 실렸다.

바스케스 씨는 아마추어 야구 포수이자 인명구조대원의 경험을 갖고 있었기 때문에 기본적으로 아기를 살릴 수 있는 최적의 자격을 갖추고 있는 사람이었다. 참으로 신비한 일이다. 어떻게 불이 난 곳에 그 갓난 아이를 살릴 수 있는 적격자가 서 있었을까?

입을 크게 벌리라

하느님께서는 무(無)에서 유(有)를 창조하신 분이다. 그분은 가진 것이 없어도 능히 필요한 것을 풍성하게 채워 주실 수 있다. 그러나 하느님께서는 사람에게 있는 것을 가지고 행하신다. 성경 속의 엘리사와 과부의 이야기를 보자.

예언자 무리의 아내들 가운데 하나가 그의 남편을 잃고 과부가 되었다. 그런데 빚을 준 사람이 와서 그의 두 아들마저 종으로 데려가겠다고 했다. 엘리사는 과부의 호소를 듣고 그녀에게 필요한 것을 물었다.

""내가 어떻게 하면 좋겠소? 집에 무엇이 남아 있는지 알려 주시오." 여자가 대답하였다. "이 여종의 집에 남아 있는 것이라고는 기름 한 병밖에 없습니다""(2열왕 4,2).

그러자 엘리사는 과부에게 모든 이웃 사람들에게 빈 그릇을 빌려서 그릇마다 기름을 붓고 그릇이 가득 차면 옮겨 놓기를 반복하라 일렀다. 과부는 엘리사의 말대로 두 아들을 데리고 들어가서 문을 잠그고 아들들이 건네주는 그릇에 계속 기름을 부었다. 그러자 그릇마다 기름은 가득 찼다. 이 얼마나 놀랍고 신기한 일인가? 과부는 이 신기한 일을 엘리사에게 달려가 알렸다.

여기서 한 가지 주의 깊게 살펴볼 것은 과부가 '그릇이 더 없습니다.' 하고 대답하니, 더 이상 기름이 나오지 않았다(2열왕 4,6 참조)는 사실이다. 곧 하느님께서 우리를 위해 준비하신 축복은 끝없이 쏟아져 나오는 기름과 같지만, 그것을 얼마나 받아 누릴 수 있는지는 우리가 어떻게 준비하느냐에 달려 있다는 것이다.

우리는 은총의 그릇을 미처 준비하지 못하여 하느님의 은총이나 축복을 제한하는 일이 없도록 해야 한다. 평상시에도 늘 큰 믿음의 그릇을 마음속에 품고 있어야 한다. 또한 욕심과 이기심, 교만한 마음을 버리고 하느님의 은총인 성령의 은사와 열매를 가득히 담아 풍요로운 삶을 살 수 있도록 노력해야 한다.

믿음 위에 굳건히 서라

우리가 아무리 우리에게 맞는 기도 방법을 찾고, 또 기도의 대가들을 따라 기도를 한다 하더라도 가장 중요한 것을 잊어서는 안 된다. 그것은 바로 우리가 바라는 바가 꼭 실현될 것이라는 굳건한 믿음 위에 그러한 것들이 이루어져야 한다는 것이다. 곧 꿈을 이루기 위해서 우리는 '믿음' 위에 굳건히 서 있어야 한다.

"이 전쟁에서는 너희가 싸울 것이 없다. 제자리를 지키고 서서, 주님이 너희에게 승리를 가져다주는 것을 보기만 하여라"(2역대 20,17).

여기서 '제자리를 지키고 서서'라는 구절을 어떻게 생각할 수 있을까. 바로 평정심을 유지하라는 뜻이다. 조금도 좌절하지 말고 우리 생각대로 판단하지도 말라는 말씀이다. 그 대신 믿음을 가지고 흔들림 없이 서 있어야 한다. 우리가 하느님을 신뢰하면 하느님은 대신 싸워 주신다.

우리가 동요하지 않고 하느님을 믿으면, 반드시 구원이 나타난다.

여호수아는 그의 인생에서 가장 큰 전쟁을 앞에 두고(여호 5,13-15 참조) 하느님을 대면했다. 그는 그분 앞에 무릎을 꿇고 경배를 드렸으며, 자기의 계획을 모두 맡겼다. 그 항복이 예리코에서의 승리를 가능케 했다.

따라서 우리는 스스로 믿음의 사람이 되겠다는 결단이 필요하다. 스스로 인생의 주인이 되기로 결단하라. 또한 어떤 믿음을 가질지 신중하게 판단하라. 모든 것은 우리 자신에게 달려 있다.

믿음으로 행동하라

3P 문장으로 말하라

우리의 '확신'은 의식이 잠재의식에 보내는 강한 메시지이자 명령이다. 확신에 찬 긍정적 언어는 우리의 잠재력을 억누르던 제약들을 제거하고, 우리가 추구하는 그대로를 향해갈 수 있도록 적극적으로 도와준다.

좋은 긍정문은 흔히 '3P'로 이루어진다고 한다. 즉, 긍정적(Positive)이고 현재형(Present)이며 개인적(Personal)이어야 한다. 예를 들어 흔히 사람들은 "더 이상 담배를 피우지 않겠다"라고 말하는데, 이보다 "나는 금연가다"라고 말하는 것이 좋다는 것이다.

"나는 어떤 상황에서도 완벽한 결과를 얻을 것이라고 믿는다"라고 확신으로 말하고 행동하자. 자신과 원하는 목표에 긍정적인 변화를 일으켜 그대로 이루어질 것이다.

배짱 있게 행동하라

프랑스에 갑옷을 제작하는 한 유명한 가게가 있었다. 그곳 주인은 갑옷을 만드는 자신의 일에 강한 신념을 가지고 있었다. 어느 날 나폴레옹이 그의 가게에 와서 강철로 된 갑옷을 한 벌 만들어 달라고 요청했다. 얼마 후 주인은 나폴레옹에게 가볍고 견고한 재료로 만든 갑옷을 가져왔다. 이에 너무 가벼운 것을 보고 실망한 나폴레옹이 언짢은 표정을 지으며 말했다.

"갑옷이 이렇게 가벼웠던가? 강철로 만들라고 했는데, 이건 갑옷이 아니지 않은가?" 이에 제작소 주인은 자신감 있는 목소리로 대답하였다.

"황제 폐하. 이 갑옷은 가볍지만 총알도 통과하지 못할 만큼 매우 튼튼합니다. 한번 시험해 보셔도 좋습니다. 제가 입어볼 테니 제 가슴에 총을 쏴보십시오."

나폴레옹은 그 주인의 말에 깊은 신뢰를 느끼고 흔쾌히 갑옷을 받았다. 자신을 일류 기술자라고 확신하고, 자신이 만든 갑옷이 최고라고 믿는 제작소 주인의 태도에 나폴레옹의 마음이 움직인 것이다.

자신을 신뢰하고 또한 그 신뢰를 바탕으로 행동하면, 그것이 아무리 믿기 어려운 것이라 할지라도 상대에게 믿음을 줄 수 있다.

마치 이루어진 것처럼 행동하라

오사카 난바(難波 오사카의 유흥 중심지)에 한 남자가 조그만 오꼬노미야끼(일본식 파전) 가게를 개업했다. 그러나 손님이 오지 않았다.

개업한 지 며칠이 지나도 가게는 한가하기만 했다.

"어떻게 하지?"

"어떻게 해야 손님들이 찾아올까?"

고민하던 그 남자는 어느 날 갑자기 자전거에 배달통을 싣고서 주변을 바쁘게 돌아다니기 시작했다. 다음 날도, 그 다음 날도, 계속해서 자전거를 타고 달렸다.

그렇게 며칠째 계속해서 배달통을 싣고 달리는 그 남자를 보면서 사람들은 "야! 저 가게는 배달이 끊이질 않는구나"라고 생각하게 되었다. 그리고 그때부터 손님들이 밀려오기 시작했다.

그로부터 30년 후, 그 가게는 종업원이 600명이 넘는 일본 제일의 오꼬노미야끼 집이 되었다. 그 남자의 이름은 나까이 마사쯔구(中井政嗣).

바쁜 척을 해서, 일본에서 제일 바쁜 현실을 만들어 낸 남자다(히스이 고타로, 『3초 만에 행복해지는 명언 테라피』에서).

성취 원리는 이처럼 간단하다. 원하는 바를 어떻게 실현시킬지에 대하여 계획하고, 그 계획을 믿고 행동으로 옮기는 것이다.

기대감으로 행동하라

미국 중서부 지방의 어느 작은 농촌 마을에서 일어난 일이다. 어느 해 오랫동안 가뭄이 계속되었다. 사람들은 어찌해야 할지를 모르고 있었다. 모든 농작물이 타들어가고 논바닥이 갈라지는 등 문제가 점점 심각해지자, 그 지역 교회들도 하나가 되어서 비가 오기를 바라는 기도모임을 열기로 하였다.

그때 그 지역의 한 교회에서 있었던 일이다.

기도모임을 하기 위해 사람들이 모였다. 많은 신도들이 교회를 가득 메웠다. 그 맨 앞줄에 어린 소녀가 앉아 있었다. 그 아이는 흥분으로 얼굴이 상기돼서 천사처럼 빛나고 있었고, 옆에는 빨간색 우산이 놓여 있었다. 다른 사람들은 그저 기도를 하러 왔지만 그 소녀는 하느님의 응답을 보기 위해 왔던 것이다.

비를 달라고 기도할 때 '우산'을 가져오는 소녀의 행동, 이것이 바로 진정한 믿음이다. 이처럼 믿음에서 나오는 행동은 무의식적이고 비계획적인 일련의 행동들과는 전적으로 다르다.
과연 우리는 성취를 달성한 후의 자세를 준비하고 있는가? 구하는 것을 이미 받았다고 믿고 확신으로 행동하고 있는가?

꿈을 품고 있어도 그 꿈을 이루기 위한 노력과 성취에 대한 믿음이 있을 때 그 꿈은 비로소 현실이 된다. 믿음은 우리에게 꿈을 꾸는 것에 '플러스 알파' 효과를 가져온다. 믿음은 우리에게 자신감을 주고, 성취를 위해 노력할 수 있는 힘을 준다.

I can do it

1. 품고 있는 꿈이 '반드시 이루어질 것이다' 라는 신념을 갖고 말로 선언하자.
2. 내가 가진 재능을 믿고 스스로를 격려하자. 그 믿음은 성공에 필요한 가장 큰 도구이다.
3. 백만장자가 되고 싶다면 백만장자처럼 행동하자. 삶은 우리가 진정으로 원하는 것만을 우리에게 준다.

신념은 바위도 뚫는다

중국에 이광이라는 사람이 밤에 산길을 걷고 있는데 갑자기 큰 호랑이가 달려들었다. 그는 깜짝 놀라서 가지고 있던 활로 있는 힘을 다하여 호랑이를 쏘았다. 그러나 화살이 박힌 호랑이는 조금도 꿈틀하지 않는 것이었다. 이상하게 생각되어 가까이 다가가 살펴보니 그것은 다름 아닌 호랑이 모양을 한 커다란 바위였던 것이다.

"아니, 내가 화살로 바위를 뚫었다니!"

이광은 신기하게 여겨 한 번 더 바위를 향하여 화살을 쏘아 보았다. 그랬더니 이번에는 화살이 그만 튕겨져 나와 버렸다.

이처럼 신념은 그 자체로 힘을 지니고 있다. 바위를 뚫을 수 있을 만큼 강한 힘, 그것이 바로 '신념의 힘'인 것이다.

IV

목숨을 다하여 : 의지 계발

목숨을 다하여 사는 인생
바로 의지 계발로 결실의 기쁨을 누리는 비결이다

10 뇌량에 숨은 블루오션을 찾으라

통합의 다리, 뇌량(腦梁)

강의를 듣고 우울증이 나은 사람들

필자는 요 몇 년간 해마다 평화방송 TV 강의를 시리즈로 맡아왔다. 『여기에 물이 있다』와 『밭에 묻힌 보물』은 고정 시청자들 덕에 시청률이 높았다고 들었다. 똑같은 제목의 책들 역시 일반인들에게 사랑을 받아 베스트셀러에 스테디셀러가 되었다.

반가운 일은 강의를 듣고 변화되었다며 신고를 해 오는 분들이 많다는 사실이다. 그분들은 이야기한다.

"우리 집 영감이 퇴직을 한 후 우울증에 빠졌었어요. 그런데 TV에서 신부님의 강의를 매번 기다렸다가 듣곤 하더니 요즈음 많이 좋아졌어요."

이런 이야기는 자주 듣는 편이다. 또 직접 필자의 강의 현장을 찾아다니며 듣는 분들도 꽤 있다. 이분들은 한결같이 말한다.

"신부님의 강의를 들으면, 힘이 나고 의욕이 생겨요. 그래서 따라다니는 거예요."

우울증은 그 원인과 유형이 여러 가지이지만 대체로 슬픔의 호르몬이 많이 발생해서 의욕이 저하되는 증세를 말한다. 이런 사람들에게 필자의 책과 강의는 실제로 기막히게 듣는다. 왜 그럴까. 그것은 필자의 강의를 듣게 되면 머리에서 '엔돌핀', '뇌내 모르핀'이 나오기 때문이다.

필자는 주로 희망에 대해서 강의한다. 위로와 치유를 주는 말씀들을 전한다. 필자가 가장 많이 사용하는 단어는 복음, Good News, 은총, 신바람 신앙 등이다. 이런 단어들을 자주 듣게 되면 자연히 행복 호르몬이 분비되는 것이다. 이는 결국 의지(意志)의 장(場)인 뇌량을 활성화시켜서 의욕을 충전시켜 준다.

여자와 남자의 차이

여자는 보통 남자보다 말이 많고 빠르다. 그 비밀은 무엇일까.

바로 뇌량에 있다. 뇌량은 좌·우 대뇌를 잇는 다리이며 여기서 상호 정보교환이 이루어진다. 뇌의 크기를 보면 남자가 여자보다 크지만, 반면 뇌량의 끝부분은 여자가 남자보다 크다. 이 뇌량의 뒤편에 부풀어 오른 부분을 팽대부라 한다. 남자 뇌의 팽대부는 막대 모양이고, 여자 뇌의 팽대부는 공처럼 둥근 모양이다. 즉, 여자의 것이 남자의 것을 압도하고 있다. 결국 여자의 뇌가 남자의 뇌보다 좌·우의 협조가 좋음을 의미한다. 또한 좌·우 대뇌반구의 작용을 보아도 여자는 언어기능에 있어서 양쪽 뇌를 다 사용하지만 남자는 오른쪽 뇌와 왼쪽 뇌를 분리해서 사용하고 있다. 따라서 여성은 철자를 생각할 때 자신의 감정과 경험을 동원하기 때문에 언어 구사 능력이 남성에 비해 더 풍부하다고 볼 수 있다.

또한 여성은 분위기 등 전체적인 감정 파악 능력이 뛰어나기 때문에 다양한 감정으로 여러 가지 스트레스를 적절히 해소하여 남성보다 장수하는 확률이 높다고 한다(야마모토 다이스케, 『3일 만에 읽는 뇌의 신비』 참조).

'마시멜로 실험'과 뇌량

미국 스탠퍼드 대학의 월터 미셸 박사는 이른바 '마시멜로 실험'을 통해 놀라운 사실을 발견한다. 그는 네 살짜리 어린 아이들을 실험대상으로 삼아 마시멜로를 하나씩 나누어 준 뒤 15분 동안 참고 마시멜로를 먹지 않고 견디면 마시멜로 하나를 더 주겠다고 제안했다.

실험에 참가한 어린 아이 중 3분의 1은 15분을 참지 못하고 마시멜로를 먹었다. 반면 나머지 3분의 2에 해당하는 아이들은 15분을 잘 견뎌마시멜로 하나를 더 먹었다. 그런데 놀라운 사실은 어린 시절 실험에서 마시멜로의 유혹을 참아 낸 아이들은 스트레스를 조절하고 통제하는 능력과 사회성이 뛰어난 청소년으로 성장한 반면, 15분을 채 견디지 못하고 마시멜로를 먹은 아이들은 자기 감정을 주체하지 못하는 청소년으로 성장했다는 것이다.

우리는 누구나 알고 있다. 인내는 쓰나, 그 열매는 달콤하리란 것을. 하지만 알면서도 당장의 유혹에 쉽게 굴복되기 마련이다. 우리가 '제대로' 알고 있는 것만이라도 올바로 '실천'할 줄 안다면 성공은 그리 멀리 있는 것만은 아닐 것이다.

뇌량은 꿈을 이루는 과정에 작용한다

의지는 또 다른 측면에서 행동으로 연결된다. 우리가 하고자 하는 그 힘은 행동으로 나타나기 때문이다. 또한 행동을 이끌어내는 그 역동적인 힘은 우리가 바라는 꿈에 있어서 필수적인 요소이다. 따라서 뇌량은 우리가 바라는 꿈을 연결하는 다리가 될 수 있다.

성공은 처음에는 불가능해 보이는 꿈과 함께 시작되지만, 그 꿈을 추구하며 실현해가는 과정에서 서서히 구체화된다. 가치 있는 일은 하룻밤 사이에 이루어지지 않는다. 성공으로 가는 길은 오르막이다. 그러므로 성급하게 가려하지 말자. 그럴 때일수록 우리의 의지를 키우자.

꿈을 향한 비전의 가장 중요한 역할은 우리 자신에게 직면한 모든 문제와 어려움, 장벽, 고난을 바로 바라보고 그 문제들을 통해 더 나은 삶을 발견할 수 있게 도와준다는 것이다. 그리고 이 비전은 우리의 굳센 의지 없이는 가질 수 없다.

통합적 안목

한 철학자가 건축 공사장에서 한참 일하고 있는 인부 세 사람에게 물었다.

"지금 무엇을 하고 있나요?"

맨 앞에서 일하고 있던 사람은 "벽돌을 쌓고 있소이다"라고 대답했고, 그 옆에 있던 이는 "벽을 쌓고 있어요"라고 말했다. 하지만 맨 뒤에 있던 이는 생기 넘치는 표정을 지으면서 "성당을 짓고 있지요"라고 말했다.

이들의 대답을 듣고 철학자는 세 사람의 미래를 다음과 같이 판단했다.

"제일 처음 대답한 이는 눈앞에 벽돌만 보고 있으므로 한평생 벽돌만 쌓다 끝날 것이며, 두 번째 인부는 벽의 크기만큼 보았으니 공장장이나 기술자까지는 발전할 것이다. 하지만 마지막으로 대답했던 인부는 엄청난 잠재력을 가지고 크게 성공할 것이다. 그는 아직 완성되지도 않은 성당을 이미 보았기 때문이다."

당장 눈앞의 것을 보는 것은 누구나가 할 수 있는 일이다. 우리가 필요한 것은 전체를 보는 안목이다. 물론 전체를 이루는 하나하나는 중요한 요소이다. 하지만 눈앞에 있는 것에만 급급하다면 완성된 모습을 그려볼 수 없다. 마치 나무는 볼 줄 알면서 숲은 못 보는 것처럼 말이다. 앞의 두 인부들에게 벽돌과 벽은 큰 의미를 만들어내지 못한다. 그렇기 때문에 그들은 단지 벽돌로 벽을 쌓는 일에만 치중할 뿐이다. 반면 마지막 인부에게 성당은 그가 완성해야 할 최종목표이자 많은 사람들을 위한 결과물이다. 그래서 그는 기쁘게 그 일을 할 수 있다.

이렇듯 '통합'적 관점은 우리의 생각과 정서를 엮어 행동으로 나타내기 위하여 중요한 구실을 한다. 통합능력은 뇌량의 기능과 관련이 크다.

뇌량에서 나오는 21세기 리더십 요건

성찰능력

우리가 행동하기에 앞서, 생각과 감정을 정리하여 올바른 행동으로 이끌어 주는 하나의 방법은 바로 '성찰'이다. 이 기능을 탁월하게 발휘한 대표적 인물로 『지력혁명』의 저자 문용린 교수는 김구 선생을 제시한다.

김구의 유명한 글 「나의 소원」에는 우리나라가 독립만 된다면 자신은 문지기가 되어도 상관이 없다는 표현이 나온다. 김구의 자아는 개인 김구에 머무르지 않고 민족이라는 보다 더 큰 자아를 향해 나아갔다. 이러한 '자아의 확장'은 결코 어느 날 갑자기 이루어진 것이 아니다. 끊임없는 자기 직면과 통찰에 의해 완성된 결과로 보아야 한다.

김구는 다른 사람 앞에서 자신의 모습을 속이지 않았음은 물론, 늘 스스로 부족한 부분을 인정하고 자신을 채찍질하려고 노력했다. 잔혹한 일본 경찰에 잡힌 많은 사람들이 '고문'을 두려워할 때도 김구는 부지런하기가 악착같은 일본 경찰을 보고 자신의 게으름을 꾸짖었다.

김구는 전 생애를 통해 '자기성찰지능'을 발휘하여 자아와 직면하는 동시에 자신을 부단히 단련시켰다. 그리고 개인적인 자아를 뛰어넘어 자신과 민족을 합일시킴으로써 결국 겨레와 민족의 영원한 스승이 될 수 있었다.

위에 소개된 '자기성찰지능'은 앞서 소개한 하워드 가드너 박사의 다중지능 이론 중의 하나다. 자기성찰지능을 정의해 보자면 이렇다.

'자기 자신을 인식하고, 자기감정의 범위와 종류를 구별해 내며 그런 감정에 이름을 붙이고, 자신과 관련된 문제를 잘 풀어내는 데 필요한 능력'

따라서 자기성찰지능이 높은 사람들은 강한 의지와 독립성, 그리고 자기반성을 위한 시간을 중요하게 생각한다. 또한 이들은 자신의 생각과 감정을 성숙하게 조절하고 표현할 수 있는 능력이 있다.

결단력

카네기의 성공철학을 엮은 『놓치고 싶지 않은 나의 꿈 나의 인생』이라는 책에 드라마틱한 일화가 있다.

신출내기 잡지사 기자였던 나폴레온 힐이 카네기의 성공담을 듣기 위해 인터뷰를 하러 갔다. 당시 거대한 철강 산업을 일으켜 막대한 부를 이룬 카네기는 성공철학을 완성할 수 있는 적임자를 찾고 있던 중이었으며, 이미 250명 이상의 젊은이들과 면담을 끝낸 상태였다.

카네기는 힐이 오랫동안 찾던 성공철학을 정리할 수 있는 적임자인지를 알아보기 위해 테스트를 시작했다. "이 일을 맡아서 끝까지 완성할 자신이 있습니까?"

힐은 "예"라고 대답했고, 곧이어 카네기는 두 번째 질문을 던졌다. "내 성공철학을 완성할 기회를 준다면, 아무런 보수도 받지 않고 당신의 힘으로 생활하면서 20년이라는 세월을 성공과 실패의 원인에 대한 연구에 기꺼이 바칠 수 있겠습니까?" 힐은 충격을 받았지만 잠시 생각한 후 '그렇게 하겠다'고 대답했다.

카네기는 질문을 하면서 스톱워치를 손에 쥐고 있었고, 대답을 듣기 위해 정확히 60초를 정해놓고 있었다. 그리고 힐이 실제로 대답하는 데 걸린 시간은 29초였다. 카네기는 목표가 뚜렷하고 결단력이 있으며 보상을 생각하지 않고 목표를 달성하려는 '천부적인 그릇'을 찾게 된 것이다.

나폴레온 힐은 카네기로부터 많은 지식을 얻었다. 그 결과로 탄생한 책은 전 세계적으로 2천만 부 이상이 팔렸으며 힐을 돈방석에 앉혀놓았다. 실제로 힐이 그 책을 쓰는 데 걸린 시간은 단 4개월이었다.

의욕

"스스로 할 수 있거나 꿈꾸는 일이 있거든 당장 추진하라. 대담함 속에는 재능과 힘과 신비함이 모두 깃들어 있다."

이는 괴테의 말이다. 그의 말대로 당장 추진하고자 하는 의욕은 인생의 행복과 성공을 기약하는 중요한 요소임에 틀림없다.

어느 걸인이 배고픔에 지쳐, 구슬프게 내리는 비를 바라보고 있었다. 한 신사가 다가오자, 그는 구걸을 했다. 신사는 걸인을 찬찬히 바라보면서 이렇게 물었다.

"허기를 채우고 난 다음에는 무엇을 할 거죠?"

"어디선가 일자리를 구해 봐야죠. 그런데 아시다시피 요즘은 일자리를 구하기 어렵지 않습니까?"

그러자 그 신사는 나지막한 목소리로 이렇게 말했다.

"당신에게 필요한 것은 먹을 것이 아니요. 바로 '그 무엇'이오."

걸인은 퉁명스럽게 되물었다.

"그 무엇이라뇨? 그게 뭡니까?"

"당신 안에 들어 있는, 성공에 필요한 재료지요. 당신 안에는 달걀 속의 잠재력보다 더 놀라운 것이 내재되어 있어요. 당신은 그것을 찾아 내어 사용하기만 하면 되는 거요."

이 한 마디는 걸인에게 큰 충격을 주었고 그의 삶을 바꿔 놓게 된다. 그는 스스로 일자리를 찾아 나섰고 마침내 믿을 수 없을 만큼 높은 자리에까지 오르게 되었다.

이 이야기는 폴 마이어의 『당신은 '그 무엇'을 찾았나요?』에 나오는 내용이다.

학벌, 집안, 건강, 재능 등의 조건은 성공에 어느 정도 도움이 될 수 있다. 하지만 '그 무엇'이 없다면, 성공을 이루기는 어렵다. '그 무엇' 이란 바로 '나는 반드시 해내고야 말겠다'라는 의지(I will)다.

지속적인 노력

걸출한 인물들 가운데 게으른 사람은 없었다. 예를 들어 작곡가 스트라빈스키는 오랜 세월 동안 하루에 적어도 열 시간을 일했다고 한다. 자신의 창조에 대해 스트라빈스키는 "나는 영감이라는 것이 따로 있다고 생각하지 않는다. 일을 하다보면 영감이 떠오르는 것이다. 물론 처음엔 잘 모를 수도 있다"고 말하기도 했다.

『황무지』의 작가로 유명한 T.S. 엘리엇 역시 하루에 열두 시간에서 열다섯 시간 정도를 일에 투자하였다. 아침 일찍부터 밤늦게까지 쉼 없이 읽고 썼다고 한다. 그는 평생 동안 남에게 뒤처질지도 모른다는 불안감에서 벗어나지 못했다.

피카소는 자신의 작업 세계에 대해서 이렇게 말했다.

"내가 나 자신을 반복해서 흉내 낼 것이라 기대하지 마라. 과거는 더이상 내게 흥밋거리가 되지 못한다. 나 자신을 베낄 바에야 차라리 다른 사람을 모방하겠다. 그러면 적어도 새로운 면을 추가할 수는 있을 테니 말이다. 난 새로운 걸 발견하기를 좋아한다."

이 말 속에서 끊임없이 자신의 과거를 건설적으로 파괴하면서 새로운 것을 창조한 그의 일면이 엿보인다.

불굴의 '집념'

극동 지역 사람들은 중국산 대나무(Chinese Bamboo)를 심는다. 나무를 심고 나서, 물과 거름을 주지만 4년 동안 이 대나무는 거의 혹은 전혀 성장하지 않는 것처럼 보인다. 그러나 5년째 되는 해에 놀랍게도 나무는 5주일 동안 높이가 90피트나 자란다!

이 현상을 보고 사람들은 물을지도 모른다. "중국산 대나무는 5주일 동안에 90피트가 자란 건가요, 아니면 5년 동안에 자란 건가요?"

답은 당연히 5년이다. 5년 중, 어느 시기라도 사람들이 물과 비료 주기를 중단했다면 그 나무는 죽고 말았을 것이다.

때로 우리는 꿈과 계획이 중국산 대나무처럼 성장하지 않는 것처럼 느껴지기도 한다. 그럴 때 우리는 포기하거나 중단하기 십상이다. 그러나 성공하는 사람들은 그 꿈들이 현실화되도록 계속해서 물과 비료를 준다. 우리도 할 수 있다. 우리가 그들처럼 중단하지 않는다면, 즉 우리가 인내와 끈기를 보인다면, 우리는 반드시 꿈을 이룰 수 있을 것이다.

일본의 심리학자 에토 노부유키(衛藤信之)는 20년 이상 기업의 현장에서 카운슬링을 하면서 뛰어난 인물들에게는 공통점이 있다는 것을 발견했다고 한다. 그들의 공통점은 오직 하나! 그것은 바로 엄청나게 실패했다는 것이다. 그래서 그는 이렇게 말한다.

"실패야말로, 최고로 멋진 추억이 된다."

"특히 젊은 시절에는 형편없을 정도로 실패해 보는 편이 좋다."

"실패의 횟수와 성공의 횟수는 비례한다."

뇌량의 블루오션을 발굴하려면

행동하는 자가 되라

옛 중국 격언에 이런 말이 있다. "장미를 바치는 손에는 언제나 약간의 향기가 남는다." 잘못된 행동으로 낭비하기에 인생은 너무나 짧다.

토마스 칼라일(Thomas Carlyle)은 '똑같은 일을 반복하고 또 반복하며 다른 결과를 기대하는 것은 어리석은 짓'이라고 말했다. 우리는 과거에 했던 건강하지 못한 행동을 직면하고 대안을 찾아서 건강한 것으로 바꿔야 한다. 지금 이 순간 변화를 시도하자. 작지만 큰 변화를 가져올 수 있는 행동을 실천함으로써 앞을 향해 나아가자.

아브라함 링컨은 그가 '하루에 자투리 시간 2분'이라고 불렀던 시간을 사용함으로써 오두막집에서 백악관까지 갔다. 링컨은 책에서 한 페이지를 뜯어 쟁기에 붙이고 쟁기질을 하면서 그 페이지를 읽곤 했다.

수년 전, 하버드 대학 총장인 엘리엇 박사는 한 사람이 하루에 15분씩 고전 작품을 읽는다면, 10년 후에는 하버드 대학을 졸업한 사람보다 더 많은 교육을 받을 것이라고 했다.

이렇듯 변해야 하는 행동을 인식하고 그것들을 건강한 행동으로 대체하기 위하여 단계를 밟는 것은 당신의 일상생활에 변화를 가져올 것이다. 그리고 그것은 당신의 운명을 바꿀 수 있다.

언어를 다스리라

미국 전 대통령 윌슨은 그와 의견 차이로 서로 감정이 좋지 않은 상대에게 다음과 같이 말했다.

"만약 당신이 두 주먹을 불끈 쥐고 날 찾아와서 화를 내며 말한다면, 나 역시 절대로 약한 모습을 보이지 않을 겁니다. 하지만 당신이 내게 '우리의 의견이 어떻게 다르고 어떻게 해야 문제를 해결할 수 있는지 잠깐 앉아서 얘기 좀 합시다'라고 말한다면, 나는 기꺼이 받아들일 것입니다. 어쩌면 우리의 의견 차이는 그리 큰 것이 아닐지도 모르죠. 서로 인내심을 갖고 솔직해진다면 합의점을 찾을 수 있을 것입니다."

윌슨은 말의 힘을 알았던 사람이다. 화를 내면서 하는 말은 결국 상대방의 감정을 건드린다. 반면에 부드러운 목소리로 의견을 청하면서 하는 말은 상대방의 지혜를 끌어들인다. 같은 상황에서 내가 상대방에게 어떤 말을 하느냐에 따라 결과는 판이하게 달라진다.

말은 이처럼 중요하다. 그러므로 대인관계나 사회생활에서 중요한 것은 말을 다스리는 능력이라 할 수 있다. 언어를 다스릴 줄 아는 사람이 사람을 움직일 줄 안다. 훌륭한 리더치고 언어를 다스리지 못하는 사람은 단 한 사람도 없다.

태도를 훈련하라

태도는 평소의 습관이 쌓이고 쌓여 만들어지는 것이다. 커밍 워크(Comming Walk)는 사람들의 성공 요인을 4가지로 요약했다. 첫째는 '머리(I.Q)'가 좋아야 하며, 둘째는 '지식(Knowledge)'이 있어야 하며, 셋째는 '기술(Technique)'이 있어야 하며, 넷째는 '태도(Attitude)'가 중요하다고 했다. 그런데 이 4가지 요인 중에서 성공적인 삶에 적어도 93% 이상으로 결정적인 영향을 주는 것은 바로 '태도'라고 했다.

제2차 세계대전 중, 빅터 프랭클(Victor Frankl)은 나치들에게 감금되었다. 그는 모든 것을 잃었으며 수많은 가족들이 죽는 것을 목격했다. 하지만 그는 자신에게서 빼앗을 수 없는 유일한 것이 태도라는 것을 깨달았다. 그래서 그는 훌륭한 태도로 수용소 생활에 임하기 시작했다. 그러자 얼마 안 있어 보초병들까지 그에게 도움을 청했다. 후에, 그는 엄청난 비극 속에서도 희망을 가지고 살아가는 것에 관하여 『의미를 찾는 인간』이라는 책을 펴냈다.

어떤 태도를 취할지를 선택하는 것은 당신에게 달렸다.

포기하지 말라

캘리포니아 황금광 시대에 전 재산을 팔아서 광산을 산 한 남자가 있었다. 그는 수개월 동안 광산을 팠지만 아무것도 찾지 못했다. 마침내 그는 낙심하여 황금을 찾는 것을 포기하고 그 광산을 동방 사람들에게 팔았다. 몇 년 뒤, 광산의 새 주인들은 광산에 황금이 있는지 찾아보았다. 이들은 이전의 광부가 굴을 파다 버려두고 간 녹슨 곡괭이와 랜턴 등이 있는 장소를 발견했다. 이들은 땅을 다시 파기 시작했으며 얼마 안 되어 금을 발견했다. 이들은 단지 15cm만 더 팠을 뿐이다. 즉 예전의 광부들이 15cm만 더 팠더라면 황금을 발견할 수 있었다는 것이다!

우리의 삶 속에서도 이따금 너무나 일찌감치 포기할 때가 있다. 우리는 실패의 기미만 보이면 포기하고 절망한다. 안타까운 일이다.

뇌량의 블루오션 활용하기

뇌량은 드넓은 선택의 바다이다. 이 바다에는 아직 아무도 그물을 드리우지 않은 블루오션(Blue Ocean) 곧 '새로운 가능성의 영역'이 있다. 이 블루오션을 활용하여 '하는 일마다 잘되는 삶'을 살기 위해서 다음의 '무지개 원리' 두 가지가 배당되어 있다.

- 말을 다스리라.
- 습관을 길들이라.

이 두 가지에 대해서는 11장과 12장에서 자세히 취급할 것이다.

뇌량은 지성을 관장하는 좌뇌와 감성을 관장하는 우뇌를 연결시키는 교량 역할을
하면서 선택과 결단을 내리는 의지와 연동한다. 뇌량은 뇌기능의 통합을 이루는 역
할을 하면서 꿈을 이루는 과정을 돕는다. 뇌량의 블루오션을 발굴하려면 언어를 다
스리고 태도를 훈련하는 것이 중요하다.

I can do it

1. 자신의 생각과 감정을 조절하고 이를 통합하여 말이나 행동으로 표현
   하는 능력을 기르자. 나의 행복과 성공은 이 의지력에 달려 있다.
2. 꿈꾸는 일이 있거든 당장 추진하자. 대담함 속에는 재능과 힘과 기대가
   깃들어 있다.
3. 어떤 일도 대번에 이루어지기는 어렵다. 불굴의 집념으로 목표를 향해
   나아가자.

요강을 잘 닦으라

평북 정주에 있던 오산학교에는 재미있는 이야기가 전해진다. 당시 그 동네에는 아주 똑똑한 청년이 살았는데 그는 남의 집 머슴살이를 하고 있었다. 비록 집안이 가난하여 머슴살이를 하고는 있었지만 그는 자신의 처지를 비관하거나 부끄러워하지 않고 오히려 열심히 일을 했다. 그 작은 시작이 매일같이 주인의 요강을 깨끗이 닦아놓는 것이었다. 모든 일을 성실하게 감당하는 이 머슴의 자세를 지켜 본 주인은 청년이 머슴살이를 하기에는 너무 아깝다고 생각해 학자금을 대주며 평양에 있는 숭실학교에 보내 공부를 시켰다. 마침내 청년은 숭실학교를 우수한 성적으로 졸업하고 고향으로 내려와 오산학교 선생님이 되었다. 이 청년이 바로 민족주의자요, 독립운동가로 유명한 조만식 선생이다.

그는 항상 제자들이 인생의 성공 비결을 물을 때마다 이렇게 일러주었다고 한다. "여러분이 사회에 나가거든 요강을 닦는 사람이 되십시오." 이 말씀은 곧 우리 인생의 성공비결과도 같다. 즉, "작은 일에 충실하라"라는 뜻이 아니겠는가.

"아주 작은 일에 성실한 사람은 큰일에도 성실하고, 아주 작은 일에 불의한 사람은 큰일에도 불의하다"(루카 16,10).

11 무지개 원리 5 | 말을 다스리라

말의 힘

나를 만들어준 말들

초등학교 시절 필자가 유난히 산수를 잘하는 것을 보고 친구들이 '수학 박사'라는 별명을 붙여 주었다. 이 말은 필자에게 독특한 취미를 갖게 해 주었다. 중학교 때에도 고등학교 때에도 잘 안 풀리는 수학문제 푸는 것이 취미였던 것이다.

　필자가 자주 들은 별명 가운데 '차돌'도 있다. 성이 차씨라서 그런지 얼굴이 까무잡잡해서 그런지 사람들이 필자를 보면 언뜻 차돌이 연상 되는 모양이다. 이 별명은 줄곧 필자의 의식구조에 뿌리를 내린 것 같 다. 그래서 무슨 일에건 열성적이고 다부진 편이다.

초등학교 졸업식 날 선생님의 마지막 말씀은 아직까지 귓전에 생생하다.

"여러분, 이 세상에는 있어서는 안 되는 사람, 있으나마나 한 사람, 꼭 있어야 하는 사람, 이렇게 세 종류의 사람들이 있습니다. 여러분은 여기 차동엽 어린이처럼 집에서도, 학교에서도 꼭 필요한 사람이 되기를 바랍니다."

선생님께서는 가정방문을 하시다가 얼굴에 시커멓게 연탄을 묻히고 막 연탄 배달을 하고 있는 필자를 보고 짐짓 놀란 표정이셨다. 학교에서 공부도 잘하고 반장까지 하는 필자가 연탄을 배달하리라고는 상상도 못하였다는 눈치셨다. 그 기억을 선생님께서는 졸업식 날 떠올리셨던 것이다.

여하튼 선생님의 이 말씀을 필자는 지금도 삶에 동반하고 있다. 의무감이 아닌 즐거움으로.

탈무드의 지혜

유다인의 지혜서 『탈무드』에 이런 이야기가 있다. 어떤 왕이 광대 2명을 불러 한 사람에게는 이 세상에서 '가장 악한 것'을 찾아오라고, 또 한 사람에게는 '가장 선한 것'을 찾아오라고 명령했다. 얼마의 시간이 흐른 후 두 광대는 답을 찾아 왔다. 그런데 두 광대의 답은 같았다. 그들은 모두 '혀'라고 답했다.

그렇다. 혀는 어떻게 사용하느냐에 따라 약이 될 수도 있고 독이 될 수도 있다.

차이

어느 화창한 봄날, 한 남자가 뉴욕의 공원에서 부랑자를 만났다. 그 부랑자는 'I am blind(나는 맹인입니다)'라고 적힌 푯말을 목에 걸고 구걸을 하고 있었다.

그러나 지나가는 사람들은 그냥 지나쳐 갈 뿐, 그 누구도 그에게 적선을 하지 않았다. 남자는 부랑자에게 다가갔다. 그리고 부랑자가 목에 걸고 있던 글씨를 바꾸어 놓고 그 자리를 떠났다. 그로부터 얼마간의 시간이 흐른 후, 그 부랑자는 뭔가 이상한 것을 눈치챘다.

"이거, 이상한데? 지금까지는 누구 한 사람도 나에게 돈을 주지 않았는데, 그 남자가 오고 간 다음부터는 갑자기 적선해 주는 사람들이 많아졌어."

부랑자의 적선통에는 순식간에 동전이 넘쳐흐르고, 사람들마다 그에게 동정하는 소리를 해 주는 것이었다.

"아까 그 남자가 행운을 주고 간 것일까? 그 남자는 마법사일까?"

사실 남자는 'I am blind'라고 적혀 있는 말을 이렇게 바꿔 놓았던 것이다.

'Spring's coming soon. But I can't see it(바야흐로 봄은 오고 있으나, 나는 볼 수가 없답니다).'

'그 남자'는 프랑스의 시인, 앙드레 불톤이라고 한다.

인생을 바꾼 말 한마디

언젠가 지존파의 대부였던 청년이 법정에서 사형 선고를 받았다. 그가 죽을 때에 한 말이 의미심장하게 다가왔다.

"17년 전, 제가 초등학교 다닐 때에 학교 선생님한테 미술 시간에 크레파스를 가지고 오지 않았다고 꾸지람을 호되게 받았습니다. 나는 그 당시 너무나 가난해서 가지고 올 수가 없었는데 그 말을 차마 할 수가 없었습니다. 그러니까 선생님이 하시는 말씀이 '너는 왜 말을 듣지 않느냐?'라고 화를 내시면서 매를 때렸습니다.

나중에는 '준비물을 가져오라면 훔쳐서라도 가져와야 될 것 아니냐?'라고 하셨습니다. 그 때부터 나는 빗나가기 시작했습니다. 초등학교 선생님의 그 한마디가 내 일생을 바꿔 놓았습니다. 그 때부터 나는 물건을 훔치기 시작했고 훔치는 것이 재미있었습니다. 도적질을 시작한 것이 내 운명을 이렇게 만들었습니다."

어린 자녀들을 향한 말 한마디 잘못이 이런 무서운 결과를 가져올 수 있다는 것을 우리는 알아야 한다. 특히 어린 자녀들에게 향한 말은 그대로 그들의 인생에 뿌리 박혀 깊은 영향을 끼친다. 말은 이처럼 힘이 있다.

말은 살아 있다

무심코 내뱉은 말은 살아서 움직인다. 누군가의 가슴에 박혀서 영향력을 행사하는 것이다. 이에 대하여 에밀리 디킨슨(Emily Dickinson)은 다음과 같이 읊었다.

어떤 이들은 말한다.
입 밖에 나오는 순간
말은 죽는다고

나는 말한다, 말은
바로 그 날
살기 시작한다고.

맞는 말이다. 말은 살아서 움직인다. 말은 누군가의 마음에 들어가서
자리를 잡고 좋은 쪽으로든 나쁜 쪽으로든 계속 영향을 끼친다. 그러므
로 데일 카네기(Dale Carnegie)의 다음과 같은 말을 우리는 깊이 새겨둘
필요가 있다.

"이제 우리는 아주 쉽게 이 세상의 행복수치를 증가시킬 수 있다. 어
떻게 그렇게 할 수 있냐고? 외롭거나 용기를 잃은 누군가에게 진심으로
존중하는 몇 마디의 말을 건네는 것, 그것으로 충분하다. 오늘 누군가에
게 무심코 건넨 친절한 말을, 당신은 내일이면 잊어버릴지도 모른다. 하
지만 그 말을 들은 사람은 일생 동안 그것을 소중하게 기억할 것이다."

말의 심리학

곰팡이에게도 영향을 끼치는 말

일본의 연구가 에마토 마사루는 말 한마디의 효력을 '밥'을 가지고 실
험하였다.

그는 밥을 똑같은 두 유리병 속에 넣고, 하나는 '감사합니다'라는 글
을 써 붙이고, 다른 하나는 '망할 자식'이라는 글을 써 붙였다고 한다.
그런 다음에 날마다 두 초등학생에게 그 글귀를 각각 병에 대고 읽게
하였다.

그렇게 한 달이 지난 후 놀라운 사실이 드러났다. '감사합니다'라고 말한 밥은 발효되어 향기로운 누룩 냄새가 나고 있었던 반면, '망할 자식'이라는 말을 들은 밥은 형편없이 부패해 검은 색으로 변하였고, 악취를 풍기고 있었던 것이다.

이 이야기는 결국 무엇을 말하는가. 사람의 언어에 담긴 생각이 하나의 정보 에너지로 작용하여 미생물에게 영향을 준다는 것이다. 미생물에게 그렇다면 다른 물질이나 일반 세포에게도 마찬가지일 것이다. 분명한 것은 미생물이나 물질 등 어떤 대상일지라도 감사의 경우에는 '감사의 결과'를, 그리고 불평의 경우에는 '불평의 결과'를 가져다 준다는 것이다.

이런 의미에서 잠언의 권고는 단지 권고가 아니다.

"사람은 제 입이 맺는 열매로 배를 채우고 제 입술이 내는 소출로 배부르게 된다. 혀에 죽음과 삶이 달려 있으니 혀를 사랑하는 자는 그 열매를 먹는다"(잠언 18,20~21).

행복과 불행, 성공과 실패의 열쇠가 우리가 평소 던지는 말 한마디에 달려 있는 것이다.

모든 신경계를 지배하는 말

농촌진흥청 잠사곤충연구소 생체활성 연구실에서는 4년여에 걸쳐서 음악이 농작물에 미치는 영향을 조사했다.

아름다운 음악을 듣고 자란 식물과 음악을 듣지 못한 식물을 비교해 보면, 아름다운 음악을 듣고 자란 식물은 생육이 최고 44%나 더 증가했다고 밝혔다.

또 해충의 발생률도 억제되어 수확이 현격히 증대되었는데, 오이의 경우 보통 것은 무게가 1천 5백 그램 정도밖에 안 되었으나 아름다운 음악을 듣고 자란 오이는 2천 1백 그램으로 향상되었다고 발표했다.

음악도 음률이 있는 말이다. 곧 식물도 말의 지배를 받는다는 것을 분명히 보여준 조사결과이다.

최근 신경의학계에서는 뇌 속의 언어중추신경이 모든 신경계를 지배하고 있다는 것을 발견하고, 이것을 정설로 받아들이고 있다. 언어가 인간의 모든 몸(행동)의 신경을 지배할 수 있다는 것이다. 결국, 언어가 인간의 삶(행동)을 지배한다고 볼 수 있다.

이러한 원리를 치료에 적용한 것이 '언어치료법(Word Therapy)'이다. 이는 환자에게 하루 2~3차례 일정시간(10~15분) 언어치료법을 시행하는 것으로, 만약 당뇨병 환자라면 "나의 혈당치는 정상이 되고 있다"라고 10분 정도 반복해서 말하게 하면 탁월한 효과가 나타난다는 것이다.

미래를 예측하게 하는 말

그 사람이 쓰는 말을 보면 그 사람의 미래를 예측할 수 있다. LSA 대표로 성공학 칼럼니스트인 이내화 씨가 쓴 글이 바로 이러한 점을 잘 입증해주고 있다.

"모든 사람에게 공짜로 주어지는 것이 두 가지가 있는데, 그것은 바로 시간과 말이라 한다. 시간을 어떻게 활용하는가에 따라 그 사람의 인생이 달라지듯이, 말을 어떻게 하느냐에 따라 천냥 빚을 갚을 수도 있고, 남에게 미움을 받을 수도 있다.

자신이 자주 쓰는 말을 객관적으로 분석해보라. 그러면 자신의 미래를 예측해볼 수 있을 것이다. 성공하는 사람은 말투부터 다르다.

이런 질문으로 시작해보자.

"요즘 어떠십니까?"

보통 이런 질문을 받으면 부정형·평범형·긍정형, 세 가지 형태로 답을 하게 된다.

첫째, 부정형. 이들은 질문을 받으면 입버릇처럼 이렇게 말한다. "별로예요.", "피곤해요.", "죽을 지경입니다.", "묻지 마세요.", "죽겠습니다."

둘째, 평범형. 이들은 이렇게 이야기한다. "그저 그렇지요.", "대충 돌아갑니다.", "먹고는 살지요.", "늘 똑같죠.", "거기서 거깁니다."

셋째, 긍정형. 이들이 하는 말에는 열정과 힘이 가득 실려 있다. "좋습니다.", "대단합니다.", "환상적입니다.", "아주 잘 돌아갑니다."

이 세 가지 유형 중 당신은 어떤 유형이 마음에 드는가?

성공인 그룹과 실패인 그룹은 말하는 습관부터 다르다."

긍정적이고, 성취를 다짐하는 말을 주로 한 사람은 그 말대로 성공하는 사람이 되고, 반면에 부정적인 말을 많이 한 사람은 그 말대로 실패하는 사람이 된다. 곧 우리가 어떤 말을 하느냐에 따라 우리의 사고가 바뀌고, 행동이 바뀌어 나중에는 그 말이 결과로 나타난다.

분위기를 반전시키는 말

과거 프랑스에서 있었던 일이다. 반대파 의원을 골탕먹여 주려고 벼르던 한 국회의원이 있었다. 그런데 마침 그 상대 의원이 프랑스에서는 지체가 낮은 직업인 '수의사' 출신임을 알게 되었다. 그는 많은 의원들

앞에서 목청껏 큰 소리로 "당신은 전에 수의사를 했다던데, 정말입니까?" 하고 물었다. 함께 그 자리에 있던 다른 의원들은 일순간 긴장했다. 그러나 상대 의원은 조금도 주저하지 않고 이렇게 대답했다.

"그렇습니다. 지금도 전 수의사를 하고 있습니다. 의원님, 어디 편찮으시면 제가 보아드릴까요? 안색이 많이 안 좋으시군요."

얼마나 극적인가. 말 한 마디로 상황이 멋지게 반전되었다.

링컨 역시 말하는 법을 잘 알고 있었다. 그의 변호사 시절 이야기다. 그는 강도 혐의로 형사재판을 받게 된 한 젊은이의 변호를 맡고 있었다. 그의 무죄를 확신하던 링컨은 법정에서 다음과 같이 말했다.

"피고 어머니의 증언에 의하면, 피고는 세상에 태어난 후 한 번도 자기 농장을 떠나본 일이 없다고 합니다. 출생 이후 줄곧 농장 일만 해왔다는 것이지요. 이러한 피고가 멀리 떨어진 객지에서 강도짓을 했다는 것은 도저히 있을 수 없는 일입니다."

그러자 링컨의 변호가 끝나기가 무섭게 검사는 질문했다. "변호사의 말에 의하면 피고는 출생 이후 한 번도 농장을 떠난 일 없이 줄곧 농장 일만 했다고 했는데, 그럼 피고의 나이 한 살 때 피고는 농장에서 도대체 무슨 일을 했다는 것입니까?"

검사는 '출생 이후 줄곧'이라는 말꼬리를 잡고 늘어진 것이다. 링컨은 당황하지 않고 곧바로 대답했다.

"피고는 태어나자마자 젖 짜는 일을 했지요. 다만 소의 젖이 아니라 그의 어머니 젖 말입니다."

이 말에 방청객은 물론 판사도 터질 듯한 웃음을 애써 참았고, 결국 그 젊은이는 무죄 판결을 받고 풀려났다.

어떤 말을 할 것인가

말을 아끼라

박제된, 입이 큰 농어 아래 다음과 같은 글이 적혀 있었다.

"내가 입을 다물었다면, 난 여기에 있지 않을 것이다."

농어가 한 말치고는 명언(名言)이지 않은가? 입 때문에 생겨나는 고통을 자처하지 말라는 교훈이다. 물고기나 사람이나 입을 잘못 열어서 낭패를 당하는 일은 비일비재하다.

말할 때는 매우 신중하게 하라. 한 번 한 말은 주워 담을 수 없다. 우리가 일단 내뱉은 말은 살아서 움직이는 능력이 있다. 그러니 되도록 남을 축복하는 말을 하라.

격려의 언어로 말하라

우리는 말을 먹고 자란다. 어떤 말을 듣고 자랐는지에 따라 그 결실이 달라진다. 미국 어느 교도소의 재소자 90%가 성장하는 동안 부모로부터 "너 같은 녀석은 결국 교도소에 갈거야" 하는 소리를 들었다고 한다. 괴테는 이렇게 말했다.

"인간은 보이는 대로 대접하면 결국 그보다 못한 사람을 만들지만, 잠재력대로 대접하면 그보다 큰 사람이 된다."

그러므로 우리는 늘 희망적인 말을 습관화해야 한다. 특히 자녀에게는 격려의 말이 보약이 된다는 사실을 잊지 말아야 한다. 감동적인 예화가 있다.

미국 존스 홉킨스병원 소아신경외과 과장인 벤 카슨은 세계 최초로 샴 쌍둥이 분리수술에 성공한 의사다.

국내에도 소개된 『크게 생각하라』의 저자인 그는 흑인 빈민가 출신의 열등생에서 세계 최고의 소아과 의사로 성공하여 오늘을 살아가는 젊은이들에게 꿈과 희망을 주고 있다.

하루는 그에게 기자가 물었다.

"오늘의 당신을 만들어 준 것은 무엇입니까?"

"나의 어머니 쇼냐 카슨 덕분입니다. 어머니는 내가 늘 꼴찌를 하면서 흑인이라고 따돌림을 당할 때, '벤, 넌 마음만 먹으면 무엇이든 할 수 있어! 노력만 하면 할 수 있어!'라는 말을 끊임없이 들려주면서 내게 격려와 용기를 주었습니다."

이처럼 큰 인물들 뒤에는 그들을 먹여 키운 격려의 말이 있다. 나는 과연 누구에게 격려의 말을 했을까 생각해 볼 일이다.

축복의 언어로 말하라

말은 생각을 형성하고 생각은 행동을 결정하며 인생을 만들어 간다. 이것은 대뇌의 지령을 받은 자율신경계가 작용한 결과다.

여기에서 중요한 것은 자율신경에는 자타의 구별이 없다는 점이다. 내가 아닌 누군가에게 "당신은 잘할 수 있습니다.", "○○씨는 훌륭합니다"라고 칭찬할 때도 자율신경계는 '할 수 있다', '훌륭하다'는 말만 받아들여 유쾌한 상태가 됨과 동시에 그 말에 어울리는 행동을 만든다. 주어가 '나'이든 '당신'이든 상관없다는 말이다. 따라서 상대를 칭찬하는 말은 곧 자신을 축복하는 말이다.

주의할 것은 나쁜 말 역시 이와 같은 원리로 자기에게 적용된다는 사실이다. 결국 누군가에게 '저래서 안 된다니까', '엉망이군'이라고 말

하는 것은 자기에게 말하는 것과 같다.

"집에 들어가면 그 집에 평화를 빈다고 인사하여라. 그 집이 평화를 누리기에 마땅하면 너희의 평화가 그 집에 내리고, 마땅하지 않으면 그 평화가 너희에게 돌아올 것이다"(마태 10,12-13).

원리는 간단하다. 우리가 축복의 말을 하면 최소한 자기 자신에게는 복이 된다는 것이며, 만일 상대방이 그 축복을 누릴 자격이 있으면 그에게도 돌아간다는 말인 것이다.

승리의 언어로 말하라

한 세기를 주름잡았던 권투선수 무하마드 알리는 경기에 앞서 항상 면

저 말로 경기를 했다고 전해진다. 조 프레이저와 긴장감 넘치는 세계 타이틀 방어전을 앞두고는 "지난번 나는 버그너와의 경기에서 진주만 기습처럼 행동했다면, 오늘은 나비처럼 날아서 벌처럼 쏠 것이다"라는 매우 적극적인 말을 남겼다. 그리고 그의 말처럼, 챔피언 벨트는 알리의 것이 되었다. 후에, 알리는 선수 생활을 은퇴하면서 다음과 같이 말했다고 한다. "나의 승리의 절반은 주먹이었고, 절반은 승리를 확신한 나의 말이었습니다."

이렇듯 알리의 적극적인 말은 상대를 제압할 수 있는 과감한 메시지이자 승리의 날개를 달아 주는 힘이었다.

성공한 사람들의 공통점을 보면 하나같이 긍정적이고 적극적인 말을 한다는 것이다. 또한 당장은 눈에 보이지 않아도 나중에는 현실로 나타날 것을 굳게 믿는다. 만약 누군가와의 시합에 졌다면, 상황에 짓눌린다면 "내가 졌다"는 소극적인 말보다 "이번에는 졌지만, 다음번에는 꼭 이길 거야"라는 적극적인 승리의 말을 하자.

매력의 언어로 말하라

어느 남자 화장실에 이런 안내문이 붙어 있다.

"한 걸음 앞으로, 한 걸음 앞으로. 그 적극성이 당신의 인생을 바꿉니다."

'오줌을 흘리지 마세요'라고 부탁하는 말을 상대방에게 플러스적인 언어로 재치 있게 바꾸어 놓은 것이다.

레이건 전 미국 대통령은 매혹적인 스피치의 명수였다. 한번은 이렇게 연설을 시작하였다.

"제가 어떻게 대통령이 될 수 있었는지 그 비밀을 밝히겠습니다. 실은 저에게는 아홉 가지의 재능이 있습니다."

"우선 첫 번째가, 한 번 들은 것은 절대 잊어 버리지 않는 탁월한 기억력. 그리고 두 번째는……."

"에, 그러니까 그게 뭐더라……?"

얼마나 기막힌 유머인가.

무려 아홉 가지나 되는 자기 재능에 대한 자랑이 본격적으로 연이어 나올 것처럼 보여놓고서는 말이다.

갑자기 어눌한 말투로 청중들의 폭소를 자아내며 마무리 짓는, 정말로 환상적인 흐름이다. 이처럼 짧지만 유머러스한 말 한 마디로 청중을 사로잡는 레이건 전 대통령.

그는 매력있는 한 마디 말의 힘을 아는 사람이었다. 이것이 명언이다.

행복가이드

말은 살아서 움직인다. 우리의 뇌는 사실 관계와 주어를 구분하지 못하고 우리가 하는 말에 반응한다. 좋은 말이든 나쁜 말이든 평범한 말이든 우리가 자주 쓰는 말에 따라 우리의 미래가 결정된다. 그러므로 절제된 말, 격려의 말, 축복의 말, 승리의 말, 매력의 말을 해야 한다.

I can do it

1. 남을 축복하고 칭찬하는 말을 자주 쓰자. 내뱉은 말은 모두 부메랑처럼 나에게 돌아온다.
2. 긍정적인 말을 자주 쓰자. 내가 쓰는 말에서 미래의 성공과 행복이 예측된다.
3. 가족들, 특히 자녀들에게 희망의 말과 격려의 말을 자주 해주자. 그들은 말을 먹고 쑥쑥 자라날 것이다.

🌀 나를 키우는 말

이해인 수녀의 시 「나를 키우는 말」은 우리가 평소 어떤 말을 해야 할지를 생각하게 해 준다.

행복하다고 말하는 동안은
나도 정말 행복한 사람이 되어
마음에 맑은 샘이 흐르고

고맙다고 말하는 동안은
고마운 마음 새로이 솟아올라
내 마음도 더욱 순해지고

아름답다고 말하는 동안은
나도 잠시 아름다운 사람이 되어
마음 한 자락 환해지고

좋은 말이 나를 키우는 걸
나는 말하면서 다시 알지.

12 무지개 원리 6 | 습관을 길들이라

습관이 인생이 된다

새벽 기상의 축복

필자의 하루 활동량을 잘 아는 이들은 간혹 묻는다.

"언제 강의하시고, 언제 연구하시고, 또 언제 그 많은 글들을 쓰십니까?"

도저히 짐작이 불가능한 그 답은 '새벽시간'이다. 새벽시간 서너 시간만 확보하면, 보통의 하루 몫을 대체한다. 이것이 필자의 비밀이다.

고백하건대, 새벽은 나에게 큰 짐이었다. 누구고 아침 타입이 있고 저녁 타입이 있다고 한다. 학교 다닐 때 공부 습관이 잘못 들어서인지 나는 늘 늦게 자고 늦게 일어나는 것이 훨씬 능률이 오르는 것 같았다. 또 책 한번 붙잡으면 끝까지 보아야 직성이 풀리는 성격이라 잠자는 시간이 들쭉날쭉이었다. 그런데 영성에 관한 책들은 하나같이 저녁잠과 새벽의 소중함을 말하고 있었다. 공감은 갔지만 그래도 결단은 늘 못 내렸다.

핑계거리는 언제나 많았다. 강의를 다니다 보면 저녁 늦게 12시 되어서나 집에 돌아오는 때도 많았기 때문이다. 어느 날 불현듯 이래서는 안 되겠다는 생각이 들었다. 그래서 규칙을 정해 봤다. 일단 10시를 기준점으로 잡아봤다. 무조건 잠자리에 들어가 봤다. 그랬더니 조금씩 조금씩 나아졌다. 새벽 다섯 시, 여섯 시에 눈이 떠지는 것이었다. 그리고 경탄은 계속되었다. 이렇게 좋은 세상이 있었구나! 진작 알았더라면!

습관의 힘

'나'를 소개하는 다음과 같은 작자 미상의 글이 있다.

"나는 모든 위대한 사람들의 하인이고 또한 모든 실패한 사람들의 하인입니다.

위대한 사람들은 사실 내가 위대하게 만들어 준 것이지요. 실패한 사람들도 사실 내가 실패하게 만들어 버렸구요.

나를 택해 주세요. 나를 길들여 주세요. 엄격하게 대해 주세요. 그러면 세계를 재패하게 해 드리겠습니다. 나를 너무 쉽게 대하면, 당신을 파괴할지도 모릅니다."

여기서 말하는 '나'는 누구일까? 짐짓 눈치챘겠지만 바로 '습관'이다. 습관은 이토록 위력이 있다. 아리스토텔레스는 이런 말을 했다.

"사람은 반복적으로 행하는 것에 따라 판명된 존재다. 따라서 우수성이란 단일 행동이 아니라 바로 습관이다.”

‘세 살 버릇 여든까지 간다.’, ‘제 버릇 개 주랴.’, ‘바늘도둑이 소도둑 된다’라는 말이 있다. 이런 말들은 괜히 나온 말이 아니다. 습관은 매일매일 우리의 삶을 드러내고, 개인의 성공 혹은 실패를 결정하는 데 적잖은 영향을 끼치기 때문이다. 습관은 반복을 통해 길러지고, 학습을 통해 떨쳐버릴 수도 있다.

그러나 분명한 것은 습관이란 짧은 시간에 형성되는 것이 아니라는 사실이다. 습관이 형성되는 것은 하나의 과정이고, 나아가 당사자의 무한한 결의와 몰입을 요구한다. 우리 몸 속 깊이 배인 습관은 그것이 좋은 습관이든 나쁜 습관이든 고치기 어렵다. 따라서 우리는 무엇보다 좋은 습관을 길들이기 위해 노력해야 한다. 아예 ‘세 살’ 때부터 가르쳐야 한다.

“마땅히 걸어야 할 길을 아이에게 가르쳐라. 그러면 늙어서도 그 길에서 벗어나지 않는다”(잠언 22,6).

습관에서 번뜩인 장인기질

옛날 한 정원의 영주가 자신이 고용하고 있는 젊은 정원사의 일과를 눈여겨 보았다. 그는 정원 구석구석을 아주 열심히 아름답게 손질하고 있었다. 뿐만 아니라 자기가 관리하는 나무통 화분에 꽃을 정성껏 조각하는 것이었다. 이 광경을 목격한 영주는 그에게 물었다.

“자네가 화분에다 꽃을 조각한다 해서 품삯을 더 받을 수 있는 것도 아닌데, 어째서 거기에다 그토록 정성을 들이는가?”

젊은 정원사는 이마에 맺힌 땀을 옷깃으로 닦으며 대답했다.

“나는 이 정원을 매우 사랑합니다. 그래서 더욱 아름답게 꾸미려고 화분에 조각을 하지요. 조각하는 것을 좋아하니까요. 그러다 보니 틈만 나면 화분에 꽃을 새겨 넣는 버릇이 생겼습니다."

이 말을 들은 영주는 젊은 정원사가 너무 기특하고 또 손재주도 있는 것 같아 그에게 조각 공부를 시켰다. 이 젊은 정원사가 뒷날 이탈리아 르네상스 시대의 최고 조각가요, 건축가이며 화가인 미켈란젤로, 바로 그 사람이다.

습관의 법칙

관성의 법칙

우리는 무의식적으로 변화를 싫어한다. 그 이유는 그것이 긍정적이든 부정적이든 변화가 스트레스를 자아내기 때문이다. 이는 안정을 지향하는 무의식의 발로이다. 변화를 싫어하는 이 무의식의 반응, 이를 우리는 '관성의 법칙'이라고 부른다.

그러나 과거의 상태로 남고자 하는 경향인 이 '관성의 법칙'은 우리가 앞으로 나아가야 할 길을 막는 최대 장애요소다.

많은 사람들이 이 관성의 법칙 영향 아래에서 과거에 했던 것을 또다시 반복하면서 자신의 능력을 제대로 발휘하지 못한 채 살아간다. 그들은 늘 무언가 부족한 듯 느끼고 불만과 아쉬움을 쌓게 된다.

여기서 말하는 '관성'은 좀 부정적인 뉘앙스를 지닌다. 이에 반하여 '습관'은 부정적인 것과 긍정적인 것을 총칭한다. 나쁜 습관은 인생의 장애물이 되지만 가치 있는 습관은 삶을 향상시키고 풍요롭게 해준다.

우리는 다음과 같은 다섯 단계 인생 공식에서 습관의 힘을 쉽게 확인할 수 있다.

"첫째, **생각**을 조심하라. 그것이 너의 **말**이 된다.
둘째, 말을 조심하라. 그것이 너의 **행동**이 된다.
셋째, 행동을 조심하라. 그것이 너의 **습관**이 된다.
넷째, 습관을 조심하라. 그것이 너의 **인격**이 된다.
다섯째, 인격을 조심하라. 그것이 너의 **운명**이 되리라."

이 말은 우리의 작은 생각과 말과 행동이 '습관'으로 자리 잡으면 그것이 마침내 인격이 되고 운명이 된다는 무서운 사실을 가리키고 있다. 이 인생 공식에서 습관은 단지 세 번째 요소만이 아니고 생각이 말로, 말이 행동으로, 인격이 운명으로 전이되도록 하는 매개임을 잊지 말아야 할 것이다.

여기서는 이를 전제로 하면서 '긍정적인' 습관에 치중하여 우리들에게 유익한 '습관의 법칙'을 소개하고자 한다.

긍정적 사고 습관

습관 중에서도 '생각'과 관련된 습관은 무엇보다 중요하다. 생각은 현실을 만들어내기 때문이다. 스스로를 제약하는 부정적인 사고 습관은 다른 무엇보다도 우리에게 가장 큰 해를 입힌다. 어떠한 처지에서도 긍정적인 사고를 습관화하자. 우리의 삶이 달라진다.

걸핏하면 사는 게 재미없다고 투덜대는 사람이 있었다. 그는 언제나 우울과 무기력 사이를 오락가락했다. 그는 낙천주의자를 찾아가 행복해지는 비법을 물었다.

"만약 당신이 가진 모든 친구를 잃는다면 그래도 당신은 행복할 수 있을까요?"

"그럼요, 비록 친구는 잃었어도 다행히 나 자신은 잃지 않았다고 생각하며 감사할 것입니다."

"길을 가다가 갑자기 진흙탕에 빠져서 온몸이 진흙으로 뒤범벅됐다 하더라도 이렇게 껄껄 웃으시겠어요?"

"네, 저는 웃음을 잃지 않을 겁니다. 왜냐하면 제가 빠진 곳은 그저 진흙탕이잖습니까? 깊은 연못이 아니어서 다행이지요."

"길을 걷다 이유도 없이 모르는 사람에게 뒤통수를 한 대 맞았다고 해도 기분이 좋으시겠어요?"

"그럼요. 한 대 맞았을 뿐이잖아요. 살해당하는 것보다야 훨씬 낫죠. 하하하!"

"그럼, 죽기 직전에도 웃으시겠네요?"

"그럼요. 제 인생을 마무리하는 길을 걷는데 당연히 행복해야죠. 난 기쁜 마음으로 나를 데리러 온 천사와 함께 죽음의 연회에 참석할 겁니다."

낙천주의자를 찾아갔던 남자는 그의 대답을 통해 삶의 지혜를 얻게 되었다. 그는 자신의 마음가짐부터 새롭게 다지기로 결심했다.

이렇듯 우리가 긍정적으로 생각하려고 노력하면 언제든지 긍정적인 요인이 발견된다.

창조적 습관

창조적 습관은 사소한 것이라도 호기심을 가지고 그냥 넘기지 않는 마음가짐에서 시작된다. 작은 아이디어에서 가능성을 발견해 내고 그것을 현실화하는 습관이 우리를 성장케 한다.

세계 어린이들의 귀여운 친구, 미키 마우스는 한 가난한 화가의 작은 아이디어에서 탄생했다.

셋방에서조차 내쫓겨 오갈 데 없던 어느 날, 월트 디즈니는 아내와 함께 공원 벤치에 앉아 앞날을 걱정하고 있었다.

"당장 잘 곳도 없는데 이제 어떻게 해야 하나……."

바로 그때 귀여운 생쥐 한 마리가 나타나 그들 앞에서 재롱을 피우고 있는 것이 아닌가. 평소에도 디즈니 부부는 집안 한쪽 구석에 살던 생쥐들의 귀여운 행동을 보면 잠시나마 가난의 시름을 잊곤 했었다. 그런데 이날은 단지 현실적 고통을 달래는 데 그치지 않았다. 물끄러미 바라보던 디즈니의 머릿속에 한 가지 아이디어가 번쩍 하고 떠올랐다.

"옳지! 세상에는 우리처럼 가난에 쪼들리며 고달픈 삶을 사는 이들이 얼마나 많은가. 그들을 위해 이 앙증스런 생쥐의 모습을 만화로 그린다면 큰 위안이 되지 않을까!"

이것이 바로 오늘 날의 '미키 마우스' 탄생 일화다.

훗날 자신의 성공에 대해 디즈니는 다음과 같이 말했다고 한다.

"미키 마우스는 우리 생활 주변에 살아있는 아이디어가 얼마나 중요하고 위대한 것인가를 잘 보여주는 생생한 교훈이다."

이처럼 우리가 안고 있는 문제를 풀기 위해 기존의 것을 창조적으로 응용하는 순간, 그것은 이미 우리의 독창적인 아이디어가 된다. 창조적 습관을 몸에 익히자.

문제해결형 습관

인생에서 맞닥뜨리는 여러 위기 때에 적극적으로 대처할 수 있는 방법이 바로 문제해결형 습관을 기르는 것이다. 문제해결형 습관을 몸에 익히는 방법은 간단하다(멍화린, 『10일 안에 변신하기』 참조).

그것은 바로 '왜?'가 아니라 '어떻게 하면?'이라고 생각하는 것이다. 그러면 어느새 문제해결형 습관이 몸에 배게 된다. 반면에, 문제 앞에서 '왜?'라고 질문을 하면 그것은 '불평불만형 습관'으로 굳어질 우려가 있는 것이다.

'왜?'가 아닌 '어떻게 하면?'이라는 생각은 당신의 생활을 즐겁게 할 뿐만 아니라, 당신 자신과 주위 사람들에게도 변화의 기회를 선물한다.

"왜 내가 이일을 해야 하지?"가 아니라 "어떻게 하면 내 장점과 특기를 발휘할 수 있을까?", "이 문제는 왜 이렇게 어렵지?"가 아니라 "어떻게 하면 이 문제를 해결할 수 있을까?", "사는 게 왜 이렇게 힘들지?"가 아니라 "어떻게 하면 주위 사람들에게 웃음을 줄 수 있을까?" 이렇게 생각하는 습관이 필요하다.

당신의 소중한 시간과 노력을 불평하는 일에 쏟는다면, 결국 시간이 지난 후에는 자신이 가치 없고 쓸모없는 사람은 아닐까 하는 근심밖에 남을 것이 없다.

하지만 '어떻게 하면?'은 당신에게 유쾌한 힘을 주고 노력의 기회를 제공하며 잃었던 자신감을 회복하여 과감한 도전 정신을 지닐 수 있게 한다.

성공 습관

성공도 습관이다. 축구에서 '골을 넣어본 사람이 결국 골을 넣는다'는 말이 있다.

맥스웰 몰츠가 들려주는 다음의 이야기는 우리가 어떻게 '성공의 패턴'을 머릿속에 심을 수 있는지를 잘 가르쳐 준다.

인쇄업계에서 일하는 최고의 세일즈맨이 있다. 그는 매일의 일과인 거래처 방문을 시작할 때 맨 처음 들르는 한두 군데는 항상 '아군 지역'이 되도록 스케줄을 조정한다. 그는 분명히 환영받을 것이라고 확신하는 고객을 맨 처음 방문한다. 그곳은 그가 반복해서 영업을 뛰는 곳이라 확률적으로 즉시 주문이 있을 수도 있고, 그렇지 않더라도 정중하고 예의 바른 대접은 받을 수 있는 곳이다. 그런 후에 잠재적인 새 거래처나, 지나치게 가격에 민감해서 종종 싼 값에 주문을 받는 상대하기 힘든 거래처를 방문한다. 그는 인내심과 지구력을 시험받기 이전에 승리감을 얻길 원했다. 또한 그의 상사는 이렇게 말한다.

"작은 승리가 큰 승리를 불러온다."

일리가 있는 말이다. 이렇게 쌓은 성공 경험은 이 자체가 습관으로 형성된다. 한마디로 성공은 성공 위에 지어지는 것이다. 성공만큼 우리를 성공하게 해주는 것은 없다.

매일 무엇인가를 성공하는 습관을 기르자. 우리가 더 많은 일을 하고 더 많이 시도하는 습관을 들일수록, 더 큰 에너지와 열정이 자라난다. 그리고 이것은 결과적으로 우리에게 더 많은 것을 성취할 수 있도록 도와준다. 성공 습관을 통해 성공 인생을 살자.

좋은 습관 들이기

세 살 버릇 여든에라도 고치자

인생을 바꾸려면 세 살 버릇 여든에라도 고쳐야 한다.

한번 형성된 습관은 고치기 힘든 것이 사실이지만 우리의 의식과 꾸준한 행동변화에 대한 노력이 있다면 바른 습관으로 고쳐나갈 수 있다. 이제 낡고 불필요하고 잘못된 습관들을 과감히 버리자.

물론 이것은 쉬운 일이 아니다. 새로운 습관을 몸에 익히려면 낡은 습관이 몸에 뱄을 때와 마찬가지로 어느 정도의 시간이 걸리기 때문이다. 『성공을 부르는 긍정의 힘』의 저자 사토 도미오는 습관형성을 다음과 같이 설명하고 있다.

"새로운 습관은 꾸준함, 자리 잡음, 자신감, 확신이라는 과정을 거쳐야 비로소 내 것이 된다. 따라서 어떤 사고를 습관화하려면 여러 번 생각하고 말로 표현하고 글로 써서 몸 안에 프로그램처럼 저장해야 한다. 여러 번 되풀이하는 동안 '하면 될 거야' 하는 마음이 싹튼다. 비로소 새로운 생각이 자리를 잡은 것이다. 이 변화를 실감했을 때 '이번에도 잘 된다.', '좀더 잘할 수 있다'는 감정이 끓어오른다. 그것이 자신감이다. 자신감이 뒷받침되면 '잘 해야지' 하고 의식하지 않아도 무의식적으로 몸이 움직인다. 이때는 '확신'의 단계에 도달했다고 생각해도 좋다. 새로운 습관은 이런 과정을 거쳐 무의식적인 습관으로 뿌리내린다.

'꾸준함', '자리 잡음', '자신감', '확신'이라는 논법을 바탕으로 새로운 습관을 많이 만들어 쌓아 가는 것이 바로 새로운 자기상을 만드는 길인 것이다."

승자가 되려면 승자처럼 행동하라

열일곱 살의 어린 나이에 자신이 진짜 프로 감독인 양 정장 차림에 서류 가방을 들고 유니버설 스튜디오를 들락거렸던 스필버그는 이제 영화계에서는 타의 추종을 불허하는 인물이 되었다. 채플린은 자신을 믿고 성공한 사람처럼 생각하고 행동해야 성공할 수 있다면서 이렇게 말했다.

"나 자신을 믿어야 한다. 나는 고아원에 있을 때도, 음식을 구걸하러 거리에 나섰을 때도 '나는 이 세상에서 가장 위대한 배우다'라고 나 자신에게 말했다."

아주 오래전 아리스토텔레스 역시 이렇게 설파했다.

"용감해지려면 용감한 것처럼 행동하면 된다."

성공한 사람처럼 생각하고, 목표를 달성한 것처럼 행동하면 우리에게 놀랄 만한 일이 일어난다. 우리의 온갖 에너지가 그쪽으로 쏠리기 때문이다. 승자가 되려면 목표를 성취한 자신의 모습을 상상하는 데 매일 얼마 정도의 시간을 할애해야 한다. 벤처회사를 설립하는 것이 목표라면 일단 모델이 될 만한 회사에 들러보라. 그리고 그 회사의 CEO가 되어 있는 자신의 모습을 그려보라. 원하는 바를 생생하게 상상할 수 있다면 여러분은 이미 마음속에 그것을 성취한 것이다.

21의 법칙

심리학에서는 보통 어떠한 것이 습관으로 자리 잡기 위해서는 21일간의 연습이 필요하다고 한다. 이것이 21일인 이유는 생물학적으로 뇌에 새로운 습관을 만들려면 어른들의 경우 보통 14일에서 21일 정도의 기간이 필요하기 때문이다.

이렇게 21일 동안 자신이 원하는 모습에 대해 크고 명확한 목표를 세

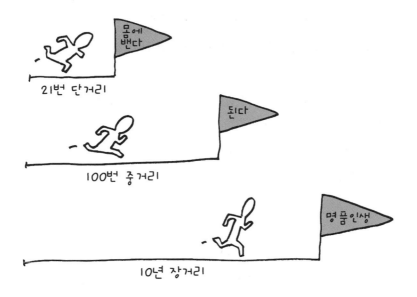

우고 매일 그것을 실천하면, 나 스스로를 자신이 원하는 사람으로 바꿀 수 있다.

브라이언 트레이시는 정신적 습관과 삶의 방향을 바꿀 수 있는 가장 강력한 방법 중의 하나로 21일 PMA(Positive Mental Attitude: 긍정적인 정신 태도) 프로그램을 권한다. 이것은 21일 동안 24시간 내내 생각과 말과 행동을 달성하고 싶은 목표와 되고자 하는 사람에게 일치시키는 것이다.

또 '21번의 법칙'이라는 것이 있다. 이는 무엇을 자신의 것으로 삼고자 하면 최소한 21번 연습해야 한다는 말이다. 이는 공군 조종사를 전쟁에 투입하기 전에 모의 훈련을 몇 번 하는 것이 가장 효과적인가를 알아내기 위해 조사해 본 결과 21번 이상 훈련 받은 사람들에게서 가장 높은 생존율이 나왔다는 통계에 근거한 말이다.

그러니까 무엇이건 최소한 21번의 반복 훈련이 필요하다는 말인 것이다.

습관 들이기에도 이 21번의 법칙을 적용해 보자. 사람은 무엇을 하든 21번 이상 하여야 자기 것이 된다. 몸에 밴다.

할 수 있다면 이 책도 21번 읽기를 권장한다. 그러면 반드시 기적이 일어날 것이다.

100번의 법칙

혹시 주어진 여건상 늘 남보다 뒤떨어진다는 의식에 발목이 잡힌 사람의 경우라면, '100번의 법칙'을 권한다. 아무리 안 되어도 100번 반복하면 되게 되어 있다. 다음에 소개하는 100번의 법칙 때문이다.

거머리를 가지고 다음과 같은 실험을 하였다. 거머리가 달라붙으면 전류가 흐르는 감전 장치를 설치한다. 기억력이 없는 거머리는 떨어지면 붙고, 떨어지면 붙고를 반복한다. 그러나 100번째에는 안 붙는다. 그리고 그 실험을 한 거머리가 새끼를 낳았는데 그 새끼 거머리도 안 붙는다. 이렇듯 기억력이 낮은 거머리도 100번이면 학습이 되는 것이다.

거머리가 100번에 통했다면, 사람이 100번 반복해서 안 될 것이 어디 있겠는가.

10년 법칙

두뇌 연구 분야에서 선구자적인 역할을 해온 스톡홀름 대학교의 앤더스 에릭슨(K. Anders Ericsson)박사는 인간의 습관과 관련하여 '10년 법칙(the 10-year rule)'이라는 용어를 도입한다.

'10년 법칙'이란 "어떤 분야에서 최고수준의 성과와 성취에 도달하려면 최소 10년 정도는 집중적인 사전 준비를 해야 한다"는 것을 의미한다.

교육심리학자 하워드 가드너는 여러 분야에서 걸출한 업적을 남긴 일곱 명의 창조적 거장들을 연구한 결과 다음과 같은 결론을 내리고 있다.

"어느 분야의 전문 지식에 정통하려면 최소한 10년 정도는 꾸준히 노력해야 한다. 창조적인 도약을 이루려면 자기 분야에서 통용되는 지식에 통달해야 한다. 바로 이런 이유에서 10년 정도의 꾸준한 노력이 선행되지 않으면 의미 있는 도약을 이룰 수 없다. 흔히 모짜르트는 이 규칙이 적용되지 않는 예외라고 말하지만, 그 역시 10년간 수많은 곡을 쓴 다음에야 훌륭한 음악을 연거푸 내놓을 수 있었다. 우리가 다루는 일곱 명의 창조자들 역시 혁신적인 업적을 이루기 전에 최소한 10년의 수련기를 거쳐야 했다. 물론 더 오랜 세월이 필요했던 인물도 있을 것이다. 그리고 대다수는 또 다른 10년 후에 다시 한 번 중대한 혁신을 이루었다"(하워드 가드너, 『열정과 기질(Creating Minds)』에서).

이에 경제 전문가 공병호는 그의 책 『명품 인생을 만드는 10년 법칙』에서 직업인으로서의 성공은 타고난 능력의 차이보다 10년 전후의 시간을 통해 이루어지는 변화된 의식과 습관에 달려있다고 말한다.

이와 관련하여 그는 피아니스트의 예를 들고 있다. 그들은 악보 없이도 피아노를 칠 수 있고 설령 눈이 멀어도 첫 음계가 나오면 무의식적으로 손가락을 움직인다. 무의식적인 행동이 습관화되어 뇌에 정확히 프로그램처럼 저장되었기 때문이다.

하지만 세계적인 피아니스트가 처음부터 무의식적으로 잘할 수 있었을까. 답은 당연히 아니다. 그는 새로운 곡을 기억하기 위해 한 소절씩 정성껏, 여러 번 되풀이해서 치고 그러는 동안 손가락을 자연스럽게 움직일 수 있었을 것이다. 이렇듯 현재의 습관은 무의식적으로 몸이 움직이는 수준까지 끊임없이 자신을 채찍질한 결과다.

자아상도 마찬가지다. '나는 이런 인간'이라는 믿음은 여러분이 오랫동안 몸에 익힌 사고습관 가운데 하나로, 공기나 늘 몸에 걸치고 있는 옷 같이 익숙한 존재다.

그것이 자신에게 유쾌함을 가져다주고 꿈을 실현시켜주는, 바람직한 자아상이라면 문제가 없지만 그 반대라면 당장 버려야 한다. 용기 있게 낡은 사고습관이라는 이름의 옷을 벗어버리자. 그리고 최소한 10년 이상 새로운 자아상이 몸에 밸 때까지 '습관'을 길들여 보자.

행복가이드

타고난 능력보다 더 중요한 것은 습관이다. 작은 실천들은 습관을 형성하며 습관은 덕을 쌓고 그 덕은 인격을 변화시킨다. 나이가 들었어도 의식적으로 노력하면 새롭게 좋은 습관을 들일 수 있다.

I can do it

1. 고쳐야 할 습관이라면 훈련을 통해 고치면서 새로운 자아상을 만들어 가자. 21의 법칙, 100번의 법칙, 10년 법칙을 믿고 꾸준히 노력하면 반드시 열매가 맺어진다.
2. 자신과 자녀들에게 성공하는 습관을 들이자. 무엇을 하건 '마음'을 다해서, '목숨'을 다해서, '힘'을 다해서 임하는 습관이 배면 그는 이미 승리자이다.
3. 완벽한 상황을 기다리지 말고 일단 시작하자. 일단 미루는 습관에서 벗어나면 절반은 성공한 것이다.

역설적인 지도자의 십계명

1. 세상 사람들은 비논리적이고 비합리적으로 생각한다.
   그러나 그들을 사랑하라.
2. 당신이 선행을 하면 생색낸다고 하여 비난을 받을지도 모른다.
   그러나 선을 행하라.
3. 당신이 성공을 하면 그릇된 친구와 원수도 생길지 모른다.
   그러나 성공하라.
4. 오늘 좋은 일을 해도 내일이면 허사가 될 수 있다.
   그러나 좋은 일은 하라.
5. 정직하고 솔직하면 불이익을 당하거나 불리한 위치에 놓일 수도 있다.
   그러나 정직하고 솔직하라.
6. 대의를 품은 이가 졸장부에 의해 넘어질 수도 있다.
   그러나 생각을 크게 하라.
7. 세상 사람들은 약자 편을 들면서도 강자만을 따른다.
   그러나 소수의 약자들을 위해 투쟁하라.
8. 오랫동안 공들여 쌓은 탑이 무너질 수도 있다.
   그러나 탑을 계속 쌓아 올리라.
9. 필요한 사람들에게 도움을 주고도 공격을 받을 수 있다.
   그러나 도움을 주라.
10. 당신이 가진 가장 좋은 것을 세상에 주고도 발로 차일 수 있다.
    그러나 최선의 것을 세상에 주라.

– 켄트 케이스

V

치유

꿈을 향하여 앞으로 나아가려 해도
우리의 발목을 잡고 있는 것들이 있다
고달픈 인생의 여정에서
지친 자신에게 잠시 치유의 시간을 선물하자

13 상처의 치유

치유의 차원들

'그래도' 괜찮은 까닭

필자는 사기를 몇 번 당한 적이 있다. 말하는 그대로 믿었다가 당했던 것이다. 그 덕에 없는 돈도 좀 잃었고, 사람도 잃었고, 모함에도 시달렸다. 그런데, 일반적으로 사람이 사기를 여러 번 당하게 되면 으레 결론을 내린다.

"세상에 못 믿을 게 사람이야."

하지만 필자는 '그래도' 여전히 사람을 믿는다. 그래야 세상이 조금이라도 더 밝아지기 때문이다. 어느 경우에는 속는 줄 알고도 믿어준다. 그래야 그 사람은 언젠가는 '양심'의 가책이라는 것에 시달리게 될 것이고, 그로 인해 치유의 계기를 만나리라는 기대 때문이다.

필자는 욕도 곧잘 먹는다. 억울한 소리도 가끔 듣는다. 근거 없는 이야기도 간혹 들려온다. 무슨 일이건 적극적으로 나서는 사람치고 소위 '안티(anti)'에 시달리지 않는 사람이 없을 것이다. 사랑해 주시는 분들, "열성 팬이에요" 하며 연예인에게 하듯 사인을 받고 싶어하는 분들이 많은 만큼, 어찌 그 반대 의견의 분들이 없으랴.

예전에는 이런 것에 좀 신경이 쓰였다. 하지만, 점점 익숙해지고 있다. 생각의 차이를 인정하고, 그들의 입장과 그들의 심리를 이해하려고 노력하기 때문이다.

정말이지 '그래도' 괜찮다! 마음만 잘 먹으면 상처를 안 받을 수 있다. 또 이해만 잘 하면 이미 받은 상처를 자가치유할 수 있다.

상처가 되는 말, 힘이 되는 말

사람은 인정을 받을 때 변화되고 새롭게 거듭나기 시작한다.

어느 조사에 따르면, 자녀들이 가장 상처를 많이 받는 말은 "네가 제대로 하는 게 뭐있어?"(43%)였고, 부모가 자녀들로부터 가장 많이 상처받는 말은, "나한테 해준 게 뭐 있어요?"(73%), "엄마 아빠 때문에 창피해 죽겠어요"(47%)라는 말이었다. 즉, 자녀는 부모가 인정해 주지 않고 무시할 때, 그리고 부모는 자녀에게 인정받지 못할 때 가장 큰 상처를 받는다는 것이다.

'가장 힘이 되는 말은 무엇인가?'라는 질문에 자녀들은 "이 세상에서 네가 가장 소중하단다"라는 말을 부모에게 듣는 것이었고, 부모들은 "누구보다도 우리 부모님을 존경해요.", "부모님을 사랑해요"라는 말을 자녀들에게서 듣는 것이었다.

또 남편들은 "당신밖에 없어요. 당신이 최고예요"라는 아내의 말을, 아내들은 "당신을 만난 것이 가장 큰 축복이야"라는 남편의 말을 꼽았다.

조사 결과 모두가 '인정하는 말'을 힘이 되는 말로 꼽았다. 인정받는 말이야말로 가장 힘이 되고 듣고 싶은 말이었다(박필, 『당신의 말이 행복을 만든다』 참조).

그런 말은 듣는 사람뿐 아니라 하는 사람도 건강한 정신을 갖게 만든다. 사실 우리가 힘이 되는 말을 할 때는 스스로 고무돼서 밝은 표정이 절로 나오기 마련이다.

정신건강의 기준

정신과 의료진들이 환자를 대할 때, 가장 고민하는 것은 무엇일까? 바로 환자가 어떠한 상태에 있을 때 퇴원 허가를 해도 좋을지를 판단하는 일이라고 한다.

일본의 정신과 의사인 나까이 히사오 교수는 고심한 끝에 '정신 건강의 기준'을 만들었다. '정신이 건강하다'는 증거라고도 할 수 있는 이 기준에 환자가 부합하면, 병이 회복되었다고 보고 퇴원 허가를 해주어도 좋다는 지침 같은 것이었다. 이후, 이 기준에 합격한 환자들에게서는 자살자가 나오지 않고 사회에 잘 적응하는 모습을 보였다고 한다.

나까이 교수가 생각한 '정신 건강의 기준'의 일부는 이렇다.

첫째, 싫은 일은 자연적으로 나중으로 미루는 능력.

둘째, 혼자서 있을 수 있는 능력, 또 둘이서 있을 수 있는 능력.

셋째, 거짓말을 하는 능력.

넷째, 적당히 타협하는 능력, 고집을 부리지 않는 능력.

다섯째, 하지 않으면 안 된다고 하는 기분에 대항할 수 있는 능력.

생각보다 그리 특별하지도 요란스럽지도 않은 이 기준을 보고 '이게 정말 정신 건강의 증거라고 할 수 있을까?'라는 의심이 들 수도 있다. 하지만 거꾸로 생각을 해보면 이런 능력을 다 갖춘 사람이 바로 평범함 정상인이라는 사실이다.

치유의 세 차원

많은 사람들이 '운명론'의 굴레에 묶여 살고 있다. 운명론은 자신을 과거에 묶어버리고 그것에 얽매어 인간의 이상이니, 꿈이니 하는 것들을 말살시켜 버린다.

우리는 앞 장에서 생각하는 대로, 마음이 움직이는 대로, 그리고 말과 의지로써 소망하는 일들이 이루어지는 사례들을 수차례 보았다. 그러나 이러한 과정이 이루어지기 위해서는 이전의 자신을 극복하고 넘어설 필요가 있다. 희망, 꿈, 비전 등도 나를 묶고 있는 내 안의 사슬을 끊고 풀어버려야 가능한 것이다.

누적된 상처는 자신을 운명론에 굴복하게 만든다. 하지만 인간은 상처를 치유하고 일어설 능력을 지니고 있다. 샤를르 드골이 한 다음의 말은 바로 상처받은 우리 자신을 위한 말이다.

"역사는 운명론을 가르치지 않는다. 역사는 자유인들의 의지가 결정론을 무너뜨리고 새로운 길을 여는 순간들이다."

그러면 우리는 상처를 어떻게 치유할 수 있을까? 상처를 치유하는 데 크게 도움을 주는 것이 인간 의식의 여러 차원에 대한 이해이다.

인간은 의식과 잠재의식(무의식)세계를 가지고 있다. 여기서 의식은 표면적 치유로, 잠재의식은 내면적 치유로 이야기할 수 있다. 그러나 치유의 대상으로 이 둘을 각자 따로 놓고 다룰 수는 없다. 인간의 마인드는 다층으로 구조화되어 있기 때문에 의식적으로 긍정의 메시지를 여러 방향에서 쏟아부음으로써 잠재의식을 고쳐갈 수 있기 때문이다.

우리는 언제든지 자기 의식의 방향키를 쥐고 미래를 변화시킬 수 있다. 기쁨, 건강, 행복, 평화, 풍요로움이 넘치는 삶을 살 수 있다. 따라서 긍정적이고 건전한 정신을 원한다면 그와 일치하는 메시지들만 받아들이면 된다. 원하는 삶의 모습에 불필요한 일체의 생각(지성), 느낌(감성), 행동(의지)을 거부하기만 하면 된다. 결정은 우리의 몫이다.

이제 우리는 이 통찰에 의거하여 '지성'과 '감성'의 치유에 해당하는 상처의 치유에 대하여 살펴볼 것이다. 그리고 다음 장에서는 '의지' 부분에 해당하는 관계의 치유에 대하여, 그런 다음 '지ㆍ정ㆍ의' 모두를 아우르는 통합적 치유인 자아의 치유에 대한 내용을 살펴보도록 하겠다.

인식의 치유

의지는 약해도 잠재의식은 강하다
대부분의 사람들이 '나는 순전히 내 뜻대로 모든 행동을 결정하고 있다'고 생각한다. 하지만 우리 행동의 일부분, 혹은 대부분이 사실은 잠재의식에 의해 결정된 것일 수도 있다.

"담배를 끊고 싶지만 끊을 수가 없다.", "다이어트를 하고 싶은데 자꾸 먹게 된다.", "일찍 일어나기로 다짐했는데, 늦잠에서 벗어날 수 없다."

이러한 경우들은 흔히 '의지'가 약해서 발생하는 행동이라 생각하기 쉽다. 그러나 그 기저에는 잠재의식이 강하게 작용하기 때문에 생긴 결과이다. 즉, 우리가 행동하기 전 긍정적 잠재의식과 부정적 잠재의식이 머릿속에서 서로 줄다리기를 하기 시작한다. 그리고 선택된 잠재의식은 곧, '자동적'으로 우리들의 최종 행동을 결정한다. 이것을 인식하는 것이 우리 생각을 조절하는 첫 번째 단계다.

그렇다면 우리는 어떻게 해야 할까? 무엇보다 부정적인 이미지를 버리고, 긍정적인 이미지를 선택해야 한다. 이미지야말로 잠재의식의 원동력이기 때문이다. 랄프 왈도 에머슨은 "사람은 자신이 생각하는 대로 되어간다"라고 말했다. 새로운 이미지가 생각을 바꿀 수 있으며, 새로운 사고방식이 행동을 바꿀 수 있다는 것을 기억하자.

내 안의 적 '하얀 토끼'

마르코 폰 뮌히하우젠은 『네 안의 적을 길들여라』에서 새로운 것을 향해 도전하는 일을 가로막는 자신 안의 존재를 '내면의 악마'라고까지 부르고 있다.

익숙한 안전지대를 벗어나 발전지대로 나아가기 위해 그 경계선을 넘으려 할 때마다 내 마음 한편에서 귀에 익은 목소리가 이렇게 속삭인다. "너무 힘들다.", "나중에 해도 돼.", "넌 못해.", "오늘은 그냥 쉬자." 이런 속삭임은 나의 도전을 가로막는 장애물이다.

톨스토이의 단편소설 중 "행복의 비밀을 찾는 동안 절대로 하얀 토끼를 생각하지 말라"는 대목이 있다. 이것은 행복의 비밀이 집 뜰에 묻혀 있다는 말을 들었지만 자꾸 하얀 토끼가 생각이 나서 실패하고 마는 아이들의 이야기다.

우리도 누구나 하얀 토끼를 갖고 있다. 하얀 토끼는 자신 안에서 행복과 성공을 누리지 못하도록 발목을 잡는 부정적인 생각들을 말한다. 『성취심리』의 저자, 브라이언 트레이시는 "나는 늦었어.", "시간이 없어.", "나는 나이가 너무 많아.", "나는 ○○때문에 아무것도 할 수 없어"와 같은 스스로를 억제하는 핑계들이 바로 '하얀 토끼'의 대표적인 예라고 지적한다.

따라서 우리가 이런 핑계를 열거하는 대신 "나는 ○○하겠다.", "나는 ○○하고 싶다.", "나는 할 수 있다"고 분명한 언어로 확신을 갖고 말하면, 잠재의식은 그것을 받아들여 우리의 잘못된 사고방식을 바꿔 나가게 되어 있다.

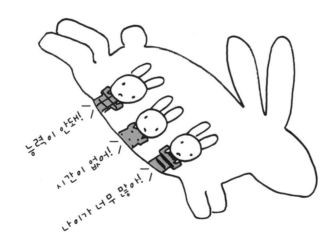

내재화된 대표적인 거짓들의 치유

많은 사람들은 우리의 긍정적인 자질을 인정하는 것을 자만과 다름없다고 보는 왜곡된 인식을 가지고 있다. 그러한 인식은 우리가 가지고 있는 선함과 장점을 인정하지 못하게 하여 결국 자아실현(自我實現)을 이룰 수 없게 만든다.

내면에 상처를 입은 사람은 즉시 거짓 메시지를 습득한다. 곧 '나는 보호받거나 사랑받을 만한 가치가 없다'고 생각한다. 그리고 바로 그러한 생각들은 자기비하로 이끈다.

크리스 터만 박사는 『우리가 진리라고 믿고 있는 거짓말들』이라는 책에서 어떤 현상에 대한 '거짓'된 인식이 우리를 과민하거나 과장되게 반응하도록 유도한다는 것을 지적하면서 다음과 같이 말한다.

"우리는 5센트에 비견될 수 있는 작은 사건에 5,000달러만한 반응을 하거나, 5,000달러에 비유될 수 있는 사건에 5센트 정도의 반응을 보이지 않도록 주의해야 한다."

그리고 그는 위의 책에서 '우리가 매 순간마다 도전해야 할 몇 가지 거짓말'에 대하여 상세히 설명했다. 그의 말에 우리는 주목할 필요가 있다.

〈자신에 대한 거짓말〉

"나는 모두의 사랑과 인정을 받아야만 한다.", "문제를 직면하기보다 회피하는 것이 더 쉽다.", "내 방식으로 일이 진행되지 않는 이상 행복할 수 없다.", "모두 내 잘못이다.", "아무것도 변할 수 없다.", "부정적인 것만 바라볼 것이다."

〈부부에 관한 거짓말〉

"모두 당신 잘못이다.", "그렇게 힘겨운 노력이 필요하다면 우리는 서로 맞지 않는가보다.", "당신은 나의 모든 필요를 충족할 수 있고 충족해야만 한다.", "당신은 나에게 빚졌다.", "내가 변할 필요는 없다.", "당신은 나를 좋아해야만 한다."

〈세상의 거짓말〉

"당신은 모든 것을 가질 수 있다.", "당신이 하는 것만큼만 하면 된다.", "인생은 쉬어야 한다.", "기다리지 마라.", "사람은 원래 선하다."

〈종교적인 거짓말〉

"하느님의 사랑을 노력하여 얻어야 한다.", "하느님은 죄와 죄인을 싫어하신다.", "나는 그리스도인이므로 하느님께서 고난과 고통을 막아 주실 것이다.", "타인의 모든 필요를 충족시켜 주는 것이 그리스도인으로서 나의 임무이다.", "나의 모든 문제는 죄 때문에 일어났다.", "영적으로 강건하지 않은 이상 하느님께서는 나를 사용하실 수 없다."

이러한 거짓말들이 우리의 인식에 침투했다는 것을 아는 것이 치유의 첫걸음이다.

생각을 바꾸면 문제가 없어진다

언젠가 한 신문에서 다음과 같은 내용의 기사를 본 적이 있다.

한 유치원 여교사가 있었다. 그녀는 왼손잡이 자녀를 둔 부모들이 심각하게 고민하는 것을 보고 무척 안타까웠다. "왼손잡이는 답답하고 어색해 보여요. 선생님께서 제 아이를 좀 교정시켜 주세요." 부모들의 이러한 요청이 계속되자 여교사는 왼손잡이 교정법을 집중적으로 연구하기 시작했다. 그런데 교정 과정에서 한 가지 중요하고도 놀라운 사실을 발견할 수 있었다. 그것은 왼손잡이 아이들 중 상당수가 교정을 시도하면서 창의력이 현저하게 떨어졌던 것이다.

여교사는 더 이상 왼손잡이의 교정을 그만두고 왼손잡이 예찬론을 펴기 시작했다.

"우리가 고쳐야할 것은 왼손잡이가 아니라 왼손잡이에 대한 사회적 편견입니다. 창의력과 예술적 감각이 뛰어난 사람들은 대부분 왼손잡이였습니다. 빌 게이츠, 마하트마 간디, 빌 클린턴, 레오나르도 다빈치, 미켈란젤로, 라파엘로 등이 모두 대표적인 왼손잡이입니다."

이 유치원 여교사의 이름은 강미희씨. 지금은 한국왼손잡이협회 회장이자 광주보건대학 교수인 그녀는 『왼손잡이 고쳐야 하나, 절대 NO!』의 저자이기도 하다.

그녀의 말이 맞다. 인류 역사상 최초로 달 착륙에 성공한 암스트롱, 천재 아인슈타인, 마이크로소프트사의 빌 게이츠, 영화 「타이타닉」으로 유명한 제임스 카메론 감독 등도 모두 왼손잡이다.

지금에야 '우뇌를 개발하기 위해서는 의식적으로 왼손을 사용해야 한다'든가, '우리 뇌의 두 반구는 뇌량을 통해 끊임없이 정보를 교환하기 때문에 양쪽 뇌를 모두 사용하는 것이 좋다'는 것이 상식이지만 불과 몇 년 전까지만 하더라도 왼손잡이들은 의당 천대받아 마땅하다는 의식이 짙었다.

편견을 버리자. 그러면 마음의 문이 열리고 더 많은 가능성과 장점을 계발할 수 있다.

감정의 치유

부정적인 감정은 학습된 것이다

지금까지 밝혀진 부정적인 감정만 해도 50가지가 넘는다고 한다. 그러나 그것들은 모두 부정적 감정의 핵심인 '분노'로 발전되고 표현된다. 분노는 여러모로 해롭다. 분노가 안으로 나타나면 건강이 나빠지고, 밖으로 나타나면 다른 사람들과의 관계를 해친다.

가장 빈번하게 느끼는 부정적인 감정은 의심과 두려움, 그리고 죄의식과 불쾌함 등이다. 시기와 질투도 있다. 이러한 부정적 감정은 어떻게 형성되는 것일까. 이들은 우리가 어릴 때부터 성장하면서 모방, 연습, 반복, 강화를 통해 학습한 것들이다. 따라서 '학습된' 이들은 우리가 어떻게 대처하느냐에 따라 충분히 제거할 수 있다.

짐작했겠지만, 부정적인 감정을 가장 먼저 배우는 곳은 가정이다. 일단 배우고 나면 '나는 원래 그런 사람'이라고 말하면서 좀처럼 바꾸려하지 않는다. 핵심적 질문을 피하려고만 한다.

브라이언 트레이시를 따르면, 부정적인 감정은 어린 시절에 겪는 두가지 경험에서 나온다(브라이언 트레이시, 『성취심리』 참조).

첫째, '파괴적인 비판'에서 나온다. 만일 "너는 문제가 많아" 또는 "너는 믿을 수가 없어.", "너는 거짓말쟁이야" 같은 말을 듣고 자란 아이들은 그 말을 틀림없는 사실로 받아들인다. 그리고 이것은 다시 잠재의식에 기록되어 미래의 행동을 결정하게 된다.

부모들은 자녀들의 행동을 고치기 위해 별 생각 없이 아이를 꾸중하지만, 결과는 그들이 바라는 것과 정반대로 나타난다. 어릴 때 비판을 많이 받고 자란 아이는 커서도 스스로를 비판한다. 자기를 비하하고 과소평가하고 자신의 경험을 부정적으로 해석한다. 열심히 노력해서 좋은 결과를 얻고도 항상 자신이 부족하다고 느낀다.

둘째, '사랑의 결핍' 때문에 생긴다. 아이들이 겪을 수 있는 최악의 경험은 부모들 중 한쪽 또는 양쪽 모두에게서 사랑받지 못하는 것이다. 이렇게 자란 아이들은 정서적으로 메마르게 되고 심각한 성격 장애를 초래할 수 있다.

엄밀히 말하자면 우리가 삶에서 실패하는 일차적인 원인은 바로 이러한 부정적인 감정들 때문이다. 따라서 이들을 제거하는 것보다 더 중요한 일은 없다.

심리 원리를 적용하라

15장의 '자아의 치유'에서 자세히 취급하겠지만, '감정의 치유'에도 크게 효과적인 방법이 심리 원리를 적용하는 것이다. 여기서 잠깐 언급하는 정도로 소개해 본다(개념 설명은 15장 참조).

부정적인 감정을 치유하기 위한 첫째 방법은 바로 '책임을 지는 것'이다. 이것은 부정적인 감정을 느낀 상황이나 장면에서 "이것은 내 책임이다"라고 반복해서 말하는 것을 시작으로 한다. 단순한 이 말은 마음을 제어하는 데 있어 큰 효과를 볼 수 있다. 말하는 순간 마음이 차분해지고 안정이 되면서 상황을 좀더 객관적으로 볼 수 있게 되기 때문이다.

책임을 진다는 것은 우리를 삶의 주인으로 만들고 효과적인 해결책을 찾을 수 있도록 돕는 미래지향적 행동이다. 그러나 분노와 원망으로 누군가 비난할 대상을 찾기만 하는 것은 과거지향적 행동일 뿐 해결은 나지 않는다.

부정적인 감정을 치유하기 위한 둘째 방법은 바로 '대체의 법칙'을 활용하는 것이다. 대체의 법칙이란 '우리 의식은 한 번에 한 가지 생각밖에 할 수 없기 때문에 생각을 바꾸려면 기존의 생각을 다른 생각으로 대체해야 한다는 것'이다. 즉, 우리는 부정적인 생각을 긍정적인 것으로 대체함으로써 감정을 다스릴 수 있다. 여기에 가장 강력한 도구는 "나는 내가 좋다! 나는 내가 좋다! 나는 내가 좋다!"를 반복하여 말하는 것이다. 열정과 확신을 담아서 이 말을 하면 할수록 우리의 무의식은 부정적인 감정들을 제거해 나간다.

부정적인 감정에 얽혀 자신을 다스릴 수 없을 때, 위와 같은 두 가지 강력한 심리 원리를 활용하자. 내면 깊숙이 배인 상처가 치유되는 것을 느낄 수 있을 것이다.

분출시키라

분노의 감정을 해소할 수 있는 보다 활동적인 방법은 바로 '접촉'을 통한 방법이다. 스트레스를 연구하다가 신체적 접촉이 분노를 줄여준다는 것을 발견한 한스 셀리 박사는 이것을 '거친 육체적 타격 활동(G.P.I.A, Gross Physical Impact Activity)'이라고 불렀다.

셀리 박사는 우리 신체의 네 부분 즉, 우리가 손으로 치거나, 발로 차거나, 이로 물거나, 소리를 지름으로써 분노를 배출할 수 있다는 것을 알아냈다.

스쿼시, 테니스, 골프, 야구, 배구, 농구 등 이들은 모두 손으로 치는(hitting) 활동이 필요한 스포츠다. 이들 운동을 통해서 분노를 신체로부터 공 속으로 전달할 수 있다.

축구처럼 무엇인가를 차는(kicking) 행동 역시 분노의 배출구가 된다. 화가 난 사람들이 종종 격분해서 아무 데나 발로 차는 것을 볼 수 있는데, 이는 억압된 분노를 없애려는 무의식적인 행동인 것이다.

가끔 질긴 음식을 먹을 때처럼 무언가를 씹고(chewing) 싶을 때가 있는데, 그것 역시 마음속에 불만이나 분노가 있기 때문이다. 이럴 때, 많이 씹어야 하는 음식을 먹고 나면 분노가 우리 몸 밖으로 배출되어 편안함을 느낀다.

고함지르기(screaming)도 분노를 제거할 수 있는 방법이다. 자신이 작게 느껴질 때, 벌어진 일에 대해 아무것도 할 수 없다는 생각이 들 때 소리를 지르면 마음속에 있던 답답함이 밖으로 빠져나간다.

가끔 사람들이 싸울 때 손으로 치고, 발로 차고, 고함을 지르고, 입으로 무는 등의 장면을 볼 수 있다. 이런 반응들은 모두 분노를 몰아내기 위한 것이다.

종종 이렇게 싸우고 나면, 관계가 다시 회복되기도 한다. 그것은 그런 행위를 통해 모든 분노가 해소되어 좋은 느낌만 남게 되기 때문이다.

분노를 성장의 기회로 삼으라

우리 주변을 둘러보면, 자신이 가지고 있던 수치스러운 기억이나 분노를 통하여 삶을 바꾼 사람들을 만날 수 있다. 배우 마이클 케인은 분노를 이용하여 역경을 유익함으로 바꾼 모범적 인물이다. 그는 『대체 무엇이 문제인가?』라는 자서전에서 연기생활 중에 낙담했던 것에 대해 이야기한다.

그는 매우 가난하게 살고 있었다. 그가 맡은 역할은 보조 단역이었는데 여기서 얻는 수입은 너무나 형편없는 것이었다. 살아남기 위해 그는 철공소에서 일을 해야 했다. 설상가상으로 그렇게 우울한 시기에 아버지가 임종을 맞게 되었다는 소식을 듣고 고향으로 내려갔다. 그는 아버지가 돌아가시기 전 이틀 동안을 아버지 곁에서 보냈다. 그리고 그가 병실을 막 나섰을 때 간호사가 뒤따라와 아버지 파자마에서 나온 것이라며 3실링 8펜스를 손에 쥐어주었다. 10달러도 되지 않는 적은 액수였다. 케인은 그 순간 어떤 분노를 느꼈는데 그것에 대해 다음과 같이 묘사하고 있다.

"이것이 아버지가 우리에게 남긴 모든 것이다. 56년간 짐승처럼 일한 결과가 고작 이것이다. 나는 간호사에게 고맙다고 말한 후 어두운 복도를 서서히 걸어 나갔다. 나는 걸음을 옮기면서 기필코 성공하겠다는 결심과 가족들을 결코 가난하게 살도록 하지 않겠다는 굳은 결심을 하였다."

이렇게 하여 케인은 유명한 배우가 될 수 있었던 것이다. 곧 그가 성공한 것은 의로운 분노 덕이었다.

슬픔을 즐거움으로 전환시켜라
한 여인의 짧은 이야기를 통해서 우리는 슬픔을 어떻게 기쁨으로 바꿀 수 있는가를 간접적으로나마 체험할 수 있다.

최근 몇 해 동안, 그녀는 주위 사람을 네 명이나 잃는 슬픔을 당했다. 그들 모두가 뜻하지 않은 때에 죽음을 맞이하였다는 사실이 그녀를 더욱 힘들게 했다. 어느 날 아침, 그녀는 일을 하다가 문득 훨씬 이전에 세상을 떠난 남편이 생각나 깊은 슬픔에 빠졌다. 그러면서 자신이 사랑했던 사람들과 함께 한 짧은 삶에 대해서 생각하게 되었다. 그녀가 자신에게 그런 날들이 있었다는 것만으로도 얼마나 행운인가라는 것을 문득 깨달은 순간, 그녀의 마음 깊은 곳에서 새로운 생각이 떠올랐다. 그것은 바로 '내가 사랑했던 그 사람들이 며칠 더 살 수 있었다면 그들은 과연 무엇을 하고자 했을까?'라는 것이었다. 그리고는 그들이 살아 있을 때 했던 일들을 하나씩 하기로 결심하였다.

새로운 이웃을 반갑게 맞이하기 위해 시어머니가 했던 것처럼 초콜릿 과자를 굽고, 자신의 오빠가 했던 것처럼 헌 옷가지를 챙겨서 자선단체에 기증하였다. 그리고 시누이가 했던 것처럼 연락이 끊겼던 친구들에게 전화를 해서 안부를 묻고, 손자가 늘 그랬던 것처럼 그날 하루 많이 웃었다.

사랑했던 사람들을 기억하며 그들의 방식으로 다른 사람들을 돕고자 하는 것으로 자신의 슬픔을 치유한 그녀는 진정 슬픔을 기쁨으로 바꾸는 법을 안 사람이었던 것이다.

행복가이드

인간의 생각과 감정은 의식적으로든 무의식적으로든 상처받기 쉽다. 이 상처는 우리를 과거와 운명론에 묶어두려 한다. 그러므로 운명을 벗어나서 희망찬 미래를 맞이하려면, 먼저 이 상처를 치유해야 한다.

과거의 상처
부정적 이미지

I can do it

1. 객관적 사실에 부합하지 않는 거짓 확신을 바로 잡자. 자신감을 갖고 자신의 능력을 기르자.
2. 부정적 감정에 대하여 자신의 책임을 시인하자. 책임을 받아들이는 것은 치유의 출발점이다.
3. 슬픔과 분노를 그 반대의 것으로 전환시키자. 이 에너지를 잘 활용하면 발전의 계기가 될 수 있다.

코끼리를 가두고 있는 상흔

코끼리는 지구상에서 가장 큰 동물이다. 그럼에도 자기 몸무게의 몇 십 분의 일에도 못 미치는 사람들에게 조종을 당하며 살고 있다.

인도나 태국에서는 야생 코끼리를 길들이기 위해 어린 코끼리를 유인해서 우리에 가둔다. 그리고 발에 굵은 쇠사슬을 채우고 쇠사슬의 한쪽 끝을 튼튼하고 우람한 나무 기둥에 묶어둔다. 아기 코끼리는 어떻게든 쇠사슬에서 벗어나려고 발버둥을 쳐보지만 우람한 나무 기둥은 꿈쩍도 하지 않는다. 아기 코끼리는 발버둥치기를 반복하면서 사슬에서 벗어나는 것이 불가능하다는 사실을 깨닫게 된다.

이런 과정을 거치면서 코끼리는 이른바 후천적 무력감을 학습하게 되고 결국은 사슬의 길이를 넘어서는 행동을 포기하게 된다. 그래서 다 성장한 뒤에도 쇠사슬이 아니라 가느다란 밧줄로 작은 나뭇가지에 묶어놔도 도망가지 못한다.

대부분의 사람들은 나이를 한 살씩 먹어가면서 코끼리처럼 스스로가 정한 한계에 점점 익숙해져간다. 익숙한 곳을 벗어나 새로운 것을 시도하는 일 자체를 두려워한다. 작은 사슬에 묶인 코끼리로 살 것인가, 말뚝을 뽑고 자유를 누릴 것인가.

14 관계의 치유

용서하지 못한 자, 용서한 자

억울하고 억울한 일

필자는 약 20년 전, 모 전 ○○그룹 회장이 '화병'을 앓고 있다는 소식을 접하고 인생살이의 지혜에 대하여 깊이 생각해 본 적이 있다.

그의 사연은 이러하다.

드라마 제5공화국을 본 사람들은 기억할 것이다. 5공 당시 ○○그룹은 정치적 계략에 의해 공중분해되었다. 그 배경에는 당시 모 회장이 전두환 전 대통령의 초청 만찬석상에 늦게 도착해 미움을 샀다는 이야기가 있다. 그래서 전두환 대통령은 세무조사를 통하여 모 처에 있던 ○○그룹 빌딩을 압류했다는 것이다.

그 이후 ○○그룹 회장은 빌딩을 빼앗긴 분노를 가라앉히지 못하고 화병을 앓고 있다는 것이었다.

그때 필자는 생각하였다.

"빌딩을 빼앗긴 것은 대단히 억울한 일이다. 그러나 더 억울한 일은 그것 때문에 행복을 빼앗긴 것이다."

빌딩을 빼앗긴 것은 절대적인 것을 잃은 것은 아니었다. 하지만 그 일로 삶의 의욕을 잃은 것은 절대적인 것을 잃은 것이다.

필자라면 어떻게 했을까. 빌딩을 빼앗긴 분노를 며칠 동안 표출하겠다. 누구를 만나든 그 일 때문에 당한 심정을 토로하고, 소리 지르고, 발악을 하겠다. 하지만 며칠 뒤에는 분노를 가라앉히고 이렇게 말하리라.

"원, 나 참. 살다 보니 별일 다 있네. 그래, 목숨보다 더 소중한 것은 없지. 두고 보자. 다시 일어날 테니."

이제 우리의 주제는 '관계의 치유'이다. 즉, 이 장에서는 우리 자신과 타인과의 관계에서의 치유를 살펴볼 것이다. 타인과의 관계 치유에서 중심이 되는 내용은 '용서'이다.

한 가닥의 끈

서른 살의 한 농부가 북적거리는 시장에서 한 가닥의 끈이 떨어져 있는 것을 발견하였다. 그는 별다른 생각 없이 그 끈을 주워 주머니에 넣었다. 그런데 그날 시장에서 지갑이 없어지는 사건이 생겼고, 그날 우연히 이 농부가 주머니에 무언가를 넣는 것을 본 사람에 의해 그는 누명을 쓰고 경찰에 연행되었다. 그렇지만 지갑은 곧 발견되었고, 그는 집으로 돌아올 수 있었다.

그 뒤 농부는 자신이 불공정한 처사를 당한 것에 대한 불평과 자신에게 혐의를 씌운 사람에 대한 분노를 터뜨리고 다녔다. 그 농부의 마음속에는 오직 그 한 가닥의 끈이 그를 옭아매어 농사짓는 일도, 가족도 잊은 채 자기 연민에 빠져들어 갔다. 결국 자기 연민의 독은 서서히 그를 파괴하였고, 최후의 순간까지 분노를 삭이지 못하다가 숨을 거두고 말았다.

증오와 분노가 신체에 악영향을 미친다는 것은 의학적 연구에서 이미 밝혀졌다. 위 이야기에 나오는 농부 역시 한 가닥 끈으로 생긴 작은 일이었지만, 그 일로 불평과 분노에 빠져들고 결국에는 자기 연민에 빠져 일을 제대로 하지 못할 지경까지 되었던 것이다. 만일 그 농부가 그 일을 하나의 해프닝으로 받아들이고, 자신에게 혐의를 씌운 사람을 용서했다면 삶은 달라졌으리라.

용서는 다른 사람을 위하는 것이기도 하지만, 사실은 내 안에 내재되어 있는 분노와 불평으로부터 나를 자유롭게 해주는 것이다. 우리가 건강하게 생활하기 위해서라도 우리는 용서하며 생활해야 한다.

음악가 리스트의 용서

한번은 음악가 리스트가 어느 도시에 머물게 되었다. 호텔 로비에는 연주회 포스터가 붙어 있었다. 연주자의 약력을 보니 리스트의 문하생이라고 씌어 있었다. 리스트는 아무리 생각해 봐도 그런 이름의 제자는 기억나지 않았다. 한편 그 무명의 연주자의 귀에 리스트가 그 도시에 머물고 있다는 소식이 전해졌다. 연주자는 창백한 얼굴로 리스트를 찾아와 떨리는 목소리로 용서를 청하였다. "저는 생계유지조차 어려울 만큼 힘겹게 살아가고 있습니다. 연주 실력도 그저 그렇습니다. 그래서 선생님의 제자라고 하면 레슨을 받으러 오는 학생들이 생기지 않을까 해서 이렇게 큰 잘못을 저질렀습니다. 용서해 주십시오. 음악회는 당장 취소하겠습니다." 이러한 사과의 말을 들은 리스트는 그 연주자에게 그 자리에서 한번 피아노를 연주해 보라고 했다. 그 사람이 피아노를 치고 나자, 리스트는 여기저기 잘못된 부분을 지적해 주고 이렇게 말하였다. "당신은 이제 내 제자입니다. 그러니 사람들에게 가서 스승도 찬조출 연할 것이라고 말하십시오. 하지만 당신이 내 제자라고 거짓 선전한 것은 분명 잘못된 것이었습니다."

그는 자신의 잘못을 반성하고 리스트에게 찾아가 자신의 잘못을 고백했다. 그렇기 때문에 그는 리스트로부터 용서를 받았고, 그의 제자가 되는 영광까지 얻을 수 있었다.

용서의 힘
아주 오래전에 보았던 「벤허」라는 영화의 명장면이 아직도 생생한 기억으로 남아있다.

벤허는 뼈에 사무친 원수를 죽이고 통쾌하게 복수를 했지만 마음속에 공허함은 지울 수가 없어 여전히 보이지 않는 복수의 칼을 쥐고 있었다. 그는 허탈한 마음으로 예루살렘 거리를 헤매던 중, 옛날 자신이 노예선에 끌려갈 때 사막에서 물을 주었던 예수라는 젊은이가 십자가를 지고 가는 것을 보고 그를 따라갔다.

벤허는 골고타 언덕에서 십자가에 매달린 예수가 자신의 손과 발에 못을 박은 병사들을 위해, "하느님, 저들을 용서하십시오. 저들은 자신들이 무슨 짓을 하고 있는지 모릅니다" 하고 기도하는 것을 듣고는 큰 충격을 받는다. 자신의 살에 못을 박은 자를 위해 기도하는 것이 과연 가능한 일일까?

벤허는 예수의 무한한 사랑과 자비심에 감동을 받는 순간, 아직도 자신이 쥐고 있던 복수의 칼이 스르르 빠져나가는 것을 느낀다. 그리고 바로 그때 문둥병에 걸려 있던 벤허의 어머니와 여동생이 병에서 낫는 기적이 일어난다.

이것은 치유에 대한 매우 상징적인 이야기이다. 인간의 한계를 뛰어넘는 어떤 커다란 존재, 사랑, 그리고 뜨거운 감동 등을 경험할 때, 인간의 상처는 치유된다. 용서의 힘이란 이처럼 위대한 것이다.

일곱 번씩 일흔 번

베드로의 셈법과 예수의 셈법

성경에는 용서에 관한 예수의 말씀이 있다. 예수께서 하도 '용서, 용서' 하시니까 하루는 베드로가 예수께 물었다.

"주님, 제 형제가 저에게 잘못을 저지르면 몇 번이나 용서해 주어야 합니까? 일곱 번이면 되겠습니까?"(마태 18,21 : 공동번역)

당시 랍비들은 인간이 베풀 수 있는 용서의 횟수를 최대 '세 번'으로 가르쳤다고 한다. 베드로는 파격적으로 마음을 써서 이를 '일곱'으로 올려 물었다. 그러나 이어지는 예수의 대답이 베드로를 크게 한 방 때렸다.

"일곱 번뿐 아니라 일곱 번씩 일흔 번이라도 용서하여라"(마태 18,22 : 공동번역).

이 대답을 통해 예수께서 말씀하시려 한 것은 용서란 주판알을 튕기는 그런 성질의 것이 아니라는 것이다.

베드로는 그냥 '억지로' 눈감아주고 참아줄 수 있는 한계를 물었고, 예수는 그것을 넘어 무상으로 베푸는 자비심의 경지로 답하였던 것이다.

여기서 관건이 되는 것은 횟수가 아니다. 베드로의 용서는 여전히 '분노가 남아 있는 억지 용서'였지만 예수의 용서는 '분노 자체도 남기지 않는 자발적 용서'였다. 유다를 용서한 예수의 용서가 이랬다. 횟수를 세는 것 자체가 이미 용서를 못한 것이다.

아이러니컬하게도 "몇 번이나 용서해 줘야 옳으냐"고 물었던 베드로의 셈법을 결정적으로 시정해 준 것은 베드로의 배반을 용서하실 때 보여주신 예수의 셈법이었다. 부활하신 예수는 세 번이나 당신을 배반한 베드로의 손을 잡고 용서해 주셨을 뿐만 아니라 다시 세워주셨다(요한 21,17 참조). '나를 사랑하느냐'고 세 번 확인하시며 다시 목자들의 수장(首長)으로 세워주셨던 것이다. 이제 베드로는 평생 하느님을 배반한 야비한 자라는 죄책감을 품고 살 필요가 없게 되었다. 그리스도는 이 변화된 죄인을 초석으로 그분의 교회를 세우셨다.

그러나, 그래도

도스토예프스키의 『카라마조프가의 형제들』에 이런 내용의 대사가 나온다.

"나는 온 인류를 사랑할 수 있다. 그들 모두를 나는 사랑한다. 그것은 어려운 일이 아니다. 그러나 나는 단 한 사람 사랑할 수 없는 사람이 있다. 그가 나에게 한 잘못은 내가 아무리 용서하려 해도 용서가 되지 않는다. 그것이 어려운 일이다."

자신과 크게 상관이 없는 일에 대해서는 용서가 어렵지 않지만, 자신과 관계된 일에서는 하찮은 것도 용서가 되지 않는다는 고백이었다.

공감이 가는 말이다. 우리는 "상대방이 공식적으로 사과하기 전에는 결코 ……"라며 용서의 문을 걸어 잠근 채 보복의 가슴앓이로 뒷걸음질 칠 때가 너무 많다.

"당한 건 난데 왜 내가 먼저 용서를 해야 해?"

그렇게 버티며 꿈쩍도 하지 않으려 한다.

"저 사람은 이 일을 통해 뭔가 배워야 해. 한동안 속 좀 끓이게 내버려둬. 본인한테도 이로울 거야. 행동엔 결과가 따른다는 걸 배워야 해. 잘못한 건 저쪽이야. 내가 먼저 손을 내밀 일이 아니지. 잘못한 줄도 모르는 사람을 어떻게 용서해?"

설령 용서한다고 해도 찝찝한 여운이 남는 경우도 있다. 용서는 결코 쉽지 않다. 헨리 나웬은 용서의 어려움을 이렇게 말한다.

"말로는 종종 '용서합니다' 하면서 그 말을 하는 순간에도 마음에는 분노와 원한이 남아 있다. 여전히 내가 옳았다는 말을 듣고 싶고, 아직도 사과와 해명을 듣고 싶고, 끝까지 너그러이 용서한 데 대한 칭찬을 돌려받는 쾌감을 누리고 싶은 것이다."

그러나 용서는 상대편을 위해서라기보다 자신을 위해 더욱 필요하다. 용서를 통해 다시 태어난 사람을 소개한다.

1991년 김용제(당시 21세) 씨가 사회에 대한 불만을 품고 승용차로 여의도 한복판을 질주한 일이 있었다. 그때 많은 어린이들이 차에 치여

비참하게 죽었다. 그때 서윤범 할머니는 6살 난 손자를 잃었다. 할머니는 손주를 잃은 슬픔을 달랠 길이 없어서 며칠 수도원에 들어가 하느님께 기도를 올렸다. "이럴 수가 있습니까. 제가 무슨 죄를 지었기에 이런 벌을 주십니까? 해도 해도 너무하십니다." 할머니의 기도가 원망을 넘어 청년에 대한 분노로 폭발되고 있을 때, 할머니의 마음속에 뚜렷한 음성이 들렸다고 한다. "용서하라." 그 음성은 거역할 수 없을 만큼 크게 거듭 거듭 들렸다고 한다.

할머니는 김씨가 사형 선고를 받던 날 검사실에서 김씨를 만났다. 할머니 앞에서 사시나무 떨듯 떨고 있는 김씨가 불우한 환경에 시각장애로 취직도 한번 제대로 못했던 사정을 알게 되면서 할머니는 김씨의 선처를 탄원했다.

그 뒤 남편과 며느리가 세상을 뜨는 불행이 겹쳐 하루에도 몇 번씩

용서와 분노 사이를 오갔지만 김씨와 편지를 주고받으면서 용서만이 살 길임을 깨달았다.

결국 할머니는 김씨를 양자로 받아들이고, 아침마다 그를 살려달라고 기도했다. 비록 김씨는 1997년 12월 사형이 집행되었지만 죽기 직전에 할머니의 용서와 사랑을 받고 세례까지 받았으니 얼마나 다행인가.

주어 버리는 것

영어로 용서는 'forgive'다. 이는 '위한다'는 'for'와 '주다'는 뜻의 'give'의 합성어다. 또 'pardon'이라는 단어로도 쓰이는데 여기서 'don'은 라틴어 'donum' 즉 선물을 의미한다. 그러니까 무조건, 거저 베푸는 것이 용서라는 것이다. 그리고 이것이 그리스도교 정신이다.

하느님은 우리의 '산더미' 같은 빚을 다 탕감해 주셨는데 거기에 비하면 다른 사람이 우리한테 한 잘못은 '개미 집' 정도밖에 안 된다. 하느님께 받은 그 큰 용서를 생각할 때 어떻게 서로 용서하지 않을 수 있을까?

C.S. 루이스의 말처럼 용서는 그리스도인의 본질에 속하는 것이다. "그리스도인이 된다는 것은 용서할 수 없는 죄를 용서하는 것을 말한다. 하느님이 용서받을 수 없는 우리 죄를 사하셨기 때문이다."

관계의 회복

용서하지 않으면 안 되는 이유

용서만이 유일한 살 길이다. 세 가지 이유로 그렇다.

첫째, 용서하지 않으면 그 분노와 미움이 독(毒)이 되어 본인을 해치기 때문이다. 용서의 길을 몰라서 화병(火病)이 들어 죽는 경우를 많이 본다. 다 그런 것은 아니지만 지독한 미움이 암(癌)의 원인이 되기도 한다고 한다. 미움의 독을 해독할 수 있는 길이 바로 용서다.

하버드 대학의 미틀만 박사의 연구에 따르면 화를 자주 내는 사람들이 그렇지 않은 사람들에 비해 심장마비를 일으킬 위험이 두 배나 높다고 한다. 화를 내는 것이 생명의 단축을 가져온다는 사실은 여러 가지 실험 결과로 입증되고 있다(송봉모, 『회심하는 인간』 참조).

둘째, 용서해야 속박에서 자유로워진다. 신약에서 가장 빈번하게 사용된 '용서'라는 그리스어 단어를 문자 그대로 풀어보면 '자신을 풀어주다, 멀리 놓아주다, 자유케 하다'라는 뜻이다. 상처가 영원히 아물지 못하도록 과거에 매달려 수없이 되뇌이며 딱지가 앉기 무섭게 뜯어내는 것이 '원한'이다.

미국으로 이민한 한 랍비가 이런 고백을 했다고 한다.

"미국에 오기 전에 아돌프 히틀러를 용서해야 했습니다. 새 나라에까지 히틀러를 품고 오고 싶지 않았습니다."

용서를 통해서 '치유'받는 최초의, 유일한 사람은 바로 '용서하는 자'이다. 진실한 용서는 포로에게 자유를 준다. 용서를 하고 나면 자기가 풀어준 '포로'가 바로 '자신'이었음을 깨닫게 된다.

셋째, 용서가 죄의 악순환을 끊는 길이며 서로가 사는 상생(相生)의 길이다. 용서만이 복수와 원한의 사슬을 끊고 모두가 함께 살 수 있게 해준다.

그러기에 바오로 사도는 다음과 같이 권하는 것이다.

"여러분을 박해하는 자들을 축복하십시오. 저주하지 말고 축복해 주십시오"(로마 12,14).

용서하기 전에는, 두 개의 무거운 짐이 존재한다. 즉, 한 사람은 '죄의 무거운 짐'을 지고 있고, 한 사람은 '원망의 무거운 짐'을 지고 있다. 용서는 그 두 사람을 모두 자유롭게 한다.

미움에 밟힌 꼬리를 끊으라

부산에서 살았던 어느 여인이 쓴 수기를 읽은 적이 있다. 거의 성인의 삶을 사신 분의 이야기였다. 본인이 쓴 것이 아니고 본인의 사망 후 여동생이 수기 형식으로 썼는데, 거기에 이런 일화가 있다.

여동생이 큰 돈을 사기당하고 그 사기꾼을 원망하며 미워하고 또 없어진 돈을 아까워하며 속을 태우고 있을 때, 이를 곁에서 본 언니가 다음과 같이 충고했다고 한다.

"너는 도마뱀만도 못한 년이다. 봐라, 도마뱀은 꼬리를 밟히면 그 꼬리를 끊고 도망간다. 그래야 살 수 있기 때문이다. 그런데 너는 왜 그리도 미련하냐? 너를 짓밟고 있는 그 증오 때문에 너는 죽고 말 것이다. 미련 없이 끊어버려라. 뚝 끊어버리고 잊어라. 그래야 산다!"

우리들도 마찬가지이다. 뚝 잘라 버리라. 그래야 산다.

용서 이전에

예수의 주문은 '용서'에 그치지 않았다. 아예 남을 '판단(심판)'하지 않아야 한다고 이르셨다.

"남을 심판하지 마라. 그러면 너희도 심판받지 않을 것이다. 남을 단죄하지 마라. 그러면 너희도 단죄받지 않을 것이다. 용서하여라. 그러면 너희도 용서받을 것이다. 주어라. 그러면 너희도 받을 것이다. 누르고 흔들어서 넘치도록 후하게 되어 너희 품에 담아 주실 것이다. 너희가 되질하는 바로 그 되로 너희도 되받을 것이다"(루카 6,37-38).

용서 이전에 아예 용서거리를 만들지 않아야 한다는 더 근원적인 처방을 주셨던 것이다. 판단이나 심판을 하지 않는다면 용서고 뭐고 말할 필요가 없는 것이다.

예수께서 당신을 박해하는 자들을 위해 십자가에서 다음과 같이 기도할 수 있었던 것은 바로 판단, 심판, 단죄 자체를 피하고 그들을 이해하고 수용할 수 있었기 때문이다.

"아버지, 저들을 용서해 주십시오. 저들은 자기들이 무슨 일을 하는지 모릅니다"(루카 23,34).

시인이자 구도자인 칼릴 지브란은 우리의 섣부른 판단이 얼마나 위험한 것인지 이렇게 경고한다.

그대들은 누구에겐가 잘못을 저지른다.
또한 그대 자신에게도.
의로운 자가 사악한 자의 행위 앞에서
전혀 결백할 수 없으며
정직한 자가 그릇된 자의 행위 앞에서
완전히 결백할 수는 없는 것.
그대들은 결코 부정한 자와 정의로운 자를
사악한 자와 선한 자를 가를 수 없다.
이들은 다 태양의 얼굴 앞에 함께 서 있기 때문이다.
그대들 중 누군가가

부정한 아내를 재판하고자 한다면
그녀 남편의 마음도 저울에 달고, 영혼도
재어보게 하라.

또 죄인을 채찍질하려는 자는 죄지은 자의
영혼을 헤아리고 나서 할 것인가를 고민하라.
정의란, 그대들이 기꺼이 따라가려는
법의 정의란 무엇인가?
바로 뉘우침이 아니겠는가.
죄인의 가슴에서 뉘우침을 빼앗지 마라.
뉘우침이란 청하지 않아도
한밤중에 찾아와
사람들을 깨우며 스스로를 응시하도록
만들고 있으니.

아름다운 용서

자신이 용서 받았다는 것을 느끼고, 죄책감에서 해방될 때 우리는 다시금 죄를 짓지 않겠다는 다짐을 하게 된다. 마하트마 간디 역시 그러한 은총의 체험을 한 사람이다.

그는 열두 살 무렵에 동전을 훔쳤고, 열다섯 살 무렵에 형의 팔찌에서 금붙이 한 조각을 훔쳤다. 그 뒤 그 일에 대한 죄책감이 계속 남아 있어서 어느 날, 자기의 죄를 아버지에게 자백하기로 결심했다. 그러나 너무 두려웠다. 아버지의 매가 두려운 것이 아니라, 자기의 죄로 아버지가 마음의 고통을 당하는 모습을 보는 것이 두려웠다. 그래도 자백하지 않으면 죄책감이 사라지지 않을 것 같아서 기도하고 용기를 내어 자백의 글을 썼다. 편지의 끝에는 자기에게 벌을 내려주시고, 자기의 죄 때문에 아버지까지 괴로워하지 말아달라고 썼다. 그리고 병으로 누워 계신 아버지께 그 편지를 드렸다. 아버지는 조용히 침대에서 일어나 그 글을 읽더니 눈물로 종이를 적셨다. 잠시 후, 그 종이를 찢으셨다. 아버지의 눈물, 그리고 종이를 찢은 행위에서 간디는 용서의 메시지를 읽을 수 있었다. 간디도 함께 울었다. 그 날 이후로 그는 평생 아버지의 눈물 속에 담긴 사랑을 생각하며 바르게 살아 위대한 지도자가 되었다.

행복가이드

관계 치유에서 중심이 되는 내용은 '용서'이다. 용서는 다른 사람을 위한 것이기도 하지만, 먼저 자신을 속박에서 해방시켜 준다. 용서는 내 안에 내재되어 있는 분노와 미움으로부터 나를 자유롭게 하는 것이다. 사실 용서보다 더 중요한 것은 용서할 일이 필요 없도록 상대방의 입장을 이해해 주는 것이다.

I can do it

1. 아직 용서하지 못한 사람이 있다면 서둘러 용서하자. 내가 먼저 치유 받을 것이다.
2. 상대방이 실수를 하면 화를 내기 전에 먼저 상대방의 입장에 서서 그를 이해하도록 노력하자. 그러면 용서할 일이 없어질 것이다.
3. 남을 판단하지 말자. 실수나 잘못을 하지 않는 완벽한 사람이란 이 세상에 없다.

폴란드의 기적

1983년 교황 바오로 2세는 아직 철의 장막이 건재하고 계엄령 기간 중이던 폴란드를 방문해서 거대한 옥외 미사를 집전했다. 교구별로 질서 있게 늘어선 구름떼 같은 인파가 포니아토프스키 다리로 행진해 운동장 쪽으로 세차게 나아갔다. 다리 바로 앞에서 길은 공산당 중앙당사 앞을 정면으로 통과하게 돼 있었다. 건물을 지나는 동안 행진하는 무리는 몇 시간이고 계속 한목소리로 제창했다.

"우리는 당신들을 용서한다. 우리는 당신들을 용서한다."

몇 년 후, 설교를 통해 폴란드에 경종을 울려 왔던 35세의 신부 제르지 포페일루스코가 시신이 되어 두 눈이 뽑히고 손톱이 뜯긴 채 비스톨라 강에 떠 있는 것이 발견되었다. 이번에도 천주교 신도들은 거리로 나가 "우리는 용서한다. 우리는 용서한다"고 쓴 현수막을 들고 행진했다. 포페일루스코는 성당 앞 광장에 가득 모인 무리를 향해 주일마다 똑같은 메시지를 전하곤 했었다.

"진리를 수호하시오. 선으로 악을 이기시오."

그가 죽은 후에도 신도들은 그의 말에 끝까지 순종했으며 결국 공산당 정부의 몰락을 가져온 것도 바로 그 은총의 정신이었다.

15 자아의 치유

휴식

나를 위한 시간

평소 가까이 지내던 형제의 장례미사를 집전하면서 눈물을 훔쳤던 기억이 난다. 그는 외국 출장을 자주 다니던 중견 경찰 공무원이었다. 어느 날 갑자기 뇌졸중으로 쓰러져 병원 응급실에 있다는 전화를 받고 새벽 4시에 병자성사를 주고 돌아왔는데 그날로 운명했다. 매사에 꼼꼼하고 스케줄 관리를 철저히 하던 분이 그토록 허망하게 생을 마감했다는 사실이 못내 안타까웠다.

40대 가장들이 과로사(過勞死)를 당하는 비율을 조사·비교한 결과 한국인이 세계 1위를 기록하고 있다고 한다. 가족을 위해서, 회사를 위해서, 나라를 위해서 그렇게 열심히 뛰다가 졸지에 변을 당하고 하늘을 원망하는 일이 많다. 그러나 따지고 보면 스스로를 너무나 혹사한 탓이 아닐까. 남의 말이 아니다. 필자도 밀린 '일' 때문에 휴일을 '일'로 보내는 경우가 많다.

왜 쉬는가?

굳이 영성적이거나 종교적이지 않아도 적당한 휴식은 좋은 보약이다. 육체의 피로를 말끔히 날려버릴 뿐 아니라 에너지를 재충전시켜 주기 때문이다. 휴식은 말 그대로 자신이 가장 편안한 상태로 들어가 쉬는 것이다. 사람마다 다르겠지만 잠을 자는 것도 좋고, 취미생활을 즐기는 것도 좋다. 이 과정은 매우 중요하다. 느긋하게 휴식을 즐기는 동안에도 감성을 담당하는 우리의 우뇌는 왕성한 작업을 벌이고 있다. 이러한 상태를 계속하다보면 느닷없이 머릿속을 스쳐가는 새로운 아이디어로 창조적 영감을 얻게 되기도 한다.

그러나 휴식에서 결코 빼놓을 수 없는 것이 '영적 휴식'이다. 미국의 유명한 토마스 키팅 신부는 이렇게 말한다.

"우리 영혼의 토양은 딱딱한 지반 같아서 정서적 잡초를 뽑기가 쉽지 않다. 은총의 자유로운 흐름을 막는 잡초를 뽑기 위해서는 가장 깊은 육체적 정신적 휴식이 필요하다. 〔…〕 진정한 의미의 휴식, 그것은 영혼의 휴식이라고 말하고 싶다. 우리의 영혼은 오히려 육신보다 더 많은 쉼이 필요하기 때문이다."

켈트인에게 전해 내려오는 글에 이런 것이 있다.

"지쳐버린 많은 사람은 그동안 자기 자신에게 시간을 주지 않았다. 일을 잠시 멈추고 자신들의 영혼이 따라올 시간을 주지 않은 것이다. 자신에게 시간을 충분히 주는 것은 단순하면서도 꼭 필요한 일이다. 모든 일을 잠시 내려 놓고, 그동안 무시했던 그대의 영혼이 다시 그대를 만나게 하라. 그것은 그대의 잊혀진 신비와 다시 가까워지는 멋진 일이다."

영혼의 청소

자아의 영혼을 충전시키기에 앞서 먼저 영혼을 청소하는 것이 순서다.

80년대, 연간 60만 건 이상의 범죄 사건이 일어났던 뉴욕 시에서 90년대에 급속히 범죄 건수가 격감했다.

신임 교통국 국장 데이빗 칸은 지하철 역사와 주변의 낙서를 지우고 청소하는 것부터 시작했다. 그러자, 지하철의 범죄 사건이 75%나 줄어들었다고 한다. 환경이 흐트러지게 되면 기운이 흐트러지고, 거기에 사는 사람들에게도 공명(共鳴)이 되어서 흐트러진 행동에 박차를 가하게 된다는 것을 신임 교통국 국장은 간파한 것이다.

디즈니랜드도 그것을 간파했다.

디즈니랜드에는 카스토디알(Custodial)이라고 하는 청소 스태프가 600명이나 있다고 한다. 그들에게 주어진 임무는 각자 맡은 구역을 15분 간격으로 돌면서 깨끗한 공간을 만들어 내는 것이다. 꿈의 세계에 쓰레기는 없다. 쓰레기로부터는 쓰레기의 파장이 나오기 때문이다.

이와 마찬가지로 마음을 정리하는 습관 역시 필요하다. "공간과 상황을 깨끗하게 정리하고 정화시키는 것"을 의미하는 '스페이스 클리어링(Space—Clearing)'이란 말이 있다. 이는 에너지 충전을 위해 반드시 필요하다.

삶의 속도는 점점 빨라지고 우리에게 맡겨진 책임은 나날이 커진다. 이런 시대에 내면의 '스페이스 클리어링'은 진정 필요한 기술이다.

자아의 치유

자아 개념의 3요소

'자아 개념(self-concept)'이란 자신, 그리고 삶의 모든 영역과 세상에 관한 믿음의 덩어리다. 즉, 지금 우리의 모습은 '스스로에 대한 믿음'의 결과다. 우리는 삶의 각 영역에서 어떠한 믿음 체계를 형성하고 있으며 이에 따른 기대와 태도가 그 결과를 결정한다.

이러한 자아 개념은 세 가지 요소로 이루어져 있다.

첫째 요소는 자아 이상(self-ideal)이다. 자아 이상은 말 그대로 모든 면에서 자신이 원하는 모습이자 우리가 생각하는 완벽한 사람에 대한 비전이다. 뛰어난 사람들은 대개 명확한 자아 이상을 지니고 있으며 그 것을 향해 꾸준히 나아간다.

둘째 요소는 자아 이미지(self-image)다. '내면의 거울'이라고도 할 수 있는 자아 이미지는 행동과 직접적인 연관이 있다. 즉, 의식적으로 더 좋은 자신의 이미지를 그리면 더 나은 성과를 거둘 수 있다.

마지막으로 자부심(self-esteem)이다. 자부심은 '자신이 얼마나 가치 있는 존재며 얼마나 좋은 사람이라고 느끼는가'와 '어떤 일을 해낼 수 있다는 느낌' 즉, 자아 유능감(self-efficacy)으로 나타난다. 열정과 확신을 갖고 "나는 나를 사랑한다! 나는 나를 사랑한다!"고 말하면 자부심이 높아진다. 자신을 좋아하는 것만큼 건강한 것도 없다.

어떤 일에서든 자신을 좋아하고 존중할수록 성과는 더욱 커진다. 자신의 능력에 대한 자신감도 커진다. 결국 실수를 덜하고 활력이 넘치며 더욱 창의적인 사람이 될 수 있다. 자아의 치유도 마찬가지다. 즉, 자신을 존중하고 사랑하는 것에서부터 시작해야 하는 것이다.

열등감의 치유

최소한 전 세계 인구 중 95%의 사람들이 열등감으로 인해서 고통받고 있으며, 이것은 성공과 행복한 삶을 가로막는 심각한 장애라 할 수 있다. 그러나 진실은 이것이다. 우리는 '열등'하지 않다. 그렇다고 우리는 '우월'하지도 않다. 우리는 그저 자기 자신일 뿐이다.

한 개인으로서 '나'는 단 하나뿐인 개인이며 독특한 존재인 것이다.

로마 정부의 세관장인 자캐오는 유다인들에게 과도하게 세금을 징수하고 자기 수하의 다른 세리들이 받은 세금에서도 자기 몫을 떼어내어 큰 부를 축적했다. 유다 사회에서 세관장들과 그들의 부하 세리들은 이렇게 가증스러운 인간들로 멸시의 대상이었다. 따라서 비록 자캐오가 남부럽지 않은 부를 쌓아왔더라도 그의 내면 어딘가에는 허전함이 서려 있었을 것이다.

어느 날 자캐오가 사는 '예리코'라는 도시를 예수가 지나가게 되었다. 그는 예수가 어떠한 분인지 보려고 애썼지만 군중에 가려 볼 수가 없었다. 그래서 앞질러 달려가 돌무화과나무로 올라갔다. 그곳을 지나시는 예수를 보려는 것이었다. 자캐오의 모습을 본 예수는 말했다.

"자캐오야, 얼른 내려오너라. 오늘은 내가 네 집에 머물러야 하겠다"(루카 19,5).

이는 파격적인 선언이었다. 이로써 그도 사랑받을 자격이 있다는 사실을 알게 되었다. 이렇게 그는 '열등감'을 치유받고 다음과 같이 감사의 표현을 하였다.

"보십시오, 주님! 제 재산의 반을 가난한 이들에게 주겠습니다. 그리고 제가 다른 사람 것을 횡령하였다면 네 곱절로 갚겠습니다"(루카 19,8).

그에게는 또 다른 콤플렉스가 있었다. 키가 너무 작아 조상탓을 하며 살았다. 스스로 좋은 혈통이 아니라고 생각했던 것이다. 하지만 그도 다른 유다인들과 마찬가지로 아브라함의 후손이며 축복을 받을 자격이 있었다. 예수는 그의 온전한 치유를 위해 이를 확실히 선언해 주었다.

"오늘 이 집에 구원이 내렸다. 이 사람도 아브라함의 자손이기 때문이다. 사람의 아들은 잃은 이들을 찾아 구원하러 왔다"(루카 19,9-10).

키가 너무 작아 나무 위에 올라가서 예수를 볼 수밖에 없었던 자캐오. 그러나 그는 예수와의 만남을 통해 진정으로 큰 사람이 되었다.

죄책감의 치유

죄책감은 달리 말해서 '양심의 가책을 받는 것'을 의미한다. 곧 죄책감은 양심(良心)과 직결된 문제이다. 곧 양심은 인간으로서 지켜야 할 윤리 규정에 어긋날 경우, 죄책감을 불러 일으켜 올바른 길을 찾아갈 수 있도록 인도하는 역할을 한다.

과도한 죄책감에 빠지는 경우나 잘못을 하여도 죄책감을 갖지 않는 경우는 문제가 되지만, 참된 죄책감은 우리 삶에서 죄를 들춰내고 하느님과의 사귐에서 떨어진 것을 보여주는 '내면의 경고 체계'일 수도 있다.

유다와 베드로는 똑같이 스승 예수를 배반했다. 그런데 베드로는 교회의 반석이 되었고, 유다는 스스로 나무에 목매달아 자살을 했다. 그 차이는 무엇일까?

그것은 자신을 용서하지 않았기 때문이다. 베드로는 통곡과 회개 끝에 자신의 잘못을 스스로 용서하고, 그 용서를 바탕으로 무서운 박해 가운데서도 스승의 말씀을 열심히 전했다. 그러다가 처형을 당하게 되자 "나는 스승을 배반한 자이니 십자가에 거꾸로 못 박혀 죽겠다"고 자청하는 위대한 죽음을 선택했다.

그러나 유다는 스승을 팔아 얻은 돈 은전 30냥을 제사장들에게 집어 던졌다. 분명 자신의 잘못을 깨닫고 자신의 행위에 대해 분노하고, 그러한 행위를 부추긴 제사장들에게 분노했다. 그러나 자신을 용서하지 않았다.

베드로와 똑같이 회개와 통곡은 있었지만 자신을 용서하지 않음으로써 자살로 끝을 내고 만 것이다(정호승, 『내 인생에 힘이 되어준 한마디』 참조).

이 얼마나 다른 모습인가? 우리가 거짓된 죄책감을 씻어 버리고 죄를 올바로 다스리고 나면 죄책의 짐에서 해방된다.

패배의식의 치유

목표를 향해 최선을 다했다 하더라도 실패할 때가 있다. 언제나 옳은 결정을 하는 사람은 아무도 없으며 우리 모두는 날마다 가끔씩 잘못된 결정을 내린다. 그것이 자연스러운 인생이다.

어떤 경우에도 과거에 실패한 일 때문에 스스로를 비난하고 자학해서는 안 된다. 중요한 것은 새로운 내일을 계획하고 지금 할 일을 찾는 것이다. '하지 못했던 것들'을 후회하기보다는 목표를 다시 점검하고 자기 속에 숨어 있는 '할 수 있는 것들'을 찾는 것이 중요하다. 자신을 가혹하게 처벌하는 사람은 새로운 것을 배우기 힘들다.

사실 성공한 사람들의 뒤에는 대부분 그만큼 아니, 그 이상의 실패가 자리하고 있다. 미국의 프로야구에 있어서 홈런왕 베이브 루스는 전설적인 인물이다. 그는 그의 야구 인생에서 무려 714개의 홈런을 쳤고, 그 이후 미국에서는 역사적인 기록으로 남아 있다. 그러나 베이브 루스는 714번의 영광을 맛보기 위해 2배가 되는 1,330번의 쓰디쓴 삼진을 당해야 했다.

실패로 인해 상처받지 마라. 실패를 받아들이고 인정하라. 그래야 실패를 딛고 일어설 수 있다.

자기비하의 치유

많은 사람들이 뭔가 일이 잘못될 때, 자신을 비하하고 비난한다. 그러나 그것은 잘못된 생각이다. 다른 사람들에게는 친절하고 그들이 잘못했을 때 쉽게 용서하는 사람들 중에는, 자기의 실수를 용서하는 데는 인색한 사람들이 많다. 하지만 그것 역시 틀린 생각이다. 자기에게 친절하지 않으면서, 그리고 자기를 용서하지 못하면서 다른 사람을 진정으로 사랑하고 용서하는 것은 불가능하기 때문이다.

　스코트 펙이란 정신과 의사는 직업군인 중에서 성공한 30대 후반에서 40대 초반의 남녀 열두 명을 뽑아, 그들의 성공 비결이 무엇인지 조사하였다. 이들은 행복한 가정을 꾸려가고 있었고 부부관계도 좋으며, 자녀들은 성적이 뛰어나고 학교생활도 잘하고 있었다. 스코트 펙 박사는 이들에게 '인생에서 가장 중요하다고 여기는 것 세 가지'를 순서대로 적어보라고 하였다. 여기에서 특이한 점 두 가지를 관찰할 수 있었다. 하나는, 이들이 질문을 대하는 진지한 태도였다. 제일 먼저 답안지를 제출한 사람이 무려 40분이 지나서야 제출한 것이다. 또 하나 특이한 점은, 열두 명 모두 인생에서 첫 번째로 중요한 것으로 똑같은 답을 쓴 점이다. 그들의 인생에서 가장 중요한 것은 사랑도 아니요, 가족도 아니요, 심지어 하느님도 아니었다. 그것은 바로 '자기 자신'이었다. 이들은 성숙한 '자기애'를 인생의 가장 중요한 덕목으로 꼽은 것이다.

　자기애란 자기비하의 반대 덕목이다. 자기애란 바로 자기 자신에 대한 인식, 보살피는 마음, 자기 존중, 책임감을 포함한다. 이러한 자기애가 있을 때 남도 제대로 사랑할 수 있다.

대표적인 치유의 길

'이것은 내 책임이다'라고 말한다

모든 치유에 있어서 가장 강력한 치료제는 '책임'을 받아들이는 태도다. 브라이언 트레이시는 심리학자들의 통찰에 의거하여 책임을 치유의 열쇠라고 보았다(브라이언 트레이시, 『성취심리』 참조). 그러면 이

제부터 이 '책임'에 대해서 알아보자.

깊이 생각해 보면, '책임감 = 자기제어 = 자유 = 긍정적인 감정'의 공식이 성립한다. 반면에, '무책임 = 제어상실 = 속박 = 부정적인 감정'의 공식도 진실이다. 한번 자신의 내면에서 일어나고 있는 심리현상을 섬세하게 관찰해 보라. 이 놀라운 공식의 진실성에 감탄하게 될 것이다. 이것을 깨닫게 되면 당신은 이제 부정적인 자의식으로부터 쉽게 해방될 수 있다.

책임감이 높은 사람들은 대부분 긍정적이고 낙천적이고 자신감에 차있다. 반면 무책임한 사람들은 부정적이고 비관적이며, 패배주의적이고 냉소적이다. 동시에 목표가 없고 자신감도 없다. 책임을 진다는 것은 미래지향적 행동이지만, 분노와 원망으로 누군가 비난할 대상을 찾는 것은 과거지향적 행동이기 때문이다.

이러한 책임감은 통제력과 자유를 동시에 지닌다. 이것은 우리에게 대단히 긍정적이고 진취적인 느낌을 불러일으킨다. 즉, 우리는 책임을 받아들이는 만큼 행복해지는 것이다. 그러나 무책임한 태도, 이로 인해 통제력과 자유가 없다는 느낌은 불행, 분노, 좌절 등 부정적인 느낌을 만들어낸다.

사실 무엇이든지 선택은 우리에게서부터 시작된다. 흔히 사람들은 사기를 당하면 사기꾼을 증오하고 원망하지만, 따지고 보면 이는 일종의 책임 회피다. 내가 선택했기 때문에 당한 것이다. 이것을 받아들이는 것이 책임감이다.

따라서 우리는 보다 능동적으로 상황을 이해하고 받아들여야 한다. 여기에 큰 효과를 가져올 수 있는 방법이 바로 '대체의 법칙'이다. 대체의 법칙이란 앞서 이야기했듯이 '부정적인 생각을 긍정적인 생각으로 대체하는 것'을 말한다. 우리의 의식은 한 번에 한 가지 생각밖에 할 수 없다. 그리고 우리는 의식적으로 어떤 생각을 할 것인지 선택할 수 있다. 따라서 긍정적인 생각으로 부정적인 생각을 밀어내기만 하면 된다.

"이것은 내 책임이다." 이 말은 자아의 치유에 있어 가장 효과가 큰 긍정문이다. 이 말을 하는 순간 우리는 마음이 차분해지고 여유가 생기면서 상황을 좀더 명료하게 볼 수 있게 된다.

여기에 한걸음 더 나아가 누군가 우리에게 자신의 문제나 불만을 이야기할 때에도, 먼저 진심으로 공감해준 다음 그 문제에 대해 책임질 사람은 바로 당신이어야 한다는 사실을 일깨워주는 자세가 필요하다. 자신의 인생에 100% 책임을 지겠다는 자세, 바로 이것이 자아의 치유의 관건이자 출발점이다.

긍정적으로 기대한다

자아가 건강한 사람들은 자신감이 넘치고 항상 모든 것에 긍정적인 자기 상황을 기대한다. 그리고 결과에 있어서도 실망하는 경우가 거의 없다.

이것은 자신에 대한 기대가 다른 어떤 부정적인 기대도 이겨낼 수 있을 만큼 강력하기 때문이다. 어떠한 상황에서도 유익한 것을 얻을 수 있다고 기대함으로써 우리는 주위를 긍정적인 에너지로 가득 채울 수 있다.

긍정적인 태도의 기초는 바로 '역 피해의식(inverse paranoid)'을 갖는 것이다. 이것은 세상이 나를 위해 행복과 성공으로 이끈다고 믿는 것을 말한다. "오늘은 내게 정말 멋진 일이 분명히 일어 날거야." 이렇듯 항상 자신에게 최고를 기대하는 것이다.

의미를 발견한다

아무리 경제적으로 풍족한 삶이라 할지라도 삶의 중요한 가치들을 놓치고 있다면 반드시 어느 순간 자아는 상처를 입게 된다.

우리는 열심히 사는 것도 중요하지만, 의미 있게 사는 것 역시 중요하다. 가족과 이웃과 사회 안에서 좋은 관계를 맺고, 경제적인 부분을 넘어서 배려와 나눔을 실천할 수 있는 삶 속에 진실된 보람과 기쁨이 있다.

'의미요법(logotherapy)'으로 유명한 빅터 프랭클은 어느 날 새벽 2시경 한 통의 전화를 받았다. 착 가라앉은 여자의 목소리가 들려왔다.

"당신이 그 유명한 정신과 의사인 프랭클인가요?"

"그렇습니다만⋯⋯."

"밤 늦게 죄송해요. 그러나 전 살 힘이 조금도 남아 있지 않다구요. 그래서 지금 죽으려고 제 손에 약을 한 움큼 갖고 있어요. 전 이제 죽어요."

프랭클은 다급하게 부인을 제지시키며 설득하기 시작했다. '어떤 경우에도 자살할 필요는 없다.', '죽을 각오로 노력하면 극복하지 못할 어려움은 없다'라는 말들로 그녀의 마음을 바꾸려고 노력했다.

한참 이야기를 나누던 그녀는 프랭클의 말대로 자살을 미루는 대신 지금 좀 만나자고 했다. 프랭클은 허락하고 그녀를 기다리면서 몹시 궁금했다. 도대체 어떤 말이 그녀로 하여금 자살할 마음을 멈추게 했을까?

그 여인을 만난 프랭클은 다음과 같은 대답을 들을 수 있었다.

"저는 선생님이 저에게 무슨 말을 했는지 전혀 기억이 나지 않아요. 제가 자살할 마음을 바꾼 것은, 생판 모르는 여자가 밤늦게 전화해 죽겠다고 넋두리를 늘어놓는데도 전혀 싫은 기색 없이 애쓰시는 선생님을 생각하니, 이런 사람이 있는 세상이라면 아직은 살아볼 의미가 있다는 생각이 들었어요."

이해 지평을 넓힌다
치료와 치유는 어떻게 다를까?

치료와 치유는 종종 같은 뜻으로 쓰인다. 그러나 좀더 엄밀하게 구분해 본다면, 치료는 어떤 증상에 대한 회복을 뜻하지만 치유는 좀더 포괄적이고 근본적인 의미를 내포하고 있다. 증상에 대한 치료가 불가능할 때도 치유는 일어날 수 있다.

20세에 암으로 죽은 매튜라는 청년은 죽기 10개월 전 다음과 같은 시를 쓰고는 죽음을 초월한 삶을 살다 갔다.

태양이 없으면 우리는 무지개를 가질 수 없지.
비가 없어도 우리는 무지개를 가질 수 없지.
아, 태양과 비, 웃음과 고통,
그것들이 함께 어울려 무지개를 만드는 거지.

이 시에서 무지개는 인생을, 태양은 삶의 긍정적이고 행복한 면을, 비는 삶의 어둡고 슬픈 면을 말한다. 그런데 이 시는 인생이 밝고 행복한 면과 어둡고 슬픈 면이 섞여 이루어진 것이니, 비록 어둡고 슬픈 상황이 닥칠지라도 그것을 초월하여 고고한 태도를 유지하자고 하는 것이다.

매튜는 비록 자신의 병을 치료할 수는 없었지만, 인생은 행복과 불행이 섞여 이루어져 있다는 사실을 깨닫고는 치유를 경험했던 것이다. 그래서 그는 마음의 평화를 얻고 주위 사람들과 사랑을 나누며 살다가 죽었다고 한다(윤종모, 『주님, 당신의 손길이 그립습니다』 참조).

희망을 갖는다

그리스도인은 하느님을 가슴에 모시고 하느님과 함께 인생을 걸으면서 치유를 경험하는 사람들이다.

김수환 추기경이 독일의 퀼른에 있는 어느 지하 방공호를 찾았을 때 그곳 벽에 다음과 같은 시가 씌어있는 것을 발견했다.

> 태양이 구름에 가려 빛나지 않을지라도
> 나는 태양을 믿습니다.
> 주위에 사랑이라고는 전혀 느낄 수 없지만
> 나는 사랑을 믿습니다.
> 하느님이 비록 침묵 속에 계신다 할지라도
> 나는 하느님을 믿습니다.

히틀러의 나치 정권 하에서 시시각각 죽음과 맞닥뜨리던 이 사람은 죽음의 공포 속에서 이 시를 쓰면서 얼마나 커다란 위로를 받았겠는가? 그는 위로뿐만 아니라 인생에 대한 좀더 근본적인 치유까지 경험했다고 느껴진다.

'하느님이 비록 침묵 속에 계신다 할지라도 나는 하느님을 믿습니다.' 이 시구를 마음속 깊이 받아들인다면 우리도 이 사람처럼 인생에 대한 좀더 근본적인 치유를 경험하게 될 것이다.

행복가이드

자신을 존중하고 사랑하는 것에서부터 자아의 치유는 시작한다. 여기에 한걸음 더 나아가 책임감을 받아들이는 자세가 필요하다. 그럴 때 비로소 우리는 근본적으로 치유되고 성장한다. 그래야만 남도 사랑할 수 있다.

I can do it

1. 영혼의 휴식과 정화를 위한 시간을 정기적으로 갖자. 영혼이 정화되고 충전되면 삶 전체의 질서가 회복된다.
2. 상처받은 자아상을 치유하는 지름길은 '책임'을 인정하고 있는 그대로의 자신을 사랑하는 것이다. 실수한 자신을 따뜻하게 안아주자.
3. 여러 가지 치유의 길을 걸어보자. 책임감 높이기, 긍정적 기대, 의미의 발견, 지평 확장, 희망 가운데 자신에게 적합한 길을 택해 보자.

자아상을 극복한 여자, 오프라 윈프리

　그녀는 인종 차별주의가 극심한 미시시피주의 가난한 흑인 출신으로 사생아였다. 6세 때까지 외가댁에 맡겨져 자랐으며 13살 때까지는 파출부로 일하는 어머니 밑에서, 19세 때까지는 다른 여자와 함께 살고 있는 아버지 집에서 자랐다. 이러한 환경에서 그녀는 꿈을 품기는커녕 마약을 하고 강간을 당하기도 하고, 미혼모가 되기도 하며 소녀 감호원에도 출입하게 되었다. 그러나 차츰 그녀의 가슴 속에는 '언젠가 사람들에게 내가 무엇인가를 해낼 수 있다는 것을 꼭 보여주고 말겠다'는 강력한 소망과 뜨거운 열정이 생기기 시작하였다.

　이러한 굳은 결심과 의지는 곧 그녀를 최고의 토크쇼 진행자로 만들어 주었다. 아직도 그녀를 비판하는 사람들이 그녀의 과거를 들먹일 때마다 전 세계 1억 4,000만 시청자들은 이렇게 말한다. "그래서, 그게 뭐 어쨌는데? 그러니까 오프라 윈프리 아니야?"라고 말이다.

　그렇다. 예전에 그녀가 어땠는지는 누구도 관심 없다. 지금 그녀가 자신의 쇼를 통해 시청자들에게 다양한 즐거움을 주고, 자신이 벌어들인 많은 돈을 가난한 사람들을 위해 선뜻 내어 놓는 참된 성공인의 오프라 윈프리를 볼 뿐이다.

　누가 그녀의 과거 자아상에서 이토록 멋진 미래를 예측할 수 있었겠는가? 현재 '오프라 윈프리 쇼'로 세계 1억 4,000만 애청자들의 사랑을 받는 우리 시대에 가장 영향력 있는 방송인으로 말이다.

　그녀는 진정 자신의 부정적 자아상을 극복하고 자아를 치유한 산 증인이다.

VI

인생비전

무엇이 가슴을 설레게 하는가?
한평생 추구해도 여전히 가슴 뛰게 하는
그런 인생비전은 없을까?

16 생의 목적을 추구하라

목적은 왜 중요한가

목적이 있으면 죽음도 비껴간다

비엔나 유학시절 인스부르크라는 도시를 여럿이서 승용차로 다녀올 일이 있었다. 차주인 자매와 아들, 유학생 하나와 필자, 이렇게 넷이서 동승하였다. 귀가 중 고속도로에서 갑자기 차가 중심을 잃고 가드레일을 받은 후 공중으로 높이 솟구치더니 세 바퀴를 굴러 멈추어 섰다. 영화에서나 볼 수 있는 스릴 만점의 곡예였다. 차가 공중에서 돌고 있는 찰나, 필자의 뇌리에 생각 하나가 섬광처럼 스쳤다.

"어, 난 할 일이 있는데."

그리고 차는 거꾸로 뒤집힌 채 섰다. 타이어가 펑크가 났던 것이다. 우리 모두는 무사했다. 하나 둘 생존이 확인되었고, 필자가 마지막으로 간신히 안전벨트를 풀고 산산이 깨진 유리조각 사이로 기어나왔다. 나가서 보니 차의 크랭크 축이 부러져 있었고 차체는 심각하게 찌그러져 있었다. 주변을 둘러보니 차 트렁크에 실려 있던 연장통이 유리를 뚫고 멀리 날아가 내동댕이쳐져 있었다.

"만일 저것이 차 안에서 돌아 머리를 쳤다면?"

또 하나 기적은 필자가 운전석 옆자리에 앉게 된 사연이었다. 본래 인스부르크를 향할 때만 해도 필자의 자리는 줄곧 안전벨트가 없는 뒷자리였다. 동행한 유학생이 운전석 옆에 앉아 교대운전을 했기 때문이었다. 필자는 돌아올 때도 당연히 뒷자리에 앉으려 했다. 그랬더니 그 유학생이 잠깐만 쉬고 싶다며 자리를 바꾸자는 것이었다. "그러면 다음 휴게소까지 그러자" 하고 자리를 바꾸어 앉았다. 그 유학생은 팔씨름으로 져본 적이 없고 타이슨처럼 목이 굵은 근육질의 체구를 가지고 있었다. 사고 직후 서로 생존을 확인할 때 그가 말하는 것이었다.

"차가 구를 때 그냥 앞자리를 두 손으로 꽉 잡았어요."

그의 그 굵은 목은 약간 금이 가서 깁스를 해야 했다. 만일 자리를 바꾸지 않았다면 필경 필자는 그 자리에서 즉사 하였으리라.

그 다음날 지방 신문에 사고 난 차체의 사진이 크게 실렸다. 그 밑에 이렇게 적혀 있었다.

'기적을 통과한 네 사람.'

필자는 그 사진을 지금도 가지고 있다. 그리고 그 사진은 필자에게 무엇을 추구하며 살아야 할지를 상기시켜 준다. 지금도 확신한다. 필자를 살려 준 것은 그 때 머리를 스쳤던 바로 그 생각이었다.

"어, 난 할 일이 있는데. 아직은 때가 아닌데."

그렇다. 필자에게는 할 일이 있다. 그것이 필자가 하루하루 살아가는 이유이다.

사하라 사막 서쪽에는 사하라의 중심이라 불리는 한 작은 마을이 있다. 매년 적지 않은 여행자들이 이곳을 방문하기 위해 사막을 찾는다. 하지만 레빈이라는 사람이 그곳을 발견하기 전까지는 그 마을은 전혀 개방되지 않은 낙후된 곳이었다. 이곳 사람들은 한 번도 사막을 벗어난 적이 없었다. 많은 이들이 이 척박한 곳을 떠나고 싶어서 탈출을 시도했지만 단 한 명도 성공한 사람이 없었던 것이다.

레빈은 믿을 수가 없어 손짓발짓으로 마을을 떠나지 못한 이유를 물어보았다. 사람들의 대답은 모두 같았다.

"어느 방향으로 가든 결국은 처음 출발한 곳으로 다시 돌아오더라고요."

그는 이 말이 사실인지 실험해보기 위해 직접 북쪽을 향해 걸었고, 3일 만에 사막을 빠져나왔다.

그렇다면 마을 사람들은 왜 빠져나오지 못했던 것일까? 레빈은 답답한 마음에 이번에는 마을 사람 가운데 청년 한 명을 데리고 청년이 가는 대로 따라갔다. 10일이 지났다. 밤낮 없이 길을 걸었지만, 11일째 되는 날 마을 사람들의 말대로 그들은 다시 원점으로 돌아왔다. 레빈은 마침내 그들이 사막을 벗어나지 못한 이유를 알아냈다. 바로 마을 사람들이 모두 북극성의 존재를 몰랐던 것이다.

레빈은 지난번 실험에 참가했던 청년을 데리고 다시 함께 길을 떠났다. 그리고 낮에는 충분히 휴식하며 체력을 아꼈다가 밤에 북극성을 따라 걷다보면 사막을 벗어날 수 있을 것이라고 일러주었다. 청년은 레빈의 말대로 했고, 과연 사흘 만에 사막의 경계지역에 다다를 수 있었다. 그 청년은 훗날 사막의 개척자가 되었고, 개척지 중심에 그의 동상이 세워졌는데, 동상 아래에 이런 글귀가 새겨져 있다.

'새로운 인생은 방향을 찾음으로써 시작된다.'

그렇다. 사람은 나이의 많고 적음에 상관없이 삶의 목표를 정한 그날 부터 진정한 인생의 항해가 시작되며, 이전의 날들은 그저 쳇바퀴를 도는 듯한 생활에 불과하다.

우리에게는 우리 인생여정의 길잡이가 될 '북극성'과 같은 것이 필요하다. 삶의 목표가 그런 역할을 한다.

재미있는 통계

복지시설이 잘 되어 있는 미국의 요양원이나 양로원에서 살고 있는 노인들의 사망률을 조사해 보니 주목할 만한 결과가 나왔다. 그들의 생일, 결혼기념일, 크리스마스 등 특정 기념일에는 사망률이 현저히 감소했다는 것이다.

그 원인을 분석해 보니 대부분의 사람들이 기념일을 꼭 지내고 싶다는 열망을 갖고 있었기 때문이며, 그 후 일정한 목표가 달성되면 삶의 의지가 약화되기 때문에 사망률이 급증한다는 결과였다.

이 세상에서 가장 무서운 사람은 소유와 죽음을 초월한 사람이라고들 말한다. 그리고 또 하나의 무서운 사람은 목적을 소유한 사람이라고 한다. 목적은 사람의 마음을 사로잡고, 또한 엄청난 잠재력을 이끌어내는 요인이 된다.

위기의 때에 빛나는 목적

백여 년 전 미국 시카고에 대화재가 발생했다. 모두 타버려서 비탄에 빠져 있을 때, 한 가게에 이런 방이 붙어 있었다.

"우리 가게가 이번에 몽땅 불에 타버렸습니다. 그러나 우리의 목적은 아직 타지 않았습니다. 그래서 우리는 내일부터 정상 영업을 하겠습니다."

목적은 어려운 때일수록 빛이 난다. 상황이 어렵다고 해서 목적이 방치된다면 그것은 목적이 아니다. 비록 끼니를 제대로 잇지 못하고, 오막살이가 다 쓰러져 가더라도 목적이 있다면 그들에게는 희망의 빛이 꺼지지 않을 것이다.

목적을 알아야 하는 까닭

나폴레온 힐은 여러 분야에서 성공한 사람들을 조사해서 그들의 공통점을 찾아냈다. 그 사람들은 하나같이 확고한 목표와 목적을 이루려는 집요함을 가지고 있었다.

인생에 목적이 없으면 성공은 불가능하다. 가야 할 곳을 알아야 목적지에 도달할 수 있다. 목적을 가진 사람은 어떤 삶을 살게 되는지 살펴보자.

첫째, 집중하는 삶을 살게 된다. 우리는 한정된 시간에 선택해야 할 일이 너무 많은 세상에 살고 있다. 목적이 있으면 가치 없는 일에 시간을 낭비하지 않는다. 내면 깊숙이 '이것을 하겠다'는 강렬한 욕구가 있을 때 '저것은 하지 않겠다'고 말하는 것은 어렵지 않다. 중요하고 필요한 것에만 집중하여 선택적으로 살게 되기 때문에 모든 것이 효율적으로 이루어지게 된다.

주변의 사물도 목표와 관련지어 새롭게 인식하게 되고, 필요한 정보들이 눈에 띄며, 새로운 아이디어가 떠오르게 된다. '개 눈에는 똥만 보인다'는 속담처럼 우리의 대뇌에는 흥미를 느끼는 정보에만 선택적으로 관심을 기울이게 하는 필터가 있기 때문이다. 심리학에서는 이를 '선택적 주의(Selective Attention)' 현상이라고 한다.

둘째, 역경 속에서도 인내하게 된다. 정신과 의사 빅터 프랭클은 『죽음의 수용소에서』라는 저서에서 다음과 같이 말하고 있다. "나치 수용소에서 끝까지 살아남은 사람들은 가장 건강한 사람도, 가장 영양 상태가 좋은 사람도, 가장 지능이 우수한 사람도 아니었다. 그들은 살아야 한다는 절실한 이유와 살아남아서 해야 할 구체적인 목표를 가진 사람들이었다. 목표가 강한 의욕과 원동력을 지속적으로 제공했기 때문에 살아남을 수 있었던 것이다."

셋째, 성취감을 느끼게 된다. 목적을 이룬 사람은 삶의 보람을 느낀다. 앞에서 이미 말했지만 하버드 대학에는 목표가 사람의 인생에 끼치는 영향에 대해 조사한 유명한 자료가 있다. IQ와 학력, 자라온 환경 등이 서로 비슷한 사람들을 대상으로 실험한 결과, 단지 3%의 사람만이 명확하면서도 장기적인 목표를 갖고 있었다. 그리고 25년 동안 끈질기게 연구한 결과, 목표가 뚜렷하였던 10%의 사람들과 3%의 사람들은 그 목표를 성취하여 삶의 보람을 느끼며 살고 있었다는 것이다.

인생의 목적을 발견하기

목적 가치와 도구 가치

가치에는 '목적 가치'와 '도구 가치'가 있다. '목적 가치'란 평등, 사회 정의, 평화처럼 그 자체가 목적이 되는 가치를 말한다. '도구 가치'란 이런 목적을 추구하는 데 도구가 되는 가치로서 예를 들면 정직, 책임, 용서 같은 것들이 있다. 그리고 종교나 돈처럼 목적으로 삼을 수도 있고 수단으로 삼을 수도 있는 가치가 있다.

그런데, '도구 가치'를 단지 도구로 여기지 않고 목적으로 착각할 때 불행한 결과가 따라온다. 가령, 돈을 크게 버는 것을 목적으로 삼았다고 하자. 그러면 그 목적이 달성되었을 때, 우리는 그 이상의 즐거움을 발견하지 못한다. 하지만 돈을 크게 버는 것을 자선 사업에 선용하는 '목적 가치'를 달성하기 위한 '도구 가치'로 삼을 때, 우리는 진정한 삶의 보람을 발견하게 된다.

시중에는 인생의 목적을 발견하게 해준다는 일종의 자기 계발서와 같은 책들이 무수히 나와 있다. 이러한 책들의 공통점은 모두 '도구 가치'를 크게 부각시킨다는 사실이다.

'당신의 꿈을 생각하라.', '비전을 설정하라.', '무엇을 잘하는지 파악하라.', '그것을 이루기 위해 노력하라.', '꾸준히 자신을 훈련시키라.', '비전을 이룰 수 있다고 믿으라' 등등.

물론 이러한 권고들 덕분에 성공을 이루는 경우도 종종 있다. 목적을 이루기 위해 전심으로 노력하면 일반적으로 그 목적에 성공적으로 도달할 수는 있기 때문이다. 하지만 자신이 세운 목적을 성취한다는 것과 삶의 목적을 충족시키는 것은 절대 같지 않다. 우리에게는 자기 계발서들이 제안하는 것 이상의 것이 필요하다.

"정녕 자기 목숨을 구하려는 사람은 목숨을 잃을 것이고, 나 때문에 자기 목숨을 잃는 사람은 목숨을 얻을 것이다"(마태 16,25).

도구 가치는 단지 도구 가치일 뿐이다. 돈, 명예, 지위, 이런 것들은 행복, 평화, 구원, 선행, 기쁨 등의 목적 가치를 달성하기 위한 수단 가치에 불과한 것이다.

더듬어 찾아낸 삶의 목적

그렇다면 우리는 무엇을 추구하며 살아야 할 것인가?

20세기 전반기 세계 심리학계의 요람이던 오스트리아 비엔나 학파는 제1대 지그문트 프로이트, 제2대 알프레드 아들러, 제3대 빅터 프랭클에 걸쳐 인간이 추구하는 목적을 규명하는 연구결과를 내어 놓았다.

분석 심리학의 창시자 프로이트(S. Freud)는 인간을 '쾌락을 추구하는 존재'라고 보았다. 프로이트가 말하는 쾌락은 성적인 것이었는데 그는 이러한 성적인 쾌락의 욕구가 인간 본연의 욕구로, 이것을 빼면 인간의 자아는 없어진다고 주장했다. 성적인 욕구를 충족하게 되면 인간은 자아를 실현하게 되고 그로 인해서 행복을 느끼게 된다는 것이다. 반대로 이를 억제하거나 왜곡하게 되면 인간은 불행을 느끼게 된다는 것이다. 프로이트의 이러한 주장은 결국 인간이 생리적 욕구의 충족을 위해 사는 존재라는 것이다. 즉 식욕과 성욕, 수면욕(주거) 등을 충족시키면 행복할 수 있다는 논리인 셈이다.

한편 알프레드 아들러(A. Adler)는 스승인 프로이트의 주장에 한계가 있다고 보았다. 그는 인간이 '쾌락을 향한 의지'를 지녔다는 프로이트의 주장을 인정하면서 그 심층에는 '권력에의 의지'가 있다고 보았다. 아들러에 의하면 '권력에의 의지'가 있기 때문에 인간은 사회생활을 하고 모든 에너지를 쏟아 업적을 이루고, 능력을 증명하려 하며 더 높은 자리를 향하여 움직인다는 것이다. 따라서 더 큰 권력을 차지할 때 인간은 행복해진다고 주장한다. 실제로 아들러의 주장에 편승한 수많은 사람들이 오늘날 우리 사회의 치열한 생존 경쟁 속에서 안간힘을 쓰며 살고 있다.

빅터 프랭클(Victor Frankl)은 한 걸음 더 나아가 인간의 원초 욕구는 다름 아닌 '의미에의 의지'라고 주장한다. 인간은 의미를 추구하는 존재로서, 쾌락에의 의지, 권력에의 의지를 지니고 있는 것도 사실이지만 보다 근원적이고 원초적인 욕구는 '의미를 향한 욕구'라는 것이다. 앞의 두 가지가 충족되어도 이 욕구가 충족되지 않으면 인간은 행복할 수 없고 앞의 두 가지가 결여되어도 의미를 향한 욕구가 충족되면 인간은 행복할 수 있다는 것이다.

의미는 무엇인가? 그것은 관계에서 발견되는 존재의 보람을 말한다. 나는 누군가에게 꼭 필요한 소중한 존재라는 생각, 나의 역할이 중요하다는 생각, 이런 느낌과 생각들이 '의미'를 발견하는 계기가 된다.

우리는 무엇을 추구하며 살아가고 있는가?

어느 노선을 택하든 겉으로 드러난 우리의 삶은 똑같다. 일의 양도 똑같다. 그러나 어느 노선을 택하느냐에 따라 우리의 삶의 질, 내면의 행복은 하늘과 땅 차이가 날 것이다.

천직사상 (Vocation)

어느 날 영국의 대문호 셰익스피어가 레스토랑에 갔다. 그를 알아본 종업원들이 모두 그에게 허리를 숙이고 경의를 표했다. 그때 구석에서 청소를 하던 한 종업원이 갑자기 자기 빗자루를 내던지는 것이었다. 모든 사람들이 의아해 할 때 셰익스피어가 나서서 그 종업원에게 "왜 그러느냐?"고 물어 보았다. 그러자 그는 다음과 같이 대답했다.

"선생님은 같은 인생을 살면서 이토록 유명한데 저는 이곳에서 선생님의 발자국을 청소나 하는 처지라, 그게 화가 났습니다."

이에 셰익스피어가 말했다.

"젊은이, 그렇게 생각하지 말게. 나는 펜을 들고 이 우주의 일부분을 아름답게 묘사하는 것이지만, 자네는 빗자루를 들고 이 우주의 일부분

을 아름답게 보전하는 것일세. 자네의 공을 세상 사람들은 몰라주더라도 하느님은 알아줄 것이네. 자네나 나나 하느님이 보시기에는 똑같은 직업을 가지고 있는 것이네."

왜 같은 일을 하면서도 누구는 마지못해 하고, 누구는 기쁘게 하는가? 왜 어떤 사람은 자신의 직업에 대해서 불평을 하고 어떤 사람은 자신의 직업을 영광스럽게 여기는가? 왜 어떤 사람은 스스로를 불행하게 여기고 어떤 사람은 행복하게 여기는가?

자신이 하는 일에서 의미와 보람을 느낄 줄 아는 사람이 행복한 사람이다. 그것을 천직(天職), 곧 하느님이 주신 일로 여기기 때문이다.

직업을 나타내는 영어 'vocation'은 '부르다'는 의미의 라틴어 동사 'vocare'에서 파생되었다. 곧 이 단어는 직업을 하느님의 부르심이라 여기는 천직 개념을 반영하고 있는 것이다.

목적을 향하는 삶

99%와 1%

만 명이 넘는 CEO들에게 성공 노하우를 전수하는 일본 최고의 경영 컨설턴트, 간다 마사노리(神田昌典)가 한 말이 있다.

"미래로부터 역산해서 현재의 행동을 결정한다."

99%의 인간은 현재를 보면서 미래가 어떻게 될지를 예측하고, 1%의 인간은 미래를 내다보면서 지금 현재 어떻게 행동해야 될지를 생각한다. 물론 후자에 속하는 1% 인간만이 성공한다. 그리고 대부분의 인간

은 1%의 인간을 이해하기 어렵다고 말한다.

1%의 인간은 미래에 이룰 모습을 생각하며, 오늘을 살아간다. 곧 자신이 목표로 하고 상상하는 것들을 이루기 위하여 지금 이 자리에서 내가 무엇을 해야 할지 생각하고 움직인다는 것이다.

목표 추적 메커니즘

야구경기에서 중견수가 높이 뜬 공을 재빠르게 잡는 장면보다 더 멋진 광경이 있을까. 공이 어디에 떨어지고 교차 지점이 어디인지 계산하기 위해 중견수는 공의 속도와 하강 곡선, 방향, 바람, 초기 속도, 그리고 점진적인 속도의 감소율 등을 고려해야 한다. 또한 그는 얼마나 빨리 달려야하는지, 공이 떨어지기 전이나 아니면 동시에 목표지점에 도달하기 위해 방향을 정해야 한다.

하지만 그는 자신의 행동에 대해서 생각조차 하지 않는다. 그의 목표 추적 메커니즘은 눈과 귀를 통해 수집한 데이터로부터 그 거리를 계산한다. 두뇌 속의 컴퓨터는 이러한 정보를 받아들이고 그것이 저장된 데이터 곧 공을 잡았을 때의 성공과 실패에 대한 기억과 비교한다. 필요한 모든 계산은 순식간에 이루어지고 다리에 명령을 내려서 그가 달릴 수 있도록 한다. 그리고 그는 마침내 정확한 낙하지점을 포착하여 공을 잡는다(맥스웰 몰츠, 『성공의 법칙』참조).

목표를 달성하는 과정도 이와 마찬가지이다. 우리가 목표를 정확히 인식하면 자동 성공 메커니즘이 작동되기 시작한다. 자기 자신 안에 있는 이 장치가 성공적으로 작동하도록 자신의 본성에 맡기라. 신뢰하라. 반드시 이루어질 것이다.

목적에 접근하기 위한 구체적 목표

많은 사람들은 '목표'라고 하면 거창하고 원대한 것이라야 한다고 생각한다. 그래서 아예 목표를 설정하지도 못해 달성하지 못하는 경우들이 많다. 우리에게 필요한 것은 크고 원대한 야망이 아니다. 대신 아주 사소한 일이라도 달성 가능성이 높은 목표를 갖는 것이 중요하다. 그러기 위해서는 목표에 대한 정확하고 구체적인 인식이 필요하다. 이러한 목표와 관련하여 유명한 'SMART 규칙'이 있다. 그 요지는 다음과 같다.

S(Specific): 구체적이고 명확해야 한다.

목표는 뚜렷할수록 달성 가능성이 높아진다. 예를 들어, '나는 올해 안으로 체중을 5kg 감량하겠다'거나 '3년 후에는 내집을 장만한다'는 식으로 구체적이고 명확한 목표를 설정해야 달성이 쉬워진다.

M(Measurable): 오감을 통해 측정 가능해야 한다.

목표 달성을 위한 지속적인 노력은 변화 정도가 오감을 통해 선명하게 관찰되는 것을 필요로 한다. 즉, '외국어 스킬을 키운다'보다는 '하루에 단어 열 개, 한 달 동안 3백 개 외우기'가 달성할 가능성이 훨씬 높다.

A(Action-oriented): 행동 중심적이어야 한다.

목표는 사고 중심적인 것이 아닌 행동 중심적인 것이어야 한다. 예를 들어 '선행을 꾸준히 하겠다'보다는 '최소 한 달에 한 번 ○○기관에서 8시간 봉사활동을 하겠다'는 목표로 바꾸어야 한다.

R(Realistic): 실현 가능해야 한다.

큰 목표를 달성하려면 반드시 실현 가능한 수준으로 단계를 나누고 점진적으로 공략해야 한다. 예를 들어 지독한 흡연가들에게 '당장 담배를 끊어야 한다'는 목표보다 '오늘 하루만'이라는 목표가 훨씬 설득력을 지닌다.

T(Timely): 시간 배정을 적절히 하고 즉시 실천해야 한다.

성공적으로 목표를 달성하려면 시간을 적절하게 배분해야 하며, 즉각적인 실천이 뒤따라야 한다. 예를 들어 '나는 건강을 위해 하루에 10분, 혹은 이틀에 한 번씩 20분간 조깅을 하겠다'와 같은 계획 아래 지속적으로 투자하고 행동한다.

목표 달성을 위한 5단계 시스템

목표를 달성하기 위해서는 적절한 방법이 필요하다. 지금부터 소개하는 목표 달성 5단계는 바로 '무지개 원리'를 적용하여 구체화시킨 시스템이다. '무지개 원리'는 기존의 자기 계발서들이 제시하는 기술적인 또는 단편적인 처방이 아니다. 원리적이고 통합적인 시스템이다. 실천과 반복을 통하여 누구든 원하는 목표와 꿈을 달성할 수 있도록 도와주는 매뉴얼인 것이다.

'무지개 원리'는 주된 사안에 따라 약간 변형하여 적용할 수 있다. 사안을 중심으로 재배열을 할 수 있다는 말이다. 만일 꿈, 또는 목표를 달성하는 것이 주요 사안이 될 경우, '무지개 원리'는 다음과 같이 '5단계 시스템'으로 변형될 수 있는 것이다. 자 그러면 목표 달성 시스템이 어떻게 작동하는지 함께 알아보자.

1단계: 강한 바람을 갖는다.

달성하고자 하는 간절한 바람은 목표를 향한 가장 기본적인 자세다. 바람은 우리에게 동기를 부여해주고 어떠한 장애물도 뚫고 앞으로 나아갈 수 있도록 도와준다. 이것은 '무지개 원리'의 셋째 원리인 '꿈을 품으라'에 해당한다.

우리가 원하는 모든 꿈과 희망은 목표를 세우는 능력과 그 실천에 달려 있다. 이것을 바꿔 말하면, 행복하고 성공적인 삶에 목표가 중요한 요소로 작용한다는 것이다. 이 사실을 깨닫기만 한다면 지금보다 훨씬 더 많은 사람들이 목표를 갖게 될 것이다. 더 나은 삶을 살게 될 것이다.

비슷한 수준의 배경, 지능, 교육, 경험을 가진 두 사람을 놓고 실험해보면 강한 목적의식을 가진 사람이 그렇지 않은 다른 쪽을 항상 이긴다.

이 말은 무엇을 뜻하는가? 목표가 없는 사람들은 뚜렷한 목표를 가지고 이를 달성하기 위해 전력 질주하는 사람들을 위해 일할 수밖에 없는 운명을 지닌 것과 같다는 말이다.

바로 위에서 'SMART 규칙'에 의거하면 뚜렷한 목표가 달성 가능성을 높인다고 했는데, 이것은 목표를 글로 적어놓음으로써 구체화될 수 있다. 슬프게도, 진정한 목표를 갖고 있는 사람은 거의 없다. 글로 쓴 목표를 갖고 있는 사람은 3% 미만이며, 1% 미만의 사람들만이 주기적으로 목표를 기록하고 검토한다고 한다(브라이언 트레이시, 『성취심리』 참조).

자신이 원하는 목표가 무엇인지, 왜 그것을 원하는지 기록하자. 이는 우리의 강렬한 바람에 형체를 입혀 현실로 만드는 중요한 작업이다.

2단계: 확고한 믿음을 갖는다.

믿음이 없으면 성취도 없다. 이것은 '무지개 원리'의 넷째 원리인

'성취를 믿으라'와 일맥상통한다. 우리가 '목표를 달성할 수 있다'는 믿음이 강하면 강할수록 이루어질 가능성은 그만큼 커진다. 믿음은 그와 일치하는 행동을 만들어내고 목표를 향해 계속 전진할 수 있도록 우리를 이끌기 때문이다. 자신감의 원천도 바로 믿음이다. 결국 '바라는 것이 반드시 이루어질 것이다'라는 강한 믿음은 그 자체로 현실이 된다.

이 믿음을 공고히 해 주는 것이 '무지개 원리'의 첫째 원리인 '긍정적으로 생각하라'이다. 즉, 자신이 목표를 성취할 자격이 있고 때가 되면 반드시 이루어질 것이라는 '절대 긍정'의 생각을 가질 때, 우리의 믿음은 확고해 지는 것이다.

3단계: 성취 언어로 말한다.

확고한 믿음이 생겼으면 그것은 이제 성취 언어로 표현되는 것이 바람직하다. 확신에 찬 긍정적 언어는 우리가 추구하는 목표를 향해갈 수 있도록 적극적으로 도와준다. 이것은 '무지개 원리'의 다섯째 원리인 '말을 다스리라'에 해당한다.

앞서 우리는 잠재의식의 저항을 받지 않고 그 안에 자리 잡아 강력한 영향력을 행사하는 언어가 3P 문장임을 배웠다. 즉 긍정적(Positive)이고 현재형(Present)이며 개인적(Personal)인 문장의 중요성을 말이다. 이를 응용하여 "나는 목표를 성취하는 사람이다.", "나는 이미 ○○○다.", "나의 수입은 ○○이다" 등을 매일 반복하여 말하자. 그대로 이루어질 것이다.

4단계: 성취 습관으로 행동한다.

이제 우리는 말에서 그치지 않고 행동으로 돌입해야 한다. 목표를 향한 지속적인 행동을 위해서는 성취 습관을 들여야 한다. 이것은 '무지개 원리'의 여섯째 원리인 '습관을 길들이라'와 연계된다. 다양한 습관 가운데 몇 가지만 소개하면 다음과 같다.

우선 '정보 수집의 습관'이 필요하다. 이는 목표 달성에 필요한 모든 지식, 재능, 기술, 능력, 경험의 목록을 만들어서 자신에게 필요한 정보와 기술을 파악하고 가능한 한 빨리 배우거나 획득하는 습관을 말한다. 이는 바로 '무지개 원리'의 둘째 원리인 '지혜의 씨앗을 뿌리라'에 부합한다.

다음으로 '계획의 습관'도 중요하다. 먼저 현재 나의 위치를 분석하고 실행 방법과 달성할 기한을 정한다. 이 습관은 위 'SMART 규칙'의 모든 요소와 밀접하게 관련 있다. 여기서 중요한 것은 행동으로 옮기면서 더 나은 방향으로 계획을 개선해 나가는 것이다. 철저한 검토와 피드백은 목표 달성의 가능성을 더욱 높이기 때문이다.

마지막으로 '시각화 습관'이 있다. 이는 행동 과정에서 목표가 이미 이루어진 모습을 머릿속으로 명확히 그리는 것이다. 목표가 달성된 모습을 시각화하면 할수록 바람은 더 강해지고 목표 달성에 대한 믿음도 강화된다. 이것은 '무지개 원리'의 셋째 원리인 '꿈을 품으라'에 배속된 하위 방법 가운데 하나이다.

5단계: 결코 포기하지 않는다.

우리가 목표 달성을 향해 나아감에 있어서 장애물이 없다면 그것은 이미 목표가 아니라 일상적인 일일 뿐이다. 실패의 가능성에 대해서는 생각하지 마라. 절대로 중도에 포기하지 마라. 그러면 언젠가는 목표를 달성한다. 목표는 바람으로 시작되어 끈기로 완성되는 것이다. 이는 바

로 '무지개 원리'의 일곱째 원리인 '절대로 포기하지 말라'의 정신과
다르지 않다.

'작은 목표'부터 하나씩 이루라

사람들이 보통 자신이 무능하다고 여기는 순간은 언제일까? 바로 난관
에 부딪쳐 실패한 직후이다. '내가 과연 다시 일어설 수 있을까?'와 같
은 실패에서 오는 이러한 열등감은 자신감을 떨어뜨릴 뿐이다.

단번에 최고가 되려는 욕심을 갖기보다는 작은 목표를 세워 나가자.
작은 일이라도 하나씩 이루어나가는 기쁨은 정신건강에 도움이 될 뿐
만 아니라, 자신감을 되찾는 지름길이다.

한 마라톤 선수가 있었다. 그는 출전하는 경기에서 매번 우승을 차지
했고, 사람들은 그를 보고 타고난 마라톤 선수라며 감탄했다.

여느 때와 다름없이 우승한 그에게 어느 기자가 물었다. "마라톤은
장거리라서 지치기 쉽지 않습니까, 그런데도 매번 결승테이프를 끊을
수 있었던 비결이 무엇입니까?"

그는 웃으며 대답했다. "비결은 아주 간단해요. 바로 결승점까지의
거리를 몇 단계로 나누어 뛰는 겁니다. 처음 단계의 마지막에서 내 자
신을 격려합니다. '첫 번째 단계는 성공했어! 이제 다음 단계로 가는
거야!' 이렇게요, 가 단계를 다 뛰었을 때마다 성공했다고 여기면 쉽게
지치지 않거든요. 이렇게 뛰다보면 어느새 결승점이 눈앞에 있지요."

주어진 일을 즐기라

미국 외식업계 매출 4위이며, 우리나라에서도 상위에 랭크되어 있는

아웃백 스테이크하우스의 마케팅 담당 이사인 스테이시 가넬라가 우리나라를 찾은 적이 있다.

그녀는 대학시절인 1994년, 애틀랜타 에모리대학교 부근에 있는 아웃백 스테이크하우스에서 접시 닦는 아르바이트를 시작으로 이 회사와 인연을 맺었다. 그녀는 온 정성을 기울여 물기 한 방울 없이 접시 하나하나를 깨끗이 닦아 가지런히 정리해놓는 등 남다른 열정과 헌신으로 자신의 일에 최선을 다했다. 그런 자세는 바로 지배인의 눈에 띄었고, 대학 졸업 당시 정식으로 입사 제안을 받아, 입사 5년 만에 업계 4위의 매출을 기록하고 있는 대기업의 이사로 승진하게 되었다.

누구나가 해야 할 일들이 있다. 물론 그 일이 자신에게 큰 만족을 준다면 더할 나위 없이 축하할 일이겠지만, 대부분의 사람들은 '일' 자체에 지쳐있기 마련이다. 하지만 누군가는 해야 할 일이고, 그것이 자신에게 주어진 일이라면 일 그 자체를 즐겨보면 어떨까.

행복가이드

목적을 가진 사람은 그 목적에만 집중하는 삶을 살게 되고 역경 속에서도 인내하게 되며 삶의 보람까지 느끼게 된다. 목적을 세울 때에는 정의, 평화, 행복, 의미 등 '목적 가치'를 최종 목적으로 삼고 명예, 권력, 부 등 '도구 가치'를 그 수단으로 삼을 줄 알아야 한다. 목적을 이루려면 구체적인 목표를 세우고, 하나씩 성취해 나가는 것이 중요하다.

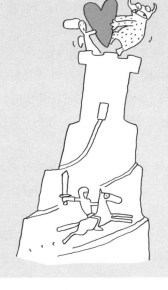

I can do it

1. 자기 인생의 목적을 분명히 세우자. 무엇을 위해 한평생을 살 것인지 사명 선언서를 작성해 보자.
2. 목적 달성을 위해 과정적인 목표들을 세워보자. 단계적이고 구체적인 목표들의 목록을 만들어 보자.
3. 목적과 목표를 의무가 아닌 기쁨으로 추구하자. 그 일은 누군가 해야 할 일이고 그것이 자신에게 주어진 일이라면 즐기면서 하자.

궁극적인 목적

인간의 궁극적인 목적은 후회 없는 죽음을 맞는 것이다. 후회 없는 죽음은 곧 후회 없는 삶을 말한다.

예일 대학교 의대 교수를 지낸 셔윈 B. 뉴랜드는 40여 년간 무수한 죽음을 지켜 보았다. 그는 그의 책 『사람은 어떻게 죽음을 맞는가』에서 이렇게 말한다.

"각각의 인생이 다르듯 모든 죽음 또한 다르다. 우리 개개인이 제각기 독특하게 영위해 나가는 삶은 그 끝 역시 각각 독특하다."

저마다 죽는 모습이 꼭 살아온 모습과 연관이 있다는 말이다. 그는 삶이 끝나는 지점에서 사람들이 가장 괴로워하는 것이 '회한'이라고 한다. 그는 말한다.

"천수를 누린 후 죽음을 맞이하든 생을 중도에서 마치든 상관 없이 우리 모두에게는 끝내지 못한 분쟁, 화해하지 못한 인간관계, 이루지 못한 희망들이 남기 마련이다."

계획할 수도 없고, 예측할 수도 없는 죽음 앞에서 회한의 고통을 없애려면, 순간 순간을 마지막이라 생각하고 지금의 삶에 충실하고 진지해지는 수밖에 없다.

역경을 축복으로 바꾼 사람들

5m의 교훈

필자는 유학시절 알프스 산으로 등산을 간 적이 있었다. 산 정상에 도달했을 때 산장이 하나 있었는데, 산장에서 5m 떨어진 곳에 십자가가 있었다. 그 십자가에 얽힌 사연은 다음과 같다.

한 등산가가 알프스 산을 오르다가 심한 눈보라를 만났다. 그는 산 정상에 가면 산장이 있다는 것을 알았기 때문에 눈보라를 뚫고 정상에 오르려 하였다. 그런데 엎친 데 덮친 격으로 해가 져서 어둠까지 내렸다. 그는 점점 심해지는 눈보라를 맞으며 어둠 속을 걸었으나 가도가도 산장이 나오지 않았다. 1m 앞도 보이지 않는 상황에서 헤매던 그는 자신이 길을 잘못 들었다고 절망하게 되었고, 결국 그 자리에서 모든 것을 포기하고 주저앉아 버렸다.

다음날 눈보라가 걷힌 다음, 사람들은 길가에서 얼어죽은 등산가를 발견했다. 그런데 그가 얼어죽은 장소는 바로 산장에서 5m밖에 떨어지지 않은 곳이었다.

만일 그가 눈보라와 어둠의 고난 속에서도 5m만 더 갔더라면 살아날 수 있었을 것을 절망에 빠져 그 자리에 주저앉고 말았던 것이다.

그 이야기를 들은 필자는 고난이 닥쳐올 때마다 스스로에게 말하곤 한다.

"5m만 더 가자!"

낙관론자는 위기에서 기회를 본다

"비관론자는 매번 기회가 찾아와도 고난을 본다. 낙관론자는 매번 고난이 찾아와도 기회를 본다."

윈스턴 처칠의 말이다. 사실이다. 이를 입증하는 실례를 들어보자.

유다인 레비 스트라우스(Levi Strauss)는 미국으로 이민을 와서 뉴욕의 주택을 돌며 직물 판매하는 일을 하다가 1853년에 샌프란시스코로 이주하여 금광 주변에서 천막 만드는 일을 했다.

어느 날 군납 알선업자가 레비 스트라우스에게 10만여 개 분량의 대형 천막 천을 납품하도록 주선하겠다고 제의했다. 뜻밖의 행운을 잡은 레비는 큰 빚을 내어 공장과 직공을 늘리고 밤낮으로 생산에 몰두하여 주문량을 모두 만들어냈다. 그런데 군납의 길이 막혀 버려 천막 천은 모두 쓰레기가 될 판이었다. 그는 파산 직전까지 몰리게 되었다.

어찌할 바를 모르고 있던 그는 어느 날 주점에 들렀다가 금광 촌의 광부들이 옹기종기 모여 앉아 해진 바지를 꿰매고 있는 광경을 보게 되었다. 그는 무심코 이렇게 중얼거렸다. '바지 천이 모두 닳았군. 질긴 천막 천을 쓰면 좀처럼 떨어지지 않을 텐데……'

그 순간 번뜩이는 아이디어 하나가 떠올랐다. 그는 두꺼운 천막 천을 잘라 기워 최초의 '청바지' 한 벌을 만들어낸 것이다. 청바지는 날개 돋친 듯이 팔려 나갔다. 엄청난 천막 천이 오늘날 세계적으로 유명한 리바이스 청바지로 재탄생된 것이다.

레비 스트라우스에게 위기는 진정 큰 기회였다.

헨델의 경우

위대한 업적 뒤에는 역경이 동기(動機)로 작용하는 경우가 많다. 음악가 헨델의 이야기가 우리에게 역경의 축복을 감동적으로 깨우쳐준다.

1741년 8월, 나이 들고 빈털터리가 된 헨델은 뇌출혈로 몸의 한쪽 부분이 마비되어 제대로 걸을 수조차 없게 되었다. 지난 40년 동안 영국과 유럽에서 오페라 음악의 작곡가로 널리 이름을 떨쳤던 그였으나, 비참하게 허물어진 건강 앞에서는 화려했던 옛 시절의 명성도 덧없는 것일 뿐이었다. 그러던 어느 날 찰스 기본이라는 한 시인이 그를 방문하였다. 그 시인은 헨델에게 성경 본문을 가지고 작사한 시를 건네주며 그것을 작곡해줄 것을 제안하였다. 헨델은 처음에는 아무 생각 없이 그 시를 읽기 시작했지만, 계속 읽어 내려가면서 짐짐 그의 얼굴색이 달라지기 시작했다. 그는 시인이 인용한 이사야서의 '고난받는 종의 넷째 노래' 중 다음과 같은 말씀을 읽는 순간 어떤 힘이 자신의 상처를 어루만져 주는 것을 느끼게 되었다.

"사람들에게 멸시받고 배척 당한 그는 고통의 사람, 병고에 익숙한 이였다. 남들이 그를 보고 얼굴을 가릴 만큼 그는 멸시만 받았으며 우리도 그를 대수롭지 않게 여겼다"(이사 53,3).

오늘날 우리가 헨델의 「메시아」를 들을 수 있게 된 것은 전적으로 그에게 닥쳤던 반신마비라는 역경 덕분이다. 그 아픔이 없었더라면 그토록 우리의 마음을 흔드는 작품은 나오지 않았을 것이다.

돈키호테를 지은 세르반테스

당시 그의 나이는 53세였다. 그동안 그가 하는 일은 모두 실패로 끝났다. 급기야 말단 공무원으로 취직을 했다가 곧 해고당했다. 이런 일들의 반복으로 자신감도 잃었다. 더욱이 전쟁 때 입은 왼손의 부상은 그를 항상 우울하게 만들었다.

그러던 어느 날 작은 실수로 감옥에 갇히는 신세가 되고 말았다. 이제 그의 인생은 비극적인 종말을 고하는 듯싶었다. 그러나 그는 감옥에서 뜨거운 창작의욕을 느꼈다. 그 열정으로 쓴 글이 한 권의 책으로 묶여 나왔을 때 세상 사람들은 환호했다.

이 작품이 바로 400여 년간 전 세계인들에게 널리 읽혀지고 있는 「돈키호테」, 역경을 재도약의 기회로 삼은 이 작가의 이름은 세르반테스이다. 환경이 아무리 어려워도 인간의 의지를 꺾을 수는 없다.

고난은 성장의 기회다

프랑스산 포도주는 알다시피 세계적으로 유명하다. 그런데 프랑스의 한 마을에서는 좋은 포도주를 생산하기 위해서 포도나무를 심을 때 일부러 좋은 땅에 심지 않는다고 한다. 왜냐하면 포도나무를 토질이 좋은 땅에 심으면 쉽게 자라서 탐스런 포도가 열리긴 하지만 뿌리를 깊이 내리지 않아서 땅거죽의 오염된 물을 흡수하기 때문에 포도의 품질이 떨어진다는 것이다. 그러나 포도나무를 척박한 땅에 심으면 빨리 자라지는 못해도 땅속 깊이 뿌리를 내려 좋은 물을 흡수하기 때문에 오염되지 않고 품질이 뛰어난 포도를 얻을 수 있다고 한다.

비슷한 예로 한국의 소나무들을 보자. 사람들이 소위 말하는 '잘 생긴' 소나무들이 자라난 땅을 파보면 배수가 어렵고 토양이 매우 거친, 말하자면 아주 열악한 환경에서 자란 경우가 많다. 살아남기 어려운 곳에서 자란 소나무가 명품이 되는 것이다. 쉽게 이루는 일보다 힘들게 이루는 일이 더 가치가 있음을 알 수 있다.

반대나 저항이 없으면 발전 가능성도 없다. 공기에 저항이 없으면 독수리가 비상할 수 없다. 물에 저항이 없으면 배가 뜰 수 없다. 중력이 없으면 걸을 수조차 없다.

높은 관점에서 보라

섭리를 신뢰하라

독수리의 새끼들은 처음부터 고공을 솟아오르며 날카로운 눈매와 힘센 부리를 사용하는 능력이 있는 것은 아니다. 어미 독수리는 새끼들이 강한 독수리가 되도록 훈련을 시킨다(나관호, 『나는 이길 수밖에 없다』 참조).

아슬아슬한 절벽 위 바위 턱에 독수리의 보금자리가 있다. 어미 독수리는 때가 되면 보금자리를 뒤흔들고 부리로 어린새끼들을 쪼아 낭떠러지 밑으로 떨어뜨린다. 그러면 새끼들은 비명을 지르면서 어설픈 날

갯짓을 하며 떨어진다. 새끼 독수리들이 바닥에 떨어지려는 찰나, 어느새 어미 독수리는 새끼들을 자기 날개로 걸어 올린다. 어미 독수리는 새끼가 스스로 날아다닐 수 있을 때까지 이 훈련을 반복한다. 그런 과정을 거쳐 새끼들은 나는 법을 배운다. 마침내 하늘 높이 날 줄 아는 또하나의 강한 독수리가 된다.

모세는 독수리 새끼를 훈련하는 과정과 방법을 통해서 하느님의 사랑을 설명했다.

"독수리가 보금자리를 휘저으며 새끼들 위를 맴돌다가 날개를 펴서 새끼들을 들어 올려 깃털 위에 얹어 나르듯 주님 홀로 그를 인도하시고 그 곁에 낯선 신은 하나도 없었다"(신명 32,11-12).

하느님의 사랑은 어미 독수리의 사랑과 같다. 어미 독수리는 새끼를 위해 보금자리를 마련했지만 훈련의 때가 되면 갑자기 보금자리를 어지럽힌다. 그래야 새끼가 날 수 있게 되기 때문이다. 섭리를 신뢰하라.

로버스 슐러의 '절벽 가까이로 부르셔서'라는 시는 무한 가능성에로 우리를 내모는 섭리에로 초대한다.

절벽 가까이로
나를 부르셔서 다가갔습니다.
절벽 끝에 더 가까이 오라고 하셔서
더 가까이 다가갔습니다.

그랬더니 절벽에
겨우 발을 붙이고 서있는 나를
절벽 아래로
밀어버리시는 것이었습니다.

물론 나는
그 절벽 아래로 떨어졌습니다.
그런데 나는 그때서야 비로소 알았습니다.
내가 날 수 있다는 사실을.

부족을 채우시는 분
NBC 심포니 교향악단이 탄생하기 바로 전, 그들에게 단 한 가지 문제

점이 있었다. 바로 클라리넷 연주자가 뒤처진다는 것이다.

NBC 이사회의 회장인 데이비드 사노프는 고심끝에 단장을 맡게 될 이탈리아 지휘자 토스카니니에게 이 사실을 알리러 갔다.

그러나 토스카니니는 사노프를 맞이하면서 "훌륭한 교향악단을 구성하셨어요. 아주 좋습니다. 다만 제1 클라리넷 연주자만 빼고 말입니다"라고 먼저 얘기하는 것이 아닌가.

사노프는 놀라서 "선생님, 어떻게 그걸 아셨습니까?"라고 물었다. 그러자 토스카니니는 "밀란에서 제가 가지고 있던 단파 라디오로 연주하는 것을 듣고 알았습니다"라고 대답했다.

그러나 토스카니니는 그 미숙한 클라리넷 연주자와 함께 일했고, 결국 그 클라리넷 연주자는 세계 최고의 연주자가 되었으며, 17년간이나 교향악단에 몸담았다.

토스카니니는 대서양 건너편에서 전파를 통해 들리는 라디오 소리만으로 제1 클라리넷 연주자의 소리를 구별해낼 수 있었다. 또한 그 클라리넷 연주자가 완벽해지기 위해서는 어떤 수정이 필요한지까지도 정확하게 알고 있었다.

토스카니니가 그렇게 할 수 있었다면, 하느님께서 우리의 소리를 들으시고 우리에게 부족한 것을 채워주실 수 있다는 사실에 놀랄 이유는 없다. 토스카니니는 믿을 수 없을 만큼 뛰어난 지휘자였지만 결국 우리와 같은 사람일 뿐이었다.

한편 하느님은 우리 마음의 모든 생각과 우리의 모든 바람을 아시는 분이다.

"하느님 앞에서는 어떠한 피조물도 감추어져 있을 수 없습니다. 그분 눈에는 모든 것이 벌거숭이로 드러나 있습니다"(히브 4,13).

악을 선으로 바꾸시는 분

구약성경에서 요셉의 이야기는 감동적이다. 그는 야곱의 열두 아들 중에서 열한 번째였다. 하지만 요셉은 야곱이 그토록 사랑해 마지않던 라헬이 낳은 첫째 아들이었기에 다른 형제들보다도 더 사랑받았다. 그 결과 그는 다른 형제들로부터 왕따 취급을 당했던 것이다. 급기야 형들은 작당하여 요셉을 이집트에 노예로 팔아버린다.

한편 이집트에 노예로 팔려간 요셉은 여러 가지 고난을 당하지만, 나중에는 이집트 파라오의 꿈을 해몽하고 앞으로 다가올 7년간의 가뭄을 대비하게 함으로써 이집트에서 파라오 다음가는 자리를 차지하게 된다.

극심한 가뭄이 들자 요셉의 형제들은 식량을 구하러 이집트에 왔다가 우여곡절 끝에 동생 요셉과 해후하게 된다. 아버지 야곱이 죽은 후 요셉의 형제들은 자신들이 저지른 잘못 때문에 요셉이 보복을 할 것이라고 두려워한다. 하지만 요셉은 그들이 생각하는 것만큼 속 좁은 인물이 아니었다. 그는 하느님의 섭리를 믿었기에 그들을 용서해 주며 이렇게 말한다.

"형님들은 나에게 악을 꾸몄지만, 하느님께서는 그것을 선으로 바꾸셨습니다"(창세 50, 20).

우리에게도 마찬가지다. 아무리 안 좋은 일이 생긴다 하더라도 낙심하지 말아야 한다. 오히려 그 일을 통하여 더 좋은 일이 일어날 수 있음을 기대할 줄 알아야 한다.

결코 포기하지 말라

언제나 다시 시작하는 용기

1914년 12월, 미국 뉴저지에 있는 발명왕 토마스 에디슨의 실험실에 큰 화재가 발생했다. 이 사고로 수백만 달러 이상의 값이 나가는 실험 도구들과 에디슨이 일생을 바쳐 기록한 실험 일지들이 불타고 말았다. 다음날 아침, 에디슨은 자신의 모든 꿈과 희망이 잿더미로 변한 실험실을 보며 다음과 같이 말했다.

"재앙이 반드시 나쁜 건 아니군. 내 모든 실수를 한꺼번에 다 가져가 버렸으니 말이야. 이 나이에 다시 시작할 수 있게 해 주시니, 하느님께 얼마나 감사한지……."

그리고 그는 다시 연구를 하기 시작했다. 당시 에디슨의 나이는 예순 일곱이었다. 그는 자신에게 닥친 불행에도 불구하고 여전히 의욕적이고 목표 지향적인 자세를 유지했다. 이 때문에 그는 모든 것을 잃고도 전혀 불행하지 않았다.

두려움에 귀 기울이지 말라

제2차 세계대전 때 용맹성과 '피에 굶주린 늙은이'라는 별명으로 유명했던 패튼 장군은 언젠가 전투 직전에 두려움을 느낀 적이 있느냐는 질문을 받았다. 그는 중요한 전투를 앞두고 두려움을 느낀 적이 자주 있으며, 어떤 때는 전투 중에도 두려움을 느낀다고 말했다. 그러나 그는 절대 두려움에 귀를 기울이지 않는다고 말했다.

링컨 역시 같은 말을 했다.

"더는 갈 곳이 없다는 엄청난 거짓 확신이 수없이 밀려왔다. 그때마다 내 지혜는 아직 때가 되지 않았다고 말했다."

그는 대통령의 영예를 누리기까지 무수한 실패를 거듭했다. 1816년 가족파산, 1831년 사업실패, 1832년 주의회 의원 낙선, 1833년 사업 재실패, 1834년 약혼녀 사망, 1836년 신경쇠약으로 병원입원, 1843, 48년 하원의원 두 차례 낙선, 1854, 58년 상원의원 두 차례 낙선. 이렇게 실패할 때마다 그에게는 절망의 유혹이 다가왔다. 두려움이 엄습하였다. 하지만, 그는 굴하지 않았다. 마침내 그는 실패와 두려움을 극복하고 1860년 미합중국의 대통령이 되었다.

부정적인 실패의 감정을 받아들이거나, 거부하거나, 이에 굴하여 염려를 하거나, 걱정의 유혹을 뿌리치고 전진을 하거나, 어떤 것을 선택하느냐는 우리의 자유다.

실패해도 위대하다

20세기를 마감하면서 영국의 BBC방송은 여론 조사를 통해 '지난 1세기 최고의 탐험가 10인'을 선정했다. 그 가운데 특히 눈에 띄는 인물이 바로 실패한 탐험가 어니스트 새클턴이다. 그는 바로 '성공보다 더 위대한 실패'로 기록되는 인듀어런스호 탐험 이야기의 주인공이다.

1914년 8월, 영국인 탐험가 어니스트 새클턴이 이끄는 27명의 대원은 세계 최초로 남극대륙 횡단에 나선다. 하지만 목적지를 불과 150km 남겨두고 얼어붙은 바다에 갇히게 되고, 이윽고 해빙이 되면서 배는 바다에 침몰한다. 간신히 얼음 덩어리를 타고 표류하다가 5명의 선발대를 데리고 죽을 고비를 넘기며 탈출 루트를 개척한 새클턴은 마침내 2년여 만에 전원 생환이라는 불굴의 리더십을 발휘한다.

무엇이 이들을 살아남게 한 것일까? 그것은 살아있는 한 결코 포기하거나 절망하지 않았던 새클턴의 확고한 의지였다.

에베레스트를 세계 최초로 정복한 에드먼드 힐러리는 그와 관련하여 다음과 같은 말을 남기기도 했다. "재난이 일어나고 모든 희망이 사라졌을 때 무릎을 꿇고 새클턴의 리더십을 달라고 기도하라."

비록 최초 목표인 남극 횡단에는 실패했지만 자신과 대원들의 소중한 생명을 지키는 데는 성공한 새클턴을 가리켜 사람들은 '위대한 탐험가', '최고의 지도자', '동료들을 먼저 생각할 줄 아는 영웅'이라는 칭송을 아끼지 않는다.

그의 실패는 단순한 실패가 아니었다. 성공보다 더 빛나는 위대한 실패였던 것이다.

어둠이 빛을 이겨본 적이 없다

제2차 세계대전 중에 열대 밀림 한복판에 있던 포로수용소에는 늘 짙은 어둠이 가득 했다. 지독한 무더위와 살인적인 배고픔에 포로들의 얼굴에는 이미 어두운 죽음의 그림자가 드리워져 있었다. 식량이 거의 보급되지 않았던 수용소였기에 쥐를 잡아먹는 것이 큰 횡재로 여겨져 부러움을 살 정도였다.

그런 수용소 안에 먹을 것을 가진 사람이 있었다. 그는 미국인으로 가방 깊숙한 곳에 양초를 숨기고서, 가장 위급할 때 중요한 식량이 될 것이라면서 이 사실을 동료들에게 고백했다. 그리고 그때가 오면 친구들에게도 꼭 나눠주리라는 약속을 했다.

어느 날 한 포로가 서글픈 음성으로 말했다.

"어느새 크리스마스를 맞게 되었군. 내년 크리스마스에는 집에서 보낼 수 있었으면……."

그러나 배고픔에 지친 포로들은 아무 대꾸도 하지 않았다.

그날 밤, 양초를 가지고 있던 미국인 포로가 부시시 일어나 조심스럽게 가방 속에서 양초를 꺼내들었다. 다른 포로들은 그가 혼자서 양초를 꺼내 먹는 줄 알고 숨을 죽이고 그를 지켜봤다. 그러나 그는 양초를 꺼내들고 판자 위에 올려놓더니 숨겨 두었던 성냥으로 불을 붙이는 것이었다.

갑자기 수용소 안이 환해졌다. 포로들은 잠에서 깨어나 하나 둘 촛불 주위로 몰려들었다. 촛불은 포로들의 얼굴을 환하게 비추었다. 그때 누군가 말했다.

"어둠은 빛을 이겨본 적이 없어!"

촛불은 활활 타올라 포로들의 마음까지 비추었다.

"우리 내년 크리스마스에는 반드시 집에서 보내자구."

누군가 또 이렇게 말하자 포로들은 환하게 웃으며 두 손 모아 기도한 뒤, 서로의 소원을 얘기했다. 그날 그렇게 타오르는 촛불을 바라보던 포로들은 아무도 배가 고픈 줄 몰랐다.

숱한 어두움의 그림자가 우리를 우울하게 할 때가 있다. 재난, 불황, 실직, 생활고, 취업난, 불화, 이별 등등 저마다 어두움의 색조가 다를 것이다. 이럴 때 우리가 꼭 붙들고 살아야 할 것이 있다. 빛이신 그분이다.

"그 빛이 어둠 속에서 비치고 있다. 그러나 어둠이 빛을 이겨본 적이 없다"(요한 1,5: 공동번역).

결국, 빛이 어둠을 몰아낼 것이다.

포기를 모르는 인생
처칠이 명문 옥스퍼드 대학에서 졸업식 축사를 하게 되었다. 그는 위엄 있는 차림으로 담배를 물고 식장에 나타났다. 처칠은 열광적인 환영을 받으며 천천히 모자와 담배를 연단에 내려놓았다. 청중들은 모두 숨을 죽이고 그의 입에서 나올 근사한 축사를 기대했다.

드디어 그가 입을 열었다. "포기하지 말라!(Never Give Up!)" 그는 힘 있는 목소리로 첫마디를 뗐다. 그리고는 다시 청중들을 천천히 둘러보았다. 청중들은 그의 다음 말을 기다렸다. 그가 말을 이었다. "절대로, 절대로, 절대로 포기하지 말라!(Never, Never, Never , Never, Never, Never Give Up!)" 처칠은 다시 한 번 큰 소리로 이렇게 외쳤다. 일곱 번의 'Never Give Up', 그것이 축사의 전부였다. 청중은 이 연설에 우레와 같은 박수를 보냈다.

사실 이 박수는 그의 연설에 보낸 박수라기보다는 그의 포기를 모르는 인생에 보낸 박수였다. 처칠은 팔삭둥이 조산아로 태어나 말더듬이 학습장애인으로 학교에서 꼴찌를 했고, 큰 체격과 쾌활한 성격 때문에 건방지고 교만하다는 오해를 받았으며, 초등학교 학적 기록부에는 '희망이 없는 아이'로 기록되었다. 중학교 때에는 영어에서 낙제 점수를 받아 3년이나 유급하였다. 결국 캠브리지나 옥스퍼드에는 입학할 수 없어 육군사관학교에 입학했다. 사관학교에도 두 차례나 낙방했다 들어갔고, 정치인으로 입문하는 첫 선거에서도 낙선하고 기자 생활을 하다가 다시 도전해 당선되었다. 노동당에서 21년 의정 생활 동안 사회 개혁을 주도했던 그는 성취보다는 실패와 패배가 더 많아, 당적을 보수당으로 바꾸어 출마했으나 역시 첫 선거에서는 낙선했다.

하지만 그는 졸업 연설 내용대로 언어 장애를 극복하고 결코, 결코, 결코 포기하지 않고 열심히 노력해서 노벨 문학상 수상자도 되고, 세계 대전의 영웅도 되고, 위대한 정치인도 될 수 있었다.

처칠의 가장 큰 위기는 제2차 세계대전 때였다. 당시 수상이었던 그는 영국 의회에서 연설하면서 "피와 흙과 눈물과 땀 이외에는 내가 국민들에게 줄 것은 아무것도 없습니다"라고 했고, 또 다른 연설에서는 "국기를 내리고 항복하는 일은 절대 없을 것입니다. 바다에서는 대양에서도 싸우고 해안에서도 싸울 것입니다. 결코 항복하지 않을 것입니다"라고 했다. 처칠은 결코 포기하지 않고 전세를 역전시켜 결국은 대전을 승리로 이끄는 데 일조해 영웅이 되었다.

행복가이드

비관론자는 매번 기회가 찾아와도 고난을 본다. 낙관론자는 매번 고난이 찾아와도 기회를 본다. 고난은 성장의 기회이다. 모든 가능성을 다 시도해보았다고 생각하지 말고 언제나 다시 시작하는 용기를 가져야 한다. 가능성은 여전히 남아있다.

I can do it

1. 고난 뒤에 숨은 은총을 보고 역경을 두려워하지 말자. 위기는 진정한 기회이고, 실패를 통해 성공할 수 있다.
2. 모든 것을 잃는 순간에도 포기하지 말고 다시 시작하려는 용기를 갖자. 반드시 솟아날 구멍이 있다.
3. 언제나 '선한 결과'가 오리라는 희망을 갖고 자신 있게 밀고 나가자. 기약된 미래는 '결코 포기하지 않는' 이의 몫이다.

포기하지 마라

때로는 잘못 되더라도
그대가 터벅대며 걷는 길이 오르막이더라도
지금은 부족하고 빚은 늘어나더라도
미소를 짓고 싶어도 한숨만 새어나오더라도
근심이 그대를 짓누르더라도
그래, 필요하다면 쉬어라. 하지만 포기하지는 마라.

우리 모두가 아는 것처럼
삶에는 우여곡절이 있는 법
수많은 실패가 성공으로 바뀌지 않던가
성공의 기운이 엿보이면 그 기운을 꼭 잡으라.
성공이 뒤늦게 찾아온다고 포기하지 마라.
어느 날 불어온 바람이 그대에게 성공을 안겨줄 테니까.

성공은 실패에서 태어나는 법.
의혹의 그림자가 은빛으로 물들더라도
그대는 성공이 가까웠다고 말할 수 없으리라.
저 멀리 있는 것처럼 보여도 가까이 있을 수 있을 테니까.
그대에게 커다란 시련이 닥치더라도 싸움을 포기하지 마라.
최악의 상태로 치닫더라도 절대 포기하지 마라.

-작자 미상

18 축복을 유통시키라

슬픈 이야기, 아름다운 이야기

참 소중한 당신

필자가 잡지를 창간할 때의 일이다. 필자는 이 세상을 훈훈하게 해 줄 미담들을 모아서 많은 이들이 나눌 수 있는 길이 있었으면 하는 바람을 갖고 있었다. 잡지가 좋겠다고 생각하였다. 그런데 잡지는 돈 잡아먹는 밑 빠진 독이라며 많은 분들이 반대하였다. 필자는 가치 있는 일이라면 손해를 생각하지 않고 실행하는 성격인지라 고집을 부려 감행하였다.

그런데 잡지에 붙일 신통한 이름이 떠오르지 않았다. 100만 원을 걸고 공모도 해 봤으나 마음에 드는 이름이 없었다. 그러던 어느 날 새벽, 막 잠에서 깨는 순간, 이름이 떠올랐다.

"참 소중한 당신!"

"참 소중한 당신? 거 괜찮네."

찰나적으로 어떤 따스한 손길이 나를 감싸 안아 줌을 느꼈다. 뜬금없이 눈물이 흘렀다. 그렇다. 나도 소중하고, 너도 소중하고, 모두가 소중한 존재들이다.

더 이상 고민할 이유가 없었다. 이렇게 해서 잡지 〈참 소중한 당신〉이 태어났다. 많은 분들이 이 잡지를 통해서 자신의 소중함을 재발견하게 되었고, 주변의 소중한 사람들을 만나는 축복을 누렸다며 감사의 말을 전해 온다.

그 이후 어느 날, 마더 데레사가 쓴 짧은 시 속에서 이분이야말로 바로 '참 소중한 당신'의 정신을 구현한 분이라는 사실을 깨닫게 되었다. 독자도 그 시 속의 '한 사람'이다.

한 번에 한 사람

난 결코 대중을 구원하려고 하지 않는다.
난 다만 한 개인을 바라볼 뿐이다.
난 한 번에 단지 한 사람만을 껴안을 수 있다.
한 번에 단지 한 사람만을 껴안을 수 있다.
단지 한 사람, 한 사람, 한 사람씩만……
따라서 당신도 시작하고 나도 시작하는 것이다.
난 한 사람을 붙잡는다.
만일 내가 그 사람을 붙잡지 않았다면
난 4만 2천 명을 붙잡지 못했을 것이다.
당신에게도 마찬가지이다. 〔…〕

단지 시작하는 것이다.

한 번에 한 사람씩.

고이면 썩는다

'소중한 당신의 집'이라는 양로원을 운영하고 있는 K씨 이야기이다.

그는 현재 할머니 서너 분을 모시고 살고 있지만, 한 때 조폭 두목이었다. 그런 그가 청송교도소 수감시기에 한 신부를 만나 새로운 인생을 살게 되었다.

출소 후 그는 양로원을 운영하게 되었다. 비록 자신도 양로원을 운영하며 생활하기에는 빠듯했지만, 양로원에 들어온 물건을 다른 양로원에 지원하며 생활하고 있다.

그가 어느 날 필자를 찾아와 지도 신부로 모시고 싶다고 해서 승낙하였다. 양로원 이름도 '소중한 당신의 집'으로 지었으면 해서 허락해 주었다.

그는 나누는 재미를 아는 사람이다.

그가 필자의 연구소를 찾아올 때면 꼭 무엇인가를 가져온다. 빵이나 떡 등 간식거리까지 말이다. '자신도 챙기기 힘든 상황에서 어떻게?'라고 물을 수도 있겠지만, K씨가 누리는 행복은 아는 사람들만이 안다. 그는 자신의 나누는 삶에 대하여 다음과 같이 이야기를 한다.

"물이건 뭐건 고여 있기만 하면 썩어요. 하지만 나눌 때는 그 기쁨이 두세 배가 되지요."

탐욕이 부르는 비극

옛날에 사냥꾼들은 원숭이를 잡기 위해 원숭이가 좋아하는 바나나 등의 먹이를 커다란 통에 넣었다. 그리고 원숭이의 팔이 겨우 들어갈 정도의 구멍을 뚫었다. 원숭이가 이 구멍에 팔을 넣어 먹이를 잡으면 팔을 뺄 수 없다. 그런데도 원숭이는 어찌나 고집이 센지 사냥꾼이 다가올 때까지도 움켜쥔 손을 풀지 않다가 결국 사냥꾼에게 잡히고 만다.

이렇게 원숭이처럼 어리석은 행동을 하는 것이 인간이다. 많은 사람이 꽉 쥔 손을 놓지 않고 살아간다. 돈과 자원과 시간에 대해 이기적인 것이 바로 그런 사람들이다. 가진 것을 움켜쥐는 데만 정신이 팔려서 그로 인해 하느님이 마련하신 자유와 풍성한 복을 잃고 있다는 사실을 깨닫지 못한다.

우리는 어떠한가? 혹시 나만을 위해 무엇을 먹을까, 무엇을 입을까에 정신이 팔려 있지는 않은가? 그렇다면 지금이라도 그런 생각을 버려야 한다.

우리는 받는 자가 아닌 주는 자가 되어야 한다. 우리의 도움이 필요한 사람은 멀리 있지 않다. 세상에는 도움의 손길에 목말라 있는 사람이 도처에 깔려 있다.

나눔으로 위기를 극복한 록펠러

세계 최고의 갑부 록펠러는 33세가 되었을 때, 자기 인생에서 최초로 100만 불의 순수한 이익을 챙긴 부자가 되었다. 43세에는 미국에서 가장 커다란 회사를 소유했고, 53세에는 억만 장자가 되어 세계 최대의 부호가 되었다. 그런데도 그는 53세가 되도록 행복한 사람은 아니었다.

그에게는 '알로피셔(alopecia)'라는 탈모증 비슷한 병이 있었는데 그 병은 머리카락과 눈썹이 빠지고 몸이 초췌하게 말라가는 병이었다. 어느 날 그는 의사로부터 결정적인 소식을 듣게 되었다. "이런 상태로 1

년을 넘기기 힘들 것 같습니다." 비록 부에서는 성공한 록펠러였지만 결코 그의 영혼과 육신의 삶에서는 실패 그 자체였던 것이다.

그 이야기를 들은 그날 밤, 그는 잠을 이루지 못하고 괴로워했다. 그 당시 사업은 너무나도 잘돼서 하루에 100만 불을 벌었지만, 그는 먹지도 못하고 자지도 못하는 괴로운 나날을 보내야 했다.

밤새 괴로움에 뒤척이던 록펠러는 침대 곁에 무릎을 꿇으며 기도하기 시작했다. 기도와 함께 새벽을 맞이한 그의 인생은 그 다음부터 달라졌다. 피상적으로 교회에 나가던 모습은 사라지고 성실하게 교회에 나가며 진정한 그리스도인으로 변화한 것이다. 그가 성실하게 신앙생활을 시작한 지 얼마 후에 그는 교회 하나를 세웠다. 그 교회가 바로 뉴욕에 있는 유명한 리버사이드 교회다.

그리고 그는 록펠러 재단을 만들어 가난한 사람들을 돕는 의료사업을 위해서 자기 모든 재산을 쏟아 부었다. 이러한 활동을 하면서 이상하게도 그는 잘 먹기 시작했고 잠도 잘 자게 되었다. 의사들은 그가 거의 55세를 넘기기 어려울 것이라고 진단했지만 록펠러는 98세까지 살았다.

"너희는 먼저 하느님의 나라와 그분의 의로움을 찾아라. 그러면 이 모든 것도 곁들여 받게 될 것이다"(마태 6,33).

남은 신발 한 짝을 창밖으로 던지라

막 출발하려는 기차에 간디가 올라탔다. 그 순간 그의 신발 한 짝이 벗겨져 플랫폼 바닥에 떨어졌다. 기차가 이미 움직이고 있었기 때문에 간디는 그 신발을 주울 수가 없었다. 그러자 간디는 얼른 나머지 신발 한 짝을 벗어 그 옆에 떨어뜨렸다. 함께 동행 하던 사람들은 간디의 그런 행동에 놀라지 않을 수 없었다. 이유를 묻는 한 승객의 질문에 간디는 미소를 지으며 말했다.

"어떤 가난한 사람이 바닥에 떨어진 신발 한 짝을 주웠다고 상상해 보십시오. 그에게는 그것이 아무런 쓸모가 없을 겁니다. 하지만 이제는 나머지 한 짝마저 갖게 되지 않았습니까?"

우리에게도 이런 마음씨가 필요하다.

아름다운 삼진

프로야구 역사에 한 아름다운 이야기가 있다.

래리 도비(Larry Doby)는 메이저 리그 최초의 흑인 선수이며 우수한 타자였다. 1947년의 어느 날, 그가 클리블랜드 인디언스 팀에 들어가 출전하는 첫 날이었다. 3만 관중의 시선이 처음 보는 흑인에게로 모였고, 전국의 라디오 야구팬 청취자들의 기대 또한 대단하였다. 그러나 도비는 극도로 긴장한 탓인지 타석에서 삼진 아웃을 당하고 말았다. 스스로 몹시 실망한 도비는 힘없이 자리에 돌아가 두 손으로 머리를 감싸 안으며 괴로워했다.

그런데 사람들을 감동시킨 것은 그 다음부터다. 도비 다음으로 타석에 나간 선수는 구단 최고의 강타자 조 고든(Joe Gordon)이었다. 그는 언제나 뛰어난 감각으로 배트로 공을 맞춰 볼 아웃을 당할지언정 스트라이크 아웃을 당하는 일이 없던 선수였다. 그런데 이날 고든은 나가자마자 연거푸 삼진 아웃을 당해 어이없이 스트라이크 아웃을 당했다. 그는 힘없는 발걸음으로 돌아가더니 도비 곁에 앉아 도비처럼 두 손으로 머리를 감싸 안고 있었다. 자신 같은 강타자도 안 맞을 때가 있으니 동료에게 낙심하지 말라는 위로를 몸소 행동으로 실천한 것이었다.

그 후 두 사람의 우정은 오래도록 지속되었다고 한다. 흑인과 백인, 신인과 고참, 무명인과 유명인의 벽은 이렇게 서로를 위로하고 격려하는 마음으로 쉽게 무너질 수 있었던 것이다.

복(福)을 구하라

'기복기도 노이로제'가 더 문제다

좀 과한 말이 될지 모르겠으나, 천주교 신자들에게 문제가 되는 것은 '기복기도'가 아니라 '기복기도 노이로제'가 아닐까 한다. 정말 어려운 일이 닥칠 때, 예를 들면 자녀들이 대입 수험을 앞두고 있을 때, 남편이 승진의 기로에 있을 때, 사업을 막 시작했을 때 등등의 경우에 대부분의 천주교 신자들은 그 문제를 당당하게 기도제목으로 삼지 못하고 주변의 눈치를 살피는 듯하다. 혹시 누가 '기복기도' 한다고 핀잔을 줄까봐서이다.

필자는 사목자들이 신자들에게 "기복기도 하지 마라"고 누누이 강조하는 것을 예사로 보아왔다. 그 본래 취지는 본인이 노력하지 않으면서 미신적으로 복만 빌지 마라는 의미일 것이다. 그런데 필자가 보기에 신자들은 그 말을 "세속적인 일을 위해서는 아예 기도하지 마라"는 말로 소화하고 있는 듯하다.

기복기도(祈福祈禱)를 글자 그대로 풀면 '복을 구하는 기도'가 된다. 복을 구하는 것이 과연 잘못인가? 아니다. 성경은 온통 축복의 약속으로 채워져 있고, 축복을 청하는 기도로 가득하다.

우리는 교회가 새해 벽두에 신자들에게 다음과 같은 축복을 빌어주고 있음을 잊어서는 안 된다.

"주님께서 그대에게 복을 내리시고 그대를 지켜 주시리라. 주님께서 그대에게 당신 얼굴을 비추시고 그대에게 은혜를 베푸시리라. 주님께서 그대에게 당신 얼굴을 들어 보이시고 그대에게 평화를 베푸시리라"
(민수 6, 24-26).

이 축복의 내용을 음미해 보면 핵심적인 것은 액땜, 만사형통, 평화
이다. 흔히 '기복기도'를 한다고 경고 받을 소지가 있는 바로 그 기도
제목들인 것이다.

복을 구하여 얻은 야베츠

구약성경에 나오는 야베츠는 그리 유명하지 않은 사람이다. 역대기에
그의 기도가 실린 것 이외에는 어디에서도 야베츠를 찾아볼 수 없다.
그에 관하여 이렇게 기록되어 있다.

"야베츠는 자기 형제들보다 존경을 받았다. 그의 어머니는 "내가 고
통 속에서 낳았다." 하면서 그의 이름을 야베츠라고 하였다. 야베츠는
이스라엘의 하느님께 이렇게 빌었다. "부디 저에게 복을 내리시어 제
영토를 넓혀 주시고, 당신의 손길이 저와 함께 있어 제가 고통을 받지
않도록 재앙을 막아 주십시오." 그러자 하느님께서 그가 청한 것을 이
루어 주셨다"(1역대 4, 9-10).

이 평범해 보이는 기도 뒤에는 놀랍고 강력한 진리가 숨어 있다. 차
례대로 이 기도의 숨은 의미들을 살펴보자.

첫째, 야베츠는 "부디 저에게 복을 내려 주십시오" 하고 기도했다.
복은 구하는 사람만이 받을 수 있다는 것이다. 이 복을 꼭 세상의 재물
이나 호강으로 대치시킬 필요는 없다. 그보다 더 귀한 복들이 많이 있
다. 이 복들을 구할 줄 알아야 한다.

야베츠 역시 정해진 무엇을 달라고 청하지 않았다. 다만 무엇이든 주
어지는 대로 누리고자 했던 것이다.

둘째, "제 영토를 넓혀주십시오" 하고 기도했다. 우리는 간혹 '내 인생이 결국 이 지경에 이른 건가? 내 인생은 고작 이것밖에 안 되는 것일까?' 하고 실망한 적이 있을 것이다. 야베츠는 이런 생각이 들 때마다 "나는 이보다 더 큰 일을 하기 위해 태어났어!"라고 용기 있게 다시 일어설 줄 알았다. 그는 자신의 삶이 이미 결정되었다고 포기하지 않았다. 그래서 그는 영토(領土)를 넓혀 달라고 청했다. 여기서 영토는 땅(土)을 뜻하지 않고 삶의 지평(horizon)을 뜻하는 것으로도 알아들을 수 있다.

셋째, "당신의 손길로 저를 도와주십시오" 하고 기도했다. 영토(영역)를 넓히기 위해 너무 큰일을 시도할 때도 있다. 때로는 실패할 수도 있다. 야베츠는 자신의 영토가 넓어지고 감당해야 할 일들이 늘어나자 주님의 도움이 필요함을 금방 알게 되었다. 그는 하느님의 '위대한 손길'에 의지해야 함을 누구보다 잘 알았다.

넷째, "저의 재앙을 막아 주십시오" 하고 기도했다. 시험당할 때 우리는 어떻게 기도하는가. 대부분의 경우 굴복하지 않도록 힘을 달라고 기도하지만 야베츠는 "재앙 속에서 나를 지켜 주시옵소서"라고 기도하지 않고 "재앙을 막아 주십시오"라고 기도했다.

야베츠는 지극히 현실적인 기도를 드렸다. 그리고 하느님께서는 야베츠가 구하는 모든 것(복, 영토, 도움, 액땜)을 주셨다.

예수의 권고, '청하라'

예수께서는 복을 구할 것을 권고하였다.

"내가 너희에게 말한다. 청하여라, 너희에게 주실 것이다. 찾아라, 너희가 얻을 것이다. 문을 두드려라, 너희에게 열릴 것이다. 누구든지 청하는 이는 받고, 찾는 이는 얻고, 문을 두드리는 이에게는 열릴 것이다"(루카 11,9-13).

이 말씀은 기도를 점층적으로 해야 한다는 말씀이다. 우선 '달라고' 얘기해 봐라. 웬만해서는 받을 것이다. 그래도 못 받으면 '찾아 나서라.' 온몸을 동원해서 백방으로 나서라. 기도의 방법을 총동원해 봐라. 얻게 될 것이다. 그래도 못 얻으면, 하는 수 없다. 문을 두드리고 주인이 잠을 못 자게 요란을 떨어라. 그러면 열릴 것이다.

복을 나누라

우리가 복이 되자

앞을 못 보는 맹인 한 분이 매일 황혼 무렵이 되면 늘 등을 가지고 마을의 거리로 나섰다. 사람들이 "당신은 앞을 보지 못하는데 왜 등을 가지고 나가십니까?" 하면 그는 이런 대답을 했다고 한다. "나를 위해서가 아니고 동네 사람들이 이 빛을 보면 도움이 되지 않겠습니까?"

"세상의 모든 종족들이 너를 통하여 복을 받을 것이다"(창세 12,3).

하느님께서는 아브라함을 통하여 세상의 모든 종족들이 복을 받게 될 것이라고 말씀하셨다. 즉 축복을 받은 사람은 그것을 자기 자신에게서 멈추는 것이 아니라, 그 복을 다른 사람들에게 건네주는 것이다.

긍휼히 여기는 마음을 영어로는 '컴패션(compassion)'이라고 한다. 'com'은 '함께'라는 뜻이고, 'passion'은 '고통' 또는 '아픔'을 의미한다. 미국의 유명한 사상가, 에릭 호퍼는 "대부분 인간의 고귀한 속성

은 잔인한 행동을 초래할 수 있다. 사랑, 충성, 용기, 신앙까지도 잔인한 행동으로 변할 수 있는 가능성이 있다. 그러나 '컴패션'만은 선과 악을 초월해 설 수 있는 인간의 가장 순수한 마음이다. 그것은 우리 영혼의 항독소(抗毒素)라고 할 수 있는 것이다"라고 했다.

그러니 마음에서 솟아나는 사랑을 억누르지 말고 그 사랑에 따라 행동하자. 누군가 우리의 사랑을 목 마르게 기다리고 있다. 당신의 주위에 은혜를 베풀 만한 사람이 없는지 끊임없이 돌아보라.

"주는 것이 받는 것보다 더 행복하다"(사도 20,35).

돈 버는 이유를 안 세계 1, 2위의 부자들
빌 게이츠와 워렌 버핏. 세계 1, 2위 거부인 이들의 씀씀이는 '돈이란 어떻게 써야 하는가'를 정석처럼 꼬집어 보여 준다.

빌 게이츠는 자신과 아내의 이름을 따서 세운 「빌 앤드 멜린다 게이츠 재단」을 통해 전 세계의 보건 의료·교육 문제 해결에 더 많은 시간을 할애하기 위해 2년 후 경영 일선에서 물러나겠다고 발표했다.

또한 버핏은 빌 게이츠 재단 등에 자신의 전 재산의 85%에 해당하는 370억 달러 상당의 돈을 기부하기로 했다. 이는 역대 기부 가운데 가장 많은 액수라고 미 언론들은 말한다.

이들이 기부하는 방법은 달랐지만 공통점이 하나 있다. 바로 자신이 번 돈을 사회에 돌려줘야 한다는 것이다.

얘기는 여기서 그치지 않는다. 게이츠와 버핏의 발표 이후, 이들을 뒤따르려는 기부문화가 확산되고 있다는 것이다.

나눔의 축복

당신이 주는 것은 당신이 살아있다는 증거다. 엘리자베스 비베스코는 말했다. "기억하지 않고 주며, 잊지 않고 받는 그들이 축복받은 사람들이다." 나눔은 이렇듯 주는 사람에게도 또한 받는 사람에게도 전해지는 최고의 축복인 것이다.

철강왕 카네기는 돈 그 자체에 목적을 두고 번 것이 아닌, 사회 발전을 위한 수단으로 삼았던 나눔의 가치관을 지닌 인물이었다. 그의 명언 중에는 "부자가 되어서 부자로 죽는 것은 불명예다"라는 말이 있을 정도다. 그는 철강 산업으로 엄청난 재벌이 되었으나 그 재산을 후손에게 물려주지 않고 모두 사회에 환원하였다. 그가 사회로 환원한 돈은 자그마치 5억 달러에 달한다고 한다. 이를 입증하듯 피츠버그에 있는 명문 카네기멜론 대학교를 비롯하여, 미국 여기저기에 있는 수백 개의 카네기 박물관과 도서관, 예술관 등은 모두 그가 기증한 기금으로 세워진 건물들이다.

철강왕이라 불렸지만 그 누구보다 따뜻한 마음을 가졌던 카네기의 철저한 나눔 철학은 지금 이 시대를 살고 있는 우리들이 꼭 본받아야 할 자세가 아닐까.

아주 특별한 외식

제임스 메리트가 쓴 『성령의 열매가 당신을 리더로 만든다』라는 책에
는 다음과 같은 이야기가 나온다.

"외식을 하기 위해서 너의 엄마는 아빠에게 옷을 입혀 주어야 하고,
아빠의 수염을 깎아 주어야 하고, 이를 닦아 주어야 하고, 머리를 빗겨
주어야 하고, 아빠를 휠체어에 태워 집 밖으로 나가 계단을 내려가야 하
고, 차고 문을 열고 아빠를 차에 태워야 하고, 휠체어의 페달들을 집어넣
어야 하고, 아빠를 일으켜 세워야 하고, 차 의자에 아빠를 앉혀야 하고,
아빠가 편안하도록 몸을 돌려주어야 하고, 휠체어를 접어 차에 넣어야
하고, 차의 반대편으로 돌아가 식당으로 차를 몰고 가야 하지. 엄마는 차
에서 내려 휠체어를 펴야 하고, 문을 열고 아빠를 돌려서 세워야 하고,
아빠를 휠체어에 앉혀야 하고, 페달들을 꺼내야 하고, 차 문을 닫고 잠가
야 하고, 휠체어에 태운 아빠를 식당 안으로 밀고 가야 하고, 아빠가 불
편하지 않도록 페달들을 다시 집어넣어야 한단다. 그리고 엄마는 식사하
는 동안 내내 아빠를 먹여 주어야 하지. 식사가 끝나면 엄마는 음식 값을
지불하고서 차로 휠체어를 밀고 가야 하며, 다시 똑같은 일을 반복해야
한단다. 그리고 이 모든 일이 끝나면 엄마는 아빠에게 '여보, 저녁 외식
을 시켜 주셔서 정말 고마웠어요'라고 진정으로 따뜻하게 말한단다."

이 부인은 남편이 죽어 가고 있는 상황에서도 그를 섬기고 사랑함으
로써 그가 진정으로 계속 살아있게 했다.

당신은 하느님이 당신을 창조하신 목적대로 살기를 원하는가? 그렇
다면 그 경계선 안으로 뛰어들라. 바로 '나눔과 베풂의 경계선' 말이다.

행복가이드

누구나 '참 소중한 당신'이다. 복을 구하는 것은 잘못이 아니다. 축복의 말, 선행 등을 유통하면 기적을 낳는다. 스스로 축복의 말, 선행 등의 주인공이 되어 이웃에게 나누어야 한다. 우리에게는 나눌 것이 너무 많다. 선행은 부메랑이 되어 우리에게 돌아온다.

I can do it

1. 스스로 자신의 소중함과 복됨을 확인해 보자. 세상에 생명처럼 소중하고 복된 것은 없다.
2. 복을 유통하는 사람이 되자. 우리가 베푸는 선행은 기적을 낳는다.
3. 가진 것, 우리에게 가장 소중한 것을 나누자. 무엇이든 머물러 있으면 썩지만 나누면 기쁨이 배가 된다.

🖼 선행의 부메랑

선행의 결과는 돌고 돌아 결국 자신에게 돌아온다.

어느 날 한 젊은이가 시내에서 집으로 돌아오다가 길가에 고장난 차 한 대가 서있는 것을 보고 옆에 차를 세웠다. 고장난 차 주인은 애를 먹고 있었다. 낡은 배터리가 방전된 것이다. 젊은이는 그를 도와주려고 평소 알고 지내던 근처 농장에 가서 연결 케이블을 빌려다가 자신의 차 배터리와 연결하여 시동을 걸어 주었다. 그는 고맙다며 사례하겠다고 했지만 젊은이는 다음에 고장난 차를 보게 되면 똑같이 도와주라고 이르고 헤어졌다.

그로부터 약 2주일 후, 그 젊은이의 아버지가 집에서 80킬로미터 가량 떨어진 이웃 도시의 경매장에 갔다가 돌아오던 중 그만 자동차 바퀴가 펑크나고 말았다. 연로한 아버지는 몸이 워낙 허약해서 예비바퀴를 손수 갈아 끼울 만한 기력이 없었다. 바로 그때 지나가던 차가 멈추더니 운전자가 다가와 기꺼이 바퀴를 갈아주었다. 너무도 고마운 나머지 아버지가 사례금을 건네려 했지만 그 운전자는 한사코 사양하면서 말하는 것이었다. "2주일 전쯤 저도 한 고마운 운전자로부터 도움을 받은 적이 있지요. 그분이 제 사례금을 받는 대신 이 다음에 길에서 고장난 차를 만나거든 그 차를 도와줌으로써 호의를 갚으라고 하더군요."

이것이 이치이다. 선행은 반드시 부메랑이 되어 돌아오게 되어있다. 이는 예수의 약속이다.

"주어라. 그러면 너희도 받을 것이다. 누르고 흔들어서 넘치도록 후하게 되어 너희 품에 담아 주실 것이다. 너희가 되질하는 바로 그 되로 너희도 되받을 것이다"(루카 6,38).

무지개 원리

법칙은 어디서나 통하고 원리는 변덕이 없다
그 조건만 충족시키면 그대로 이루어진다
희망의 원리, 전인 계발의 원리, 무지개 원리를 따라 훈련에 돌입해 보자

19 하는 일마다 잘되게 하는 무지개 원리

충분히 가능한 일

어머니와 딸

'잘되는 집안이 있다.'

필자는 많은 사람들을 만나면서 그런 결론을 내렸다. 그런 생각을 더욱 확고히 해준 어머니와 딸이 있다.

필자는 그 어머니를 여러 차례 만나진 못했다. 단 몇 번 만난 것으로도 그 어머니는 나에게 강력한 인상을 남겼다. 하시는 말마다 삶의 예지가 숨겨있는 뼈 있는 말이었다. 어머니는 정성이 지극하셨다. 그리고 나누기를 좋아하셨다. 필자를 만날 때면 꼭 무엇인가를 들고 오셨다.

그분의 딸을 나는 유학시절에 알게 되었다. 부군될 사람도 함께 알던 사이였기에 결혼 때에 주례를 서 주기도 하였다. 그 딸 역시 똑떨어지는 지혜와 최선을 다하는 성실성, 그리고 집요한 추진력으로 필자와 서로 신뢰하는 사이다. 그녀는 지금 대한민국에서 최고 조경 전문가가 되어 열심히 살고 있다.

필자는 최근 그 딸 K 박사를 만나서 그동안의 근황을 나눌 수 있었다. 이런 저런 얘기를 하는 중에 그 딸의 형제들이 모두 잘 풀려서 사회적으로 많은 성취를 하고 있음을 알았다. 큰 오빠는 미국 대학교의 교수직에 있다가 귀국하여 명문대 교수직을 역임하던 중 회사 CEO로 발탁되어 가 있고, 작은 오빠는 체육계를 이끄는 인사가 되어 있다는 것이었다.

지금 고촌 풍곡리에 자리한 연구소의 조경 공사와 지붕 공사를 할 때, 그 딸이 와서 도와주었다. 막판 자금 사정이 넉넉지 않아서 공사비용도 수고비도 제대로 줄 형편이 아니었다. 그런데도 K 박사는 공사 기간 내내 아침부터 밤늦게까지 공사하는 과정을 꼼꼼히 점검하는 성실함과 철저한 책임감을 보여주었다. 나아가 그녀의 작품에는 최고의 전문성이 묻어나 누구고 만족해하고 감탄했다.

확실히 잘되는 집안이 있다. 가문이 있고, 가풍이 있다. 집안 내력이라는 것이 있다.

지금 나는 그 어머니와 딸을 오버랩시켜 본다. 나는 이미 그 어머니에게서 자녀들이 잘 풀릴 것을 직감한 바 있다. 그 어머니에게는 성공하는 이들의 습관이 있었기 때문이었다.

성공에는 분명히 원리가 있다. 이 어머니와 딸은 앞으로 소개할 무지개 원리 7가지를 잘 알고 실천하는 사람들이었다.

고도 근시 소년 이야기

다음 글은 존 포웰 신부의 『내 영혼을 울린 이야기』에 나오는 신부 자신의 짧은 수필이다.

　"바로 코앞에 있는 것만을 식별할 수 있었던 한 소년을 나는 잊을 수가 없다. 그 아이는 멀리 있는 사물은 거의 식별하지 못했다. 그런 사정 때문에 소년은 제 나름대로 세상을 이해했다.

　선생님이 칠판에 무언가를 적는 것은 학생들에게 이야기하려는 내용을 잊지 않기 위해 미리 적어 놓는 것이라고 소년은 나름대로 짐작했다. 길거리의 표지판을 읽을 수도 없게 높이 설치해 놓은 이유는 뭘까? 소년은 버스를 운전하는 기사들이 표지판을 보고 승객들에게 길 안내를 할 수 있도록 하기 위해 그렇게 높이 달았을 거라고 추측했다.

　야구 경기야말로 정말 이해하기 어려웠다. 타석에 서 보니 공이 홈 플레이트를 지날 때쯤에야 공을 발견할 수 있었다. 스윙할 시간이 너무 부족했다. 그래서 그는 야구에 전혀 흥미를 느끼지 못했다.

그러던 어느 날, 안과에 가게 되었다. 의사는 소년에게 꼭 맞는 렌즈를 골라주었다. 그런 다음 소년에게 창밖을 내다보라고 일렀다. 소년은 난생 처음으로 거리를 지나가는 사람들의 표정을 볼 수 있었다. 키 큰 나무의 나뭇잎들도 보였다. 하늘과 높은 구름까지도 보였다. 너무도 신나는 일이었다!

그 소년은 위와 같은 자신의 경험을 내게 이야기하면서, 그 경험이 자신이 이제껏 겪은 일 중에서 두 번째로 신나는 일이라고 말했다.

"그렇다면 너의 삶에서 가장 신나는 일은 뭐였는지 궁금하구나."

소년은 신부님이야말로 가장 잘 아실 텐데 왜 물어보시냐는 듯 의아한 표정을 지어 보였다. 하지만 나는 알지 못했다.

"그것은 예수께서 저를 사랑하신다는 것과 제 인생의 모든 사건 안에는 하느님의 뜻이 담겨 있다는 것을 처음으로 확신하게 된 날이었지요.""

필자는 이 책을 읽는 독자들에게도 이런 신나는 일들이 일어나기를 바란다.

첫째, 근시 소년이 눈에 맞는 렌즈를 찾았을 때처럼 멀리 바라볼 수 있는 지혜를 얻기를 바란다.

둘째, 자신이 사랑받고 있다는 사실과 자신들의 삶에 하느님의 뜻이 담겨져 있음을 발견하는 눈이 열리기를 바란다.

이 두 가지는 앞으로 이야기하게 될 무지개 원리를 실행하다 보면 금세 얻게 될 것이다.

바뀔 수 있다

지난 100년 동안 두뇌 연구자들은 인간의 두뇌를 이루는 신경세포가 생후 3세에 성장을 멈추고 안정적인 구조를 갖추게 된다고 믿었다. 이는 한 인간의 두뇌 능력과 특성은 거의 운명적으로 유아기에 결정된다는 이야기인 셈이다.

그러나 이를 뒤집는 연구 결과가 있었다. 프린스턴 대학교의 엘리자베스 굴드(Elizabeth Gould)와 찰스 그로스(Charles Gross)교수가 1999년 10월 15일자 과학잡지 〈사이언스〉에 「성인 원숭이 피질에서의 신경세포 형성」이라는 색다른 논문을 발표한 것이다.

그들은 "성인 원숭이 두뇌에 새로운 신경세포가 지속적으로 증가하고 있다"는 놀라운 사실을 발표했다. 또한 두뇌의 중간 깊숙한 장소에 만들어진 새로운 신경세포는 그곳에만 머무는 것이 아니라 생각, 의사결정, 학습 등 고도의 지적 활동을 수행하는 두뇌의 피질 여러 영역에 분산되고 있다는 것도 발견했다.

비록 원숭이를 대상으로 한 연구 결과지만, 그로스 교수는 다음과 같이 결론짓는다.

"원숭이는 근본적으로 인간과 비슷하기 때문에 인간에게도 비슷한 일이 진행되리라는 것은 의심할 여지가 없다."

이 실험은 인간 두뇌피질의 특정 영역들이 매일 새로운 버전으로 거듭나고 있다는 사실을 시사해 주고 있다. 즉, 인간은 끊임없는 훈련에 의하여 자신을 바꿀 수 있다는 말인 것이다.

"무지개 원리로 삶을 바꾼다"고 하니까 어떤 사람은 이렇게 말할지도 모른다.

"말이 그렇지, 지금까지 안 바뀐 게 과연 바뀔까?"

이제, 답은 명확하다.

"바뀐다."

원숭이도 바뀌었다. 하물며 사람이랴.

무지개 원리

무지개 원리의 구조

이미 이 책의 서두에서 무지개 원리의 구조를 개관한 바 있다. 그리고 그 원리 하나하나를 집중적으로 다루어 보기도 하였다. 이제 다시 종합을 해 보자.

'무지개 원리'는 지·정·의의 모든 영역에 관련된 성공적인 인생의 생활 지침 7가지를 통합적으로 묶은 원리를 말한다. 전체를 아우르는 밑그림은 다음과 같다.

지성 계발 (힘을 다하여 : 좌뇌)	무지개 원리 1 ┃ 긍정적으로 생각하라(5장) 무지개 원리 2 ┃ 지혜의 씨앗을 뿌리라(6장)
감성 계발 (마음을 다하여 : 우뇌)	무지개 원리 3 ┃ 꿈을 품으라(8장) 무지개 원리 4 ┃ 성취를 믿으라(9장)
의지 계발 (목숨을 다하여 : 뇌량)	무지개 원리 5 ┃ 말을 다스리라(11장) 무지개 원리 6 ┃ 습관을 길들이라(12장)
인격화 (거듭 거듭 : 전인)	무지개 원리 7 ┃ 절대로 포기하지 말라(17장)

앞에서 말했듯이 이는 『탈무드』와 '셰마 이스라엘'에서 발견된 유다인의 성공 원리를 구체적으로 체계화한 것이다. 이 원리는 현대 두뇌 연구 결과와도 부합한다.

좌뇌 영역에서 유다인 성공 법칙인 셰마 이스라엘의 '힘을 다하여'에 부응하여 지성 계발이 이루어지도록 두 원리가 배치되어 있다.

우뇌 영역에서 유다인 성공 법칙인 셰마 이스라엘의 '마음을 다하여'에 부응하여 감성 계발이 이루어지도록 두 원리가 배치되어 있다.

뇌량 영역에서 유다인 성공 법칙인 셰마 이스라엘의 '목숨을 다하여'에 부응하여 의지 계발이 이루어지도록 두 원리가 배치되어 있다.

끝으로 전인 영역에서 유다인 성공 법칙인 '셰마 이스라엘'의 '거듭거듭'에 부응하여 습관화가 이루어지도록 한 원리가 배치되어 있다.

하나, 긍정적으로 생각하라

행복과 성공은 '생각의 길'에 따라 정해져 있다. 부정적이고 소극적인 사고를 버리고 긍정적이고 적극적인 사고를 갖는다면 인생의 승리자가 된다. 미래는 '나도 할 수 있다'는 신념으로 도전하는 자의 몫이다.

〈실천 가이드〉

1. 변화를 원한다면 긍정적, 적극적 사고로 '생각의 길'을 다시 내자.

2. 아직 존재하지 않는 미래 때문에 두려워하지 말자. 걱정과 근심은 진취적 사고를 막는다.

3. 끊임없이 도전하자. 다른 사람이 할 수 있다면 나도 할 수 있다.

둘, 지혜의 씨앗을 뿌리라

지혜의 말씀은 우리 내면의 어두움을 몰아내는 빛이 되어준다. 지혜의 말씀을 암송하여 머리에 담아두면, 난관을 뚫게 해 주고 두려움을 없애 주며, 단점을 장점으로 바꾸어주고 대화 능력을 향상시켜 주며, 마음을 다스리게 해 준다.

〈실천 가이드〉

1. 인생의 좌표가 될 명언이나 말씀 구절을 보이는 곳에 붙여두고 수시로 암송하자.
2. 나의 삶에 절망, 두려움, 우울증 등이 밀려올 때 지혜의 말씀을 빛으로 삼아 몰아내자.
3. 곤경에 직면한 이웃들에게 지혜의 말씀을 들려주며 위로하자.

셋, 꿈을 품으라

꿈은 누구나 꾼다. 꿈을 꾸는 것과 품는 것은 차이가 있다. 중요한 것은 꿈을 지속적으로 품는 것이다. 역사 속에서 위업을 달성한 사람들은 모두가 꿈을 집요하게 품어왔던 사람들이다. 꿈이 이루어지도록 하려면 꿈을 글로 써놓고, 그 꿈에서 눈을 떼지 말며, 이룰 수 있는 자신을 떠올리라. 또한 그 과정을 즐기라.

〈실천 가이드〉

1. 자신의 잠재력에 한계를 두지 말고 높은 목표를 세우자.
2. 자신의 꿈(목표)을 수치나 글로 적어 단계별 중 · 장기 계획을 세우고 상황을 자주 체크하자.

3. 성공한 사람이나 위인 중 한 명을 역할 모델로 선정하고 그 사람의 행동을 자신의 것으로 만들자.

넷, 성취를 믿으라

꿈을 품고 있어도 그 꿈을 이루기 위한 노력과 성취에 대한 믿음이 있을 때 그 꿈은 비로소 현실이 된다. 믿음은 우리에게 꿈을 꾸는 것에 '플러스 알파' 효과를 가져온다. 믿음은 우리에게 자신감을 주고, 성취를 위해 노력할 수 있는 힘을 준다.

〈실천 가이드〉

1. 품고 있는 꿈이 '반드시 이루어질 것이다'라는 신념을 갖고 말로 선언하자.
2. 내가 가진 재능을 믿고 스스로를 격려하자. 그 믿음은 성공에 필요한 가장 큰 도구이다.
3. 백만장자가 되고 싶다면 백만장자처럼 행동하자. 삶은 우리가 진정으로 원하는 것만을 우리에게 준다.

다섯, 말을 다스리라

말은 살아서 움직인다. 우리의 뇌는 사실 관계와 주어를 구분하지 못하고 우리가 하는 말에 반응한다. 좋은 말이든 나쁜 말이든 평범한 말이든 우리가 자주 쓰는 말에 따라 우리의 미래가 결정된다. 그러므로 절제된 말, 격려의 말, 축복의 말, 승리의 말, 매력의 말을 해야 한다.

〈실천 가이드〉

1. 남을 축복하고 칭찬하는 말을 자주 쓰자. 내뱉은 말은 모두 부메랑처럼 나에게 돌아온다.

2. 긍정적인 말을 자주 쓰자. 내가 쓰는 말에서 미래의 성공과 행복이 예측된다.

3. 가족들, 특히 자녀들에게 희망의 말과 격려의 말을 자주 해주자. 그들은 말을 먹고 쑥쑥 자라날 것이다.

여섯, 습관을 길들이라

타고난 능력보다 더 중요한 것은 습관이다. 작은 실천들은 습관을 형성하며 습관은 덕을 쌓고 그 덕은 인격을 변화시킨다. 나이가 들었어도 의식적으로 노력하면 새롭게 좋은 습관을 들일 수 있다.

〈실천 가이드〉

1. 고쳐야 할 습관이라면 훈련을 통해 고치면서 새로운 자아상을 만들어 가자. 21의 법칙, 100번의 법칙, 10년 법칙을 믿고 꾸준히 노력하면 반드시 열매가 맺어진다.

2. 자신과 자녀들에게 성공하는 습관을 들이자. 무엇을 하건 '마음'을 다해서, '목숨'을 다해서, '힘'을 다해서 임하는 습관이 배면 그는 이미 승리자이다.

3. 완벽한 상황을 기다리지 말고 일단 시작하자. 일단 미루는 습관에서 벗어나면 절반은 성공한 것이다.

일곱, 절대로 포기하지 말라

비관론자는 매번 기회가 찾아와도 고난을 본다. 낙관론자는 매번 고난이 찾아와도 기회를 본다. 고난은 성장의 기회이다. 모든 가능성을 다 시도해보았다고 생각하지 말고 언제나 다시 시작하는 용기를 가져야 한다. 가능성은 여전히 남아있다.

〈실천 가이드〉

1. 고난 뒤에 숨은 은총을 보고 역경을 두려워하지 말자. 위기는 진정한 기회이고, 실패를 통해 성공할 수 있다.
2. 모든 것을 잃는 순간에도 포기하지 말고 다시 시작하려는 용기를 갖자. 반드시 솟아날 구멍이 있다.
3. 언제나 '선한 결과'가 오리라는 희망을 갖고 자신 있게 밀고 나가자. 기약된 미래는 '결코 포기하지 않는' 이의 몫이다.

끝 없는 도전

절대 긍정, 절대 희망

몇 달 전 있었던 일이다.

광주에 사는 25세 된 개신교 젊은이가 필자에게 전화로 상담 요청을 해왔다. 인생 비관에다 '미칠 것 같다', '자살하고 싶다'는 극도의 심리상태를 보인 터라, 당시 전화를 받았던 연구원이 해결하지 못하고 결국 필자에게까지 연결되었던 것이다. 절박한 심정으로 자신을 붙들어 줄 누군가를 찾던 중 우연히 평화방송 TV에서 「하는 일마다 잘되리라~

무지개 원리」 강의를 보고 '이 분에게 상담하면 되겠다'해서 연락이 온 것이었다.

그리하여 30분 이상 전화를 붙들고 그 젊은 친구의 이야기를 들어보니 사정은 다음과 같았다.

"신부님, 저는 플루트(flute)를 전공해서 플루티스트(flutist)를 꿈꾸던 음악도였어요. 그러나 서울권 대학 입학시험에서 벌써 5번이나 떨어진 경험이 있습니다. 이제 6번째 도전인데 그동안도 좌절과 고통으로 힘든 나날이었지만 시험이 다가올수록 그 무게가 더 심해져 견딜 수가 없어요. 만약 이번에도 실패하면 전 정말 살고 싶지 않아요. 제가 허비한 5년이란 시간이 너무도 아깝다는 생각만 들고……, 불안한 나날들의 연속입니다. 전 정말 어떡하면 좋지요?"

필자는 이 친구야말로 '무지개 원리'의 첫째에 해당하는 '긍정적으로 생각하라'의 처방이 필요하다 느꼈다. 그래서 두 가지의 조언을 해 주었다.

"첫째, 인생을 길게 봐라. 5년이란 시간은 인생에서 결코 긴 시간이 아니다. 둘째, 절망하지 말고 '절대 긍정! 절대 희망!'을 가지고 있어라. 반드시 때가 온다."

이러한 긍정적인 희망의 메시지를 건네며, "할렐루야! 아멘!" 하고 앞뒤 가리지 않고 주님의 강복을 빌어 주었다.

놀랍게도 2주 만에, 그 젊은 친구에게 다시 연락이 왔다. 바로 대학 입학시험에 당당히 합격했다는 소식을 전하기 위함이었다. 기쁨과 흥분을 감추지 못하며 감사의 인사를 전하는 젊은이의 목소리에서 필자는 또 하나의 무지개를 발견할 수 있었다.

음악도를 꿈꾸던 젊은이가 합격할 수 있었던 것은 전적으로 그가 자신의 것으로 믿은 '절대 긍정, 절대 희망' 때문이었으리라. 이 긍정적인 사고가 그로 하여금 시험에서 자신감 있는 태도를 갖게 하고, 연속 불합격이라는 시험 공포증에서 해소시켜 주었으며, 자신의 간절한 기도와 믿음이 반드시 응답받을 수 있다는 확신을 갖게 하였던 것이 아닐까. 분명 그러했다.

누구에게나 마찬가지다. 우리는 어떤 상황에서도 '절대 긍정, 절대 희망'을 선언할 줄 알아야 한다.

절벽의 상황에서도 이 사랑을 믿자. 이 사랑이 우리의 내면에서 끝없는 메아리가 되어 속삭여 줄 것이다. 절대 긍정, 절대 희망!

인생은 길고 가능성은 무한대다

세계 최고의 과학자라고 일컬어지는 아인슈타인이 어느 날 학생들로부터 질문을 받았다.

"선생님은 이미 그렇게 해박한 지식을 가지고 계신데 어째서 배움을 멈추지 않으십니까?"

이에 아인슈타인이 재치 있고도 뼈 있는 대답을 했다.

"이미 알고 있는 지식이 차지하는 부분을 원이라고 하면 원 밖은 모르는 부분이 됩니다. 원이 커지면 원의 둘레도 점점 늘어나 접촉할 수 있는 미지의 부분이 더 많아지게 됩니다. 지금 저의 원은 여러분들 것보다 커서 제가 접촉한 미지의 부분이 여러분보다 더 많습니다. 모르는 게 더 많다고 할 수 있지요. 이런데 어찌 게으름을 피울 수 있겠습니까?"

과거는 어쩔 수 없다. 문제는 이제부터다. 우리가 통제할 수 있는 시간은 현재와 미래다. 어떻게 만들어 갈 것인가는 전적으로 자신에게 달려 있다. 생각보다 훨씬 긴 시간이 남아 있다는 사실을 기억하라.

모든 것은 마음먹기에 달려 있다. 새로운 시작으로 볼 것인가 아니면 끝마무리로 볼 것인가는 자기 자신이 결정하고 책임지면 된다. 필자는 과거를 되돌아 보기보다는 개척해야 할 미래를 보고 살려는 사람이다. 이런 변화는 내게 거대한 각성의 순간 이후에 온 새로운 현실이라고 할 수 있다.

도산 안창호 선생의 권고

"나 하나를 건전한 인격으로 만드는 것이 우리 민족을 건전하게 하는 유일한 길이다."

도산 안창호 선생의 말에 필자는 전적으로 공감한다.

선생은 대한민국이 일제(日帝)에 의하여 강점(强占)된 것은 그 원인이 국민이 안고 있는 악습과 병폐 때문이라고 보고 국민개조가 급선무라고 생각하였다.

"그대는 나라를 사랑하는가. 그러면 먼저 그대가 건전한 인격이 돼라. 백성의 질고(疾苦)를 어여삐 여기거든 그대가 먼저 의사가 돼라. 의사까지는 못 되더라도 그대의 병부터 고쳐서 건전한 사람이 돼라"(『도산어록』).

그는 무엇을 하든지 근거가 되는 것은 인격혁명(人格革命)이라고 생각하였다.

선생의 말은 백 번 맞다. 여기서 우리는 선의 순환원리를 알아야 한다. '인격'은 그냥 형성되지 않는다. '덕'이 쌓여야 건전한 인격이 된다. '덕'도 저절로 생기지 않는다. 반복된 '습관'이 '덕'을 이룬다. 또 '습관'은 '행동(실천)'의 반복으로 형성된다. '습관'은 같은 상황에서 반복되는 '행동'의 안정화 상태를 말하기 때문이다. 그리고 행동(실천)을 배태하고 움직이는 동인이 바로 '의식'이다.

그러므로 세상을 정화시키기 위해서 가장 필요한 것은 나 자신의 건전한 인격이며, 그 인격 형성의 출발점이 바로 건전한 '의식'이라 할 수 있다. 의식이 바뀌면 실천이 생기고, 작은 실천들은 습관을 형성하며 습관은 덕을 쌓고 그 덕은 인격을 변화시키기 때문이다.

연습, 연습, 연습

1946년 이스라엘에서 태어난 이작 펄만(Itzhak Perlman)은 미국에 건너가 유명한 바이올리니스트가 되었다. 그는 이렇게 말했다. "어렸을 때나 어른이 된 지금까지, 내 인생에 핵심이 되는 말을 고르라면 나는 주저 없이 '연습(practice)'이라고 말하고 싶다."

네 살이 조금 못 되었을 때부터 바이올린을 시작한 그에게 연습이란 어떤 의미일까? 양이 문제가 아니라 정교하게 이루어지는, 질과 양이 결합된 연습만이 진정한 연습이다. 참나무 판에 한 자 한 자 조각하듯이 두뇌 속에 한 음 한 음을 새기듯이 연습해야만 자신이 원하는 전문가로 성공할 수 있다는 뜻이다. 어떻게 일하고 경험해야 하는지 그의 이야기를 들어보자.

"내가 평생토록 제자들에게 강조한 것 역시 '연습'이라는 단어다. 사소해 보이지만 연주자에게 연습만큼 중요한 것은 없다. 리브카 골드가르트 부인과 마찬가지로 내게도 젊은 음악도들을 연습시킬 때 특별한 규칙이 있다. 반드시 박자를 지켜 가며 천천히 연습해야 한다는 것이다. 아무리 많은 시간을 연습에 투자해도 전혀 실력이 나아지지 않는다며 불평하는 학생들이 있다. 이런 경우 어떤 식으로 연습했는지 보여 달라고 하면 십중팔구 지나치게 빠른 박자로 연습한 경우가 많다.

그 이유를 알기 위해선 손가락으로 미세한 음을 반복할 때 뇌의 움직임을 살펴볼 필요가 있다. 예를 들어 파가니니(N.Paganini)의 복잡한 악절처럼 복합적인 정보를 습득하기 위해 뇌는 반드시 확실하고 정교한 입력을 요구한다. 그런데 바이올리니스트가 복잡한 악절을 미친 듯 내달리며 연습할 경우 뇌는 필요한 정보를 정확히 받아들이지 못해 결국 제대로 된 정보를 손가락으로 전달할 수가 없다. 학생들에게 느린 박자로 연습하라고 하는 것은 이 같은 이유 때문이다."

비단 음악이든 학문이든 자신이 하고 있는 일에서 진정한 실력자가 되고 싶다면, 최고가 되겠다는 목표를 세우고 아낌없이 시간을 투자할 수 있어야 한다. 연습만이 장인을 만든다.

다섯 장으로 된 짧은 자서전

1. 난 길을 걷고 있었다. 길 한가운데 깊은 구덩이가 있었다.
   난 그곳에 빠졌다. 난 어떻게 할 수가 없었다.
   그건 내 잘못이 아니었다.
   그 구덩이에서 빠져 나오는데 오랜 시간이 걸렸다.

2. 난 길을 걷고 있었다. 길 한가운데 깊은 구덩이가 있었다.
   난 그걸 못 본 체했다. 난 다시 그곳에 빠졌다.
   똑같은 장소에 또다시 빠진 것이 믿어지지 않았다.
   하지만 그건 내 잘못이 아니었다.
   그곳에서 빠져 나오는데 또다시 오랜 시간이 걸렸다.

3. 난 길을 걷고 있었다. 길 한가운데 깊은 구덩이가 있었다.
   난 미리 알아차렸지만 또다시 그곳에 빠졌다.
   그건 이제 하나의 습관이 되었다.
   난 비로소 눈을 떴다. 난 내가 어디 있는가를 알았다.
   그건 내 잘못이었다.
   난 그곳에서 얼른 빠져 나왔다.

4. 내가 길을 걷고 있는데 길 한가운데 깊은 구덩이가 있었다.
   난 그 구덩이를 돌아서 지나갔다.

5. 난 이제 다른 길로 가고 있다.

—포르티아 넬슨

20 지금 행복하라

여기서 천국을 살자

기쁘게 사는 사람

목소리를 들으면 힘이 나고, 만나면 기분 좋아지는 사람. 항상 밝은 표정으로 만나는 사람들에게 기쁨을 선사하는 사람. 그분은 월간 〈참 소중한 당신〉에 2005년 1월부터 2007년 3월까지 『그 영원한 달빛, 신사임당』을 연재하고 이어서 단행본으로 펴낸 소설가 안 영 선생이다.

안 영 선생은 스스로를 '작은 풀꽃'이라 부르며 퇴직 후 하느님 사업에 열심히 봉사하고 있다. 필자는 그분의 수필집 『하늘을 꿈꾸며』에 추천의 글을 쓴 적이 있다. 여기 그 전문을 소개한다.

"안 영 선생님은 낭랑한 목소리만큼이나 고운 마음씨를 지니셨습니다. 그 마음에는 어디를 가나, 누구를 만나거나, 무엇을 보거나 사랑이 배어나옵니다. 수년 전 남편을 여의시고 삼남매 모두 사회의 인재로 키워놓으신 이후, 그 오롯한 사랑을 예수님께 향하시더니, 요즈음에는 그 행복이 여간 아닌 모양입니다.

저는 안 영 선생님을 만날 때마다 제 영혼이 맑아짐을 느낍니다. 스스로에게는 지나칠 만큼 검약하고 남에게 베푸는 일에는 무척 후한 하늘마음. 수준 높은 지성을 갖추고서도 하느님 말씀은 들은 그대로 받아들이는 어린이 마음. 언제나 긍정적으로 바라보고 희망을 얘기하는 푸른 마음. 이런 마음을 만나기 때문입니다.

마음 흐르는 대로 쓰는 글이 수필이라면, 이번에 내시는 안 영 선생님의 수필집은 이러한 마음의 빛깔을 고스란히 담고 있는 글모음이라 할 수 있겠습니다. 읽으시는 분마다 저처럼 영혼이 맑아지는 은총을 누리시리라 믿어 마지않습니다.”

선생은 어린 시절 6·25 전쟁으로 조실부모하는 불행을 겪었고, 지금도 남들처럼 현세적 행복의 요건을 갖추지는 못했다. 그러나 누구보다 기쁘게 살고 있다. 이 장에서 말하고자 하는 ‘행복의 기술’을 고루 갖추고 오로지 하느님께 의탁한 삶을 살고 있기 때문이다.

행복의 시간

우리가 평생 웃는 웃음은 얼마큼 될까?

보통 인간이 일흔 살까지 산다고 가정할 때 잠자는 데 보내는 시간은 23년, 양치질하고 씻는 데 2년, 일하는 데 26년, 화장실 가는 데 1년가량, 거울 보는 데 1년 반, 차타는 데 6년, 누군가 기다리는 데 약 3년, 아침·저녁 신문 보는 데 2년 반, 텔레비전 앞에 있는 시간이 4년 정도라 한다. 그렇다면 웃는 시간은 과연 얼마나 될까? 대략 1~2년 정도?

놀라지 마라. 하루 열 번 웃는다 해도 시간으로 따지면 고작 5분 정도, 평생을 합쳐야 우리가 웃는 데 보내는 시간은 80일 정도 내외다. 더 정확하게 말하면 한 번 웃을 때 몇 초 정도로 계산한다면 40일 내외뿐이라는 얘기다. 우리의 인생에서 행복의 시간은 이처럼 너무나 짧다.

당신은 지금 웃고 있는가? 진정 행복한 삶을 살고 있는가?

행복에 대한 편견

큰 인기를 얻고 성공을 거둔 할리우드의 부유하고 멋진 연예인들이나 수백만 달러의 연봉을 받는 운동선수, 그리고 아주 큰 영향력을 행사하며 권력을 한 손에 거머쥐고 있는 정재계 인사들이 개인적으로 불행한 생활을 하는 경우를 종종 듣는다. 그들은 알코올과 마약 중독이라는 자포자기적인 행동을 하거나 대중에게 파괴적인 행동을 보여 스캔들을 일으키기도 한다.

세계적인 긍정심리학자 마틴 샐리그만 박사는 물질이 주는 만족을 '바닐라 아이스크림'에 비유한다. 처음엔 아주 맛있지만 점점 별 맛을 느끼지 못하는 것처럼 물질적 기쁨도 그러하다는 것이다.

호주 시드니 동쪽 2,550km 남태평양 근해의 외딴 섬나라 '바누아투' 공화국. 이 나라는 인구 19만 명에 문맹률 85%, 1인당 국민소득이 2,944달러에 그치는 후진국이다. 그러나 영국의 싱크 탱크인 신경제학

재단(NEF)이 2006년에 발표한 세계 178개국 가운데 행복지수 순위에서 1위를 차지했다. 이 자료만 보더라도 행복은 상대적이며 주관적 가치라는 것을 알 수 있다.

얼굴을 펴면 인생길이 펴진다

사람을 만날 때 첫인상은 대단히 중요하다. 첫인상은 보통 3초 안에 결정된다고 한다.

첫인상에 대한 아주 흥미로운 연구가 캘리포니아 대학의 심리학과 교수인 알버트 메라비안에 의해서 행해졌다. 그는 커뮤니케이션에 있어서 언어적인 요소(말하는 내용)가 7%, 외모·표정·태도 등 시각적인 요인이 55%, 그리고 목소리 등 청각적인 요인이 38%를 차지한다고 했다. 그리고 이러한 원칙은 첫 만남에서 가장 강력하게 나타난다고 한다.

그의 연구를 웃음의 측면에서 보면 웃는 얼굴과 웃음소리가 첫 만남의 93%를 지배한다고 해도 무방할 것이다.

『얼굴』이라는 책으로 베스트셀러 작가 반열에 오른 미국의 과학 저널리스트 대니얼 맥닐은 그의 저서를 통해, 판사들은 재판에 임할 때 공평무사하게 판결을 내리는 것 같지만 실제로는 재판 중에 미소를 짓는 피고인에게 더 가벼운 형량을 선고한다고 밝혔다. 가장 객관적이고 논리적인 곳이어야 할 법정에서도 웃음과 미소가 최고의 변호사가 될 수 있다는 이야기이다.

그럼에도 불구하고 행복하라

미국 갤럽연구소가 18개국을 대상으로 실시한 조사에서 아이슬란드 사람들이 가장 행복한 표정을 가졌다고 발표했다. 인구가 30만 명이 되지 않는 나라이며 빙하로 둘러싸여 있어 추위와 싸워야 하고, 겨울에는 밤이 스무 시간씩 계속되는 가운데 살아가면서도 행복한 비결은 무엇일까?

이에 대해 아이슬란드 대학 사회학자 소르린드솔 교수는 "아이슬란드 사람들의 행복 비결은 생활의 안락함이 아니라 오히려 불편함에 있다. 그러한 불편함 속에서 그들 자신이 가진 것을 감사하며 즐기는 법을 배웠기 때문이다"라고 언급했다.

꼭 '이러저러하기 때문에'가 아니라, 그저 '그럼에도 불구하고' 웃을 수 있는 사람이 진정으로 즐거움을 아는 사람이다.

우리가 아무리 비극적인 상황이나 불리한 환경에 몰려 있더라도 조금만 다르게 생각하면 그 상태를 행복으로 유지할 수 있다. 과연 어떻게 하면 될까? 바로 자기 연민이나 분노, 적대감을 현재 처한 불행에 스스로 보태지 않는 것이다.

하나의 예화를 보자.

어떤 사업가가 상담가에게 이렇게 물었다.

"제가 어떻게 하면 행복할 수 있을까요? 저는 주식으로 얼마 전 20만 달러를 잃었습니다. 결국 저는 파산했고 명예를 잃었습니다."

상담가는 이렇게 대답했다.

"당신의 생각을 그러한 사실에 추가하지 않는다면 보다 행복해질 수 있어요. 20만 달러를 잃었다는 사실만 받아들이세요. 당신이 파산해서 명예를 잃었다는 것은 당신 생각입니다."

웃으면 좋은 일이 생긴다

하버드 의과대학 연구에 따르면 웃음은 암 세포를 없애는 자연살해 세포의 활동을 촉진시켜 암 치료와 예방에 도움을 준다고 한다.

웃음 연구가인 홀덴 씨에 따르면 1분 동안 크게 웃으면 10분 동안 에어로빅이나 조깅, 혹은 자전거를 타는 것만큼 근육이 이완되고 피가 잘 돌게 되며 체내에서 자연적으로 분비되는 면역 세포도 증가한다고 한다.

미국의 빌 메모리얼 병원에는 이런 말이 적혀 있다.

"하루에 15초 정도 웃으면 이틀을 더 오래 산다."

지금 그리고 여기(here and now)

내 손안에 다 가지고 있다

J. 모리스의 『잠깐만요』에는 갠지스 강변에 살았던 어부, 살림(Salim)에 대한 전설이 실려 있다.

어느 날 밤, 살림은 고된 일과를 마치고 눈을 반쯤 감은 채 집으로 돌아오는 길에 '자기가 부자가 된다면 어떻게 할까' 하는 생각을 하고 있었다. 그때 갑자기 작은 돌처럼 느껴지는 것들로 가득 찬 가죽주머니가 그의 발에 채였다. 그는 그 주머니를 주워 그 속에 든 돌을 물 속으로 던지기 시작했다. 그는 이렇게 말하며 돌을 던졌다.

"부자가 되면 난 큰 집에서 살 거야."

그는 또 하나의 돌을 던지며 속으로 말했다.

"하인들을 고용하고 기름진 음식을 먹을 거야."

마지막 한 개의 돌이 남을 때까지 그는 계속해서 던졌다. 살림이 마지막 돌을 손에 쥐고 들어 올리자 돌이 광선을 받아 번쩍였다. 그때 그는 그 돌들이 귀중한 보석이라는 것을 깨달았다.

이 어부는 가상(假想)의 부(富)에 대해 헛된 꿈을 꾸고 있는 동안 손에 쥐고 있던 진짜 '부'를 내던지고 있었던 것이다. 이처럼 우리의 삶을 부유하게 만들 수 있는 '모든 것'을 우리는 이미 우리 손안에 가지고 있다.

그러기에 유명한 가톨릭 영성 상담가인 존 포웰은 자신의 거울 아래 이런 글을 써놓고 거울을 볼 때마다 자신에게 읽어준다고 한다.

"당신은 오늘 당신의 행복을 책임질 사람의 얼굴을 보고 있다."

'지금'이 행복의 때이다

시인 정현종은 행복을 놓치고 아쉬운 마음을 이렇게 읊었다.

모든 순간이 꽃봉오리인 것을

나는 가끔 후회한다.
그때 그 일이
노다지였을지도 모르는데…….
그때 그 사람이
그때 그 물건이
노다지였을지도 모르는데…….
더 열심히 파고들고
더 열심히 말을 걸고
더 열심히 귀 기울이고
더 열심히 사랑할 걸…….

반벙어리처럼
귀머거리처럼
보내지는 않았는가,
우두커니처럼…….
더 열심히 그 순간을
사랑할 것을…….

모든 순간이 다아
꽃봉오리인 것을,
내 열심에 따라 피어날
꽃봉오리인 것을!

행복한 사람은 '미래'를 위해 살지 않는다. '지금'이 바로 행복의 순간이다. '여기'가 바로 행복의 장소다. '지금 여기(here and now)'는 우리의 일상생활을 의미한다. 매일매일 경험하는 평범한 것, 일상적인 것들이 행복의 계기다. 평범한 일상에 성스러움이 깃들어 있고 찬란한 의미가 배어 있다. 걸레질을 하는 그 순간, 설거지를 하는 그 순간, 빨래를 하는 그 순간이 당신을 위한 행복의 순간이다. 그것을 지겹게 생각하고 대충 끝내고 다른 즐거움을 좇겠다고 하면 그 즐거움은 파랑새처럼 영원히 붙잡을 수 없다.

잊지 말자. 당신의 '오늘'은 당신이 살아온 과거의 총결산이며 당신이 맞이할 미래의 담보. 당신이 오늘 하루를 어떻게 사느냐가 당신의 과거와 미래를 죽일 수도 있고 살릴 수도 있다.

행복 법칙

무엇보다 자신을 사랑하라

우리는 자신을 사랑하는 만큼 에너지를 갖는다. 즉, 추구하는 꿈과 목표를 향한 우리의 노력 여하는 자신을 얼마나 사랑하느냐, 자신이 하고 있는 일을 얼마나 사랑하느냐에 따라 다르다. 결국 '자기실현'이란 스스로 자신을 사랑하는 정도에 달렸다고 해도 과언이 아닌 것이다. 그러므로 행복의 제1법칙은 바로 '자신에 대한 깊은 사랑'이다.

성공학의 대가 브라이언 트레이시는 '자신을 완전히 사랑하기 위한 방법'에 다음과 같은 5가지를 제시한다.

첫째, 자신을 아무 조건 없이 받아들인다. 자기 수용은 자분심의 기초다.

둘째, 자신의 삶과 자신의 행동에 따른 모든 결과에 대해 100% 책임을 진다. 책임감은 자신에 대한 사랑의 본질이다.

셋째, 가치 있는 목표를 세운다. 목표 설정은 자신의 삶을 제어하고 자신을 좋아하게 만드는 열쇠다.

넷째, 자신의 몸을 잘 돌본다. 이를 통해 자기 자신을 더 존중하고 더 좋아하게 된다.

다섯째, 잠재의식의 깊은 곳에 자리 잡을 때까지 하루 50번에서 100번씩 "나는 내가 좋다, 나는 내가 좋다, 나는 내가 좋다"를 소리 내어 말한다. 이것으로 모든 일에 더 긍정적이고 열성적이 된다. 이것은 자신을 좋아하도록 만드는 절대적 프로그램이다.

봉사하라

오스트리아의 정신의학자 아들러에게 어느 날 우울증 환자가 찾아왔다. 아들러는 환자를 면밀히 검진해 보았지만 질환을 유발시킨 별다른 원인을 찾지 못했다. 생각 끝에 아들러는 환자에게 일반적으로 우울증 환자가 먹을 수 있는 약을 주며 이렇게 덧붙여 말했다.

"이 약을 먹으면서 꼭 해야 할 일이 있습니다. 지금부터 2주간, '어떻게 하면 남을 기쁘게 해줄 수 있을까'를 매일매일 생각하고 그대로 헌신하십시오. 그러면 우울증에서 곧 해방될 수 있을 것입니다."

곧바로 환자는 의사의 지시대로 남에게 도움을 줄 수 있는 일을 찾아 열심히 봉사하며 생활했다. 그렇게 며칠을 보내던 어느 날, 갑자기 환자는 말로 형언할 수 없는 기쁨이 밀려옴을 느낄 수 있었다. 아들러의 말대로 환자는 2주 만에 기적처럼 우울증에서 벗어난 것이다.

삶의 의미를 잃어가는, 혹은 지쳐있는 많은 현대인들에게 봉사는 진정한 삶의 가치와 소중함을 일깨워주는 치료제와 같다. 남을 돕는 것은 곧 자신을 돕는 것이다. 개인의 작은 수고를 통해 우리는 행복을 얻을 수 있는 것이다.

화목하라

어느 가정에 5남매를 모두 대학까지 졸업시키고 시집, 장가보내 이제는 한시름 놓은 한 아버지가 있었다. 어느 날, 건강이 안 좋아져 고생하던 아버지는 자식, 며느리, 사위들을 불러 모았다. 무슨 유언을 남기시려나보다 하고 기대에 부푼 자식들에게 아버지가 말하였다.

"네 애비가 너희들 키우고 사업을 하느라 빚을 좀 졌다. 빚에 빚이 늘어나 지금은 한 7억 정도 된다. 내가 건강이 안 좋고 이제는 벌 능력도 없으니, 너희들이 얼마씩 갚아줘야겠다. 여기 이 종이에 얼마씩 갚겠다는 금액을 좀 적어라."

아버지에게 재산이 좀 있는 줄 알았던 자식들은 서로 얼굴만 멀뚱히 쳐다보고는 아무 말이 없었다. 그 중, 그리 넉넉지 못한 셋째 아들이 종이에 '5천만 원'이라고 적었다. 그러자 마지못해 나머지 자식들이 종이에 마치 경매가격 매기듯 '1천만 원', '1천5백만 원', '2천만 원', '2천5백만 원'으로 적었다.

수개월 후, 아버지가 다시 이들을 불러 모았다. 그리고는 이렇게 말하였다.

"내가 죽고 나면 너희들끼리 얼마 되지도 않은 유산으로 싸움질하고 남매들 간에 반목할까봐 재산을 정리했다. 지난번에 너희가 적어 준 액수의 3배를 지금 주겠다. 이것으로 너희들에게 내가 줄 재산 상속은 끝이다."

아버지의 이 말을 듣고, 액수를 적게 적은 자식들의 얼굴빛은 창백하게 변했다.

과연 무엇이 먼저인가? 재물이 먼저인가, 목숨이 먼저인가? 유산이 먼저인가, 형제간 우애가 먼저인가? 뻔한 이야기지만, 목숨이 먼저이며 형제간 우애가 먼저다.

이렇듯 삶의 기쁨은 단순하다. '좋은 동반자와 함께 가는 것', 진정한 행복은 서로가 함께 행복할 때라야 비로소 그 빛을 발한다.

나누라

예전에 이 세상에서 사치란 사치는 다 하면서도 이웃에게는 인색했던 한 여인이 있었다. 그 여자가 죽어 하늘 나라에 이르렀을 때, 그녀에게 할당된 집으로 안내하기 위해 한 천사가 파송되었다.

천사를 따라 훌륭한 저택을 한 집 한 집 지나칠 때마다 그 여자는 그것이 자기에게 할당된 것임에 틀림없다고 생각했다. 그들이 하늘 나라의 중심 도로를 지나 교외의 변두리 지역에 이르렀을 때, 거기에는 훨씬 작은 집들이 총총히 세워져 있었다. 그리고 그들은 아주 변두리에 있는 오두막집보다도 더 작은 집에 이르렀다. 천사는 드디어 그녀에게 입을 열었다. "이것이 당신의 집이오." 그 여자는 놀라서 대답했다. "뭐라고요? 이것이 내 집이라고요? 싫어요! 나는 여기서 도저히 살 수가 없어요."

그러자 천사는 측은하다는 표정으로 다음과 같이 대답했다.

"안됐소마는……, 우리는 당신이 올려 보내 준 물자로 고작해야 이 것밖에 지을 수가 없었소."

나눔은 하늘에 집을 짓는 것과도 같다. 기쁘게 나눌수록, 풍족하게 나눌수록 나에게 돌아오는 보상은 크다. 나 아닌 다른 사람을 생각하고 그들을 위해 가진 것을 나눈다는 것은, 궁극적으로 미래의 더 큰 행복을 위한 현재 우리들의 작은 노력인 것이다.

긍정적인 사람들과 교류하라

하버드 대학의 데이비드 맥클러랜드 박사에 의하면, 부정적인 사람들과 어울리는 것만으로도 그 사람을 실패나 좌절 등 부정적 상태로 내몰 수 있다고 한다.

그는 25년에 걸친 연구에서 어떤 사람의 참조집단(즉, 지역 공동체나 업무 이외의 활동에서 함께 어울리는 사람들)이 부정적일 경우 그 사람 역시 부정적 상황에 놓일 가능성이 크다는 결론을 내렸다.

일리가 있는 말이다. 우리는 가깝게 어울리는 사람들의 태도와 행동, 습관을 마치 스펀지처럼 쉽게 흡수하여 받아들인다.

자신이 행복해지고 싶다면 부정적인 사람들에게서 멀어져야 한다. 행복하고 낙천적이고, 진취적인 목표를 향해 노력하는 건강한 자아를 가진 사람들과 어울려야 한다. 이런 말이 있다. "승자와 교류하라. 칠면조와 함께 땅바닥을 뒤지지 말고 독수리와 함께 날아라."

이 세상에 주변 사람들보다 영향력이 더 큰 대상은 없다. 이렇듯 행복도 관계 속에서 느낄 수 있는 것이다.

하느님을 경외하라

그 지혜롭다는 솔로몬이 "'행복'이 무엇인지 알아보려고, 백방으로 찾아 나섰다. '향락'에 몸을 담가 보고, '술'에 빠져 보고, '큰 사업'도 해 보고, 이전에 예루살렘에서 왕 노릇한 어떤 어른보다도 '큰 세력'도 가져보았다. 보고 싶은 것을 다 보았고 누리고 싶은 '즐거움'을 다 누렸지만, 결국 모든 것은 바람을 잡듯 '헛된 일'이요 '괴로움'일 뿐이었다"(코헬 2,1-17 참조).

솔로몬은 결론적으로 말한다.

"마지막으로 결론을 들어 보자. 하느님을 경외하고 그분의 계명들을 지켜라. 이야말로 모든 인간에게 지당한 것이다"(코헬 12,13).

솔로몬의 이 말에서 '인생의 모든 것'이라는 말마디에 담겨 있는 의미를 알아들어야 한다. 하느님을 공경하고 그분과 올바른 관계를 맺는 것, 이것이 전부이고, 이것이 가장 중요한 것이고, 이것이 없이는 진정한 행복이 없다는 것이다.

사랑하라

이런 말이 있다. "우리 인생은 빨리 지나가지만, 사랑이 깃든 일은 영원하다."

누군가를, 무엇인가를 사랑하면 행복해진다. 이것은 영원불멸한 진리다. 사랑은 모든 것을 가능케 하고, 모든 것을 완성한다. 20세기 뛰어난 영적 사상가로 꼽히는 에멧 폭스는 그의 시 「황금의 문」에서 이러한 사랑의 본성과 위대함을 노래하고 있다.

황금의 문

사랑은 공포를 몰아낸다.
사랑은 온갖 죄를 덮어준다.
사랑은 그 누구에게도 지지 않는다.
충분한 사랑이 정복할 수 없는 어려움이란 없다.
충분한 사랑이 이겨낼 수 없는 질병은 없고,
충분한 사랑이 열 수 없는 문은 없고,
충분한 사랑이 건널 수 없는 바다는 없고,
충분한 사랑이 무너뜨릴 수 없는 벽은 없고,
충분한 사랑이 구제할 수 없는 죄는 없다.
문제가 아무리 깊이 자리 잡고 있더라도,
아무리 미래가 어둡더라도,
아무리 심하게 얽혀 있고, 아무리 실수가 크더라도,
충분한 사랑은 그것 모두를 녹여버린다.
우리가 충분한 사랑을 할 수만 있다면
우리는 이 세상에서 가장 행복하고
가장 강력한 힘을 가진 사람이 될 것이다.

　　인생의 수많은 물음과 의미와 목적들은 모두 사랑으로써 그 답을 찾을 수 있다. 사랑은 시작이자 끝이다. 삶을 사랑으로 가득 채우자. 그것이 바로 우리가 추구하는 진정한 행복의 열쇠다.

행복가이드

행복은 상대적이며 주관적이다. 우리는 우리의 삶을 부유하고 행복하게 만들 수 있는 모든 것을 이미 손안에 가지고 있다. 지금 내가 바라보고 있는 현실을 어떤 자세로 대하느냐가 나의 행복을 결정짓는다. '지금' 그리고 '여기'서 행복을 누릴 수 있어야 한다.

I can do it

1. 웃자. 웃다보면 기분이 좋아지고 기분이 좋아지면 생각도 밝아진다. 또 웃는 얼굴과 웃음소리는 첫 만남을 좌우한다.
2. 봉사, 선행 등으로 보람 있는 일을 해 보자. 그것이 행복의 비결이다.
3. 거울에 '당신은 오늘 당신의 행복을 책임질 사람의 얼굴을 보고 있다' 라고 써 붙이고 거울을 볼 때마다 자신에게 읽어주자. 행복의 열쇠는 당신이 쥐고 있다.

가장 진한 행복을 건져라

그것이 진정한 의미에서의 성공이라면, 그리고 그것이 참행복이라면, 성공과 행복은 동의어이다. 이를 단적으로 보여주는 것이 미국의 사상가이자 시인인 에머슨의 「무엇이 진정한 성공인가」라는 시이다. 그는 이 시를 통해 참행복이 곧 참성공임을 멋지게 그려내고 있다. 한번 음미해 보자.

무엇이 성공인가?
자주 그리고 많이 웃는 것.
현명한 이에게 존경을 받고 아이들에게서 사랑을 받는 것.
정직한 비평가의 찬사를 듣고 친구의 배반을 참아내는 것.
아름다움을 식별할 줄 알며 다른 사람에게서 최선의 것을 발견하는 것.
건강한 아이를 낳든 한 뙈기의 정원을 가꾸든 사회 환경을 개선하든
자기가 태어나기 전보다
세상을 조금이라도 살기 좋은 곳으로 만들어 놓고 떠나는 것.
자신이 한때 이곳에 살았음으로 해서
단 한사람의 인생이라도 행복해지는 것.
이것이 진정한 성공이다.

이 세상에서 가장 향기로운 향수는 발칸 산맥의 장미에서 나온다고 한다. 그 가운데 가장 춥고 어두운 자정에서 새벽 2시 사이에 딴 장미에서 최고급 향수가 생산된다. 그 이유는 장미가 그러한 한밤중에 가장 향기로운 향을 뿜어내기 때문이다.

오늘 인생의 겨울을 지내고 있는 이가 있다면, 지금 이 순간 어둠의 터널을 지나고 있는 이가 있다면, 거기서 행복을 건져 올릴 때 그것이야말로 발칸 산맥의 장미처럼 가장 향기로운 행복이 될 수 있다는 희망을 갖자. 고통 가운데 영근 행복이 가장 진한 행복임을 잊지 말자.

21 무슨 일이든 감사하라

감사예찬

땡큐와 컨그레츌레이션

필자에게는 대한민국을 '3만 불 시대'로 이끌게 할 수 있는 비책이 있다. 그 것은 다름 아닌 땡큐(Thank You)와 컨그레츌레이션(Congratulation)이다.

필자는 확신한다. '감사합니다', '축하합니다'라는 말들이 전 국민의 일상어가 될 때 우리나라는 1등 국민, 3만 불 소득의 꿈을 이루게 될 것이다.

필자의 어린 시절에는 '감사합니다', '고맙습니다'와 같은 말들을 들어본 적이 없다. 그 당시에는 그러한 말이 아직 일상어가 되지 못했던 것이다. 그런데 영어를 배우면서 'Thank You', 'I'm Sorry' 등의 표현을 접하게 되었고, 그 이후 점점 우리나라 국민들 언어에서도 '고맙습니다', '미안합니다'라는 표현들이 확산되었다. 그리고 이런 변화된 의식과 병행하여 경제성장이 이루어졌다. 지금 우리나라가 2만 불의 문턱까지 온 것은 다 그러한 말들로 인한 의식의 변화 덕분이라고 필자는 생각한다.

그런데 아직도 한국인이 배워야할 용어가 하나 더 있다. 바로 '축하합니다'라는 말이다.

필자가 오스트리아에서 유학할 당시 '그라튤리어렌(Gratulieren: 축하합니다)'이라는 말이 그곳 국민들의 일상 언어라는 사실에 문화적 충격을 받았다. 거기서는 상대방에게 좋은 일이 있을 때면 어김없이 이 단어를 사용한다. 심지어 재채기를 할 때에도 '줌볼(Zum Wohl: 좋은 일이 있을 거야)'이라는 말을 쓴다. 미국에서도 역시 재채기를 하면 '블레쓰 유(bless you)'라고 말한다.

필자가 미국 보스턴대에 교환학생으로 갔을 때의 일이다. 그곳에서 만난 한 교수는 수업시간마다 학생들에게 'challenge me(나에게 도전하라)'라는 말을 각인시켜 주었다. 그는 학생들에게 폭포수같은 질문을 퍼붓는 것을 즐겼다. 그리고 학생이 올바른 대답을 했을 경우, 항상 컨그레츌레이션(Congratulation)이라는 말로 축하해 주었다.

필자는 2만 불 소득은 경쟁의 논리로써 가능하다고 생각한다. 그러나 3만 불의 시대는 공생의 논리, 축하의 논리가 아니면 절대 불가능하다고 본다.

'사촌이 땅을 사면 배가 아프다'와 같은 속담이 없어질 때, 국가의 미래는 한층 높은 수준으로 도약할 것이다.

감방이여 고맙소

러시아의 육군 장교였던 알렉산드르 솔제니친은 소련 공산주의 정권에 의해 문서 날조 혐의로 체포되어 재판을 받았고, 그 후 시베리아에 있는 정치 수용소로 후송되어 그곳에서 11년이라는 세월을 보내야 했다. 그곳에 있던 죄수들은 상상을 초월하는 고문으로 심각한 고통을 받고 있었다. 그는 그들과 함께 모든 참상을 견뎌야 했다. 하지만 그는 정치 수용소에서 예수 그리스도를 만났으며 그로 인해 인생이 완전히 뒤바뀌는 경험을 하였다. 이후 솔제니친은 『수용소 군도(The Gulag Archpelago)』에서 그 수용소의 참상을 폭로하여 1970년 노벨 문학상을 수상하였다. 이 책에서 솔제니친은 다음과 같이 고백하였다.

"감방이여, 고맙소."

감방도 감사의 눈으로 보면 고마울 데가 있는 것이다.

아름다운 졸업식

미국의 버지니아 주에 가난한 모자(母子)가 살고 있었다. 목사였던 아버지는 일찍 세상을 떠나고 어머니가 세탁이나 청소 등과 같은 궂은일을 하며 아들의 학비를 조달했다. 아들은 어머니의 노고에 늘 감사하며 열심히 노력하여 프린스턴 대학을 우수한 성적으로 졸업했다. 그리고 졸업식장에서 그는 총장으로부터 상을 받고 연설을 하게 되었다.

아들은 강단에 올라 다음과 같이 말했다.

"어머니 감사합니다. 어머님의 은혜로 졸업하게 되었습니다. 이것은 제가 받을 것이 아니고 어머님께서 받으셔야 합니다."

그리고 나서 그는 총장으로부터 받은 금메달을 초라한 옷을 입은 어머니의 가슴에 달아드렸다. 이 모습을 보고 졸업식에 참석한 사람들은 모두 큰 감동을 받았다.

그 아들은 후에 변호사와 교수를 거쳐 미국의 28대 대통령이 되었다. 그가 바로 민족 자결주의를 제창하고 노벨 평화상을 수상하기도 한 윌슨 대통령이다.

감사할 줄 아는 삶, 그것을 입술로 표현할 줄 아는 삶의 모습은 이처럼 아름답다.

감사하며 일하면

부시가 대통령이 되면서 최초의 흑인 국무장관이 된 뉴욕 빈민가 출신 파월 장관의 이야기다.

아르바이트를 하는 공장에서 어느 날 그는 다른 인부들과 함께 도랑을 파는 일을 하게 되었다. 그때 한 사람이 삽에 몸을 기댄 채 회사가 충분한 임금을 주지 않는다며 불평하고 있었다. 그 옆에서 한 사람은 묵묵히 열심히 도랑을 파고 있었다.

몇 해가 지난 후 다시 그 공장에 아르바이트를 하러 갔을 때 여전히 그 사람은 삽에 몸을 기댄 채 불평을 늘어놓고 있었지만 열심히 일하던 사람은 지게차를 운전하고 있었다.

또 여러 해가 흘러 그곳에 다시 갔을 때 삽에 기댄 채 불평만 하던 그 사람은 원인불명의 병으로 장애인이 되어 회사에서 쫓겨났지만 열심히 일하던 그 사람은 그 회사 사장이 되어 있었다.

이 일화는 파월의 인생에 큰 교훈이 되었다고 한다.

감사라는 말의 다이나믹

기적을 부르는 힘, 감사

100개가 넘는 상장기업 대주주로 일본 제일의 투자가인 다케다(竹田和平)는 '다마고 보로(bolo)' 과자로 유명한 다케다제과의 경영자이기도 하다.

실은 이 '다마고 보로'에 대부호의 '비밀'이 가득 들어 있다.

우선 다케다 씨는 이 '다마고 보로'를 만드는데, 세 배나 비싼 유정란만 고집하여 써왔다.

"그게 참 신기해요. 그렇게 했더니 어느 순간부터 돈이 벌리기 시작하더라고요."

최고의 품질을 고집하는 그의 신념은 고객의 입맛과 마음을 사로잡아 마침내 시장 점유율이 60%를 넘었다.

최고 품질의 '다마고 보로'를 만들기 위해 바로 그 다케다 씨가 최근 새로운 전략을 구사하고 있다. 그 전략이라는 것은, 공장에서 직원들이 과자를 향해 '감사합니다'라고 말하게 하는 것이다.

우습게 보일지는 몰라도 사람들이 화를 낼 때 내뱉는 숨을 봉지에 담아서 그 안에 모기를 넣어 두면, 모기는 몇 분 안에 죽어 버린다고 한다. 반대로 싱글벙글 웃을 때 나오는 숨에서는 훨씬 오래 산다고 한다. 다케다 씨의 새로운 전략은 여기에서 착안된 것이다.

"소재 다음에는 만드는 사람의 행복도를 따지는 시대가 올 것입니다. 만드는 사람의 심리적 파동이 물건으로 이동하기 때문이죠."

계속해서 다케다 씨는 이야기한다.

"하루에 3천 번씩 '감사합니다'라고 말해 보세요. 인생이 바뀔 테니까요.”

  ‘감사합니다’라고 소리 내어 말을 하다 보면, 자연적으로 싱글벙글 웃는 얼굴이 되고, 덩달아 운도 좋아지게 된다고 한다. ‘감사합니다’를 3천 번 말하는 데에는 대략 40분 정도가 소요된다고 한다.

  더 재미있는 것은, 한 시간 동안 ‘감사합니다’라고 말한 직원들에게는 급여와는 별도로 한 시간에 8천 원의 상여금을 지급한다고 한다.

  최고의 ‘다마고 보로’를 만들기 위해서라면 그 정도의 비용은 투자할 가치가 있다고 본 것이다.

  다케다 씨의 예상은 적중했다. 판매가 폭발적으로 늘어난 것이다.

  다케다 씨는 요즘 공장에 “감사합니다. 감사합니다”라고 녹음한 테이프를 24시간 틀어 놓는다고 한다. 결과적으로 제품이 출하될 때까지 “감사합니다”란 말이 100만 번이나 과자에 들어가 있는 것이다(히스이 고타로, 『3초 만에 행복해지는 명언 테라피』 참조).

감사의 심리학

지금 당장 오늘 우리가 만나는 모든 사람에게 ‘감사합니다’라고 말해보자. 전혀 고마운 생각이 없어도 좋고, 굳이 얼굴을 마주하지 않아도 좋다. 중요한 것은 소리 내어 ‘고맙습니다’라고 말하는 것이다.

  그렇게 말하는 중에, 우리의 뇌는 ‘왜, 내가 저 사람에게 고맙다고 하는 거지?’ 하는 의문이 생기게 된다. 그러고 나서 뇌는 그 사람의 좋은 점, 감사해야 할 점을 멋대로 찾아내게 될 것이다.

  즉, “아, 그래. 저 친구, 전에 내 업무를 열성적으로 도와주었잖아”와 같은 식으로 말이다. “고맙다”라고 말해버린 이상 하나라도 그 사람에게 감사해야 할 점을 찾아 내지 못하면 뇌는 혼란에 빠진다.

반대로, "이 나쁜 녀석!"이라고 말하면, 이번에는 뇌가 그 사람의 나쁜 면을 검색해서 찾아낸다.

"어! 잊고 있었는데. 그 친구, 저번에 빌려간 내 돈 만 원도 아직 안 갚았잖아"라는 식으로 말이다.

따라서 우리가 '고맙습니다', '감사합니다'라는 말이 습관화되면, 우리의 뇌는 자연스럽게 타인의 좋은 면이나 작은 행복에 포커스를 맞추어서 감사의 마음이 생기게 되는 것이다.

사소한 일에 감사하자

다 받은 것이다

당신은 지금 무엇을 가졌는가? 머리를 둘 집이 있는가? 추위를 막을 옷이 있는가? 허기를 채울 밥이 있는가? 남편이 있고 아내가 있고 사랑스런 자녀가 있는가? 대화를 나눌 친구가 있는가?

당신은 지금 많은 것을 가지고 있다. 모든 것이 다 받은 것이다. 그런데도 감사의 마음이 일지 않는가? 필리스 맥긴리는 다음과 같이 말한다.

사람들과 나누는 사랑의 즐거움 안에서,

붉은 석양을 바라보며 느끼는 흥분 안에서,

별빛을 바라보며 느끼는 감상 안에서,

겨울 상록수의 가지마다 수북이 쌓인 흰 눈 안에서,

그리고 보람찬 하루를 보내고

벽난로 앞에 앉아 휴식을 취하는 시간 안에서

우리는 하느님을 발견한다.

우리도 필리스 맥긴리처럼 작은 것들에서 하느님을 발견해보자. 오늘 아침 5분 동안, 당신에게 기쁨을 가져다주는 일의 목록을 만들어본다면, 당신의 목록에는 어떤 것이 포함될까?

책 읽기, 낚시, 뜨개질, 달리기, 사랑하는 사람과 함께 있는 시간, 화분 가꾸기, 악기 연주, 노래 부르기, 이웃을 위한 작은 봉사, 사랑하는 사람에게 깜짝 선물 주기, 애완동물과 놀기, 목표를 달성하는 일, 날씨 좋은 날 공원 산책, 친한 친구와의 유쾌한 수다, 자전거 타기, 해변에 앉아 있기, 얼굴 위로 부서지는 따스한 햇살, 꿀 같은 오후의 낮잠…….

이런 목록은 마치 물 흐르듯이 계속 이어질 것이다.

삶에서 이처럼 작은 기쁨에 눈을 맞출 때, 당신은 더 많은 행복으로의 초대를 경험하게 된다.

무조건

성찬경 시인은 「은총을 내려 주시는구나」라는 시에서 우리가 어떻게 '감사'드려야 하는지를 잘 표현하고 있다.

은총을 내려 주시는구나.
야속하다 싶을 만큼 묘하게
표 안 나게 내려 주시는구나.
슬쩍 떠보시고 얼마 있다가
이슬을 주실 때도 있고
만나를 주실 때도 있고

밤중에
한밤중에
잠 못 이루게 한 다음
귀한 구절 하나를 한 가닥 빛처럼
내려보내주실 때도 있다.
무조건 무조건 애걸했더니
이 불쌍한 꼴이 눈에 띄신 모양이다.
얻어맞아도 얻어맞아도
그저 고맙다는 시늉만을 했더니 말이다.
시늉이건 참이건
느긋하게건 절대절명에서건
즉시 속속들이 다 아신다. 다 아신다.
그러니 오히려 안심이다.
벌거벗고 빌면 그만이다.
은총을 내려 주시는구나.

우리도 '얻어맞아도 얻어맞아도 그저 고맙다는 시늉'이라도 할 요량으로 딴 생각 말고 감사드려야 한다. 우리가 드릴 수 있는 최고의 기도는 '그저 감사드리는 것'이다.

다른 사람에게

판화가 이철수가 모 방송에서 인터뷰를 하는 것을 귀담아 들은 적이 있다. 그가 어려운 시절에 이○○ 목사에게서 큰 도움을 받았다고 한다. 그가 매우 고마워했더니, 이렇게 말하더란다.

"받을 때는 나에게 받았지만, 갚을 때는 다른 사람에게 갚으세요. 도움이
필요한 사람에게요."

이것이 감사의 순환 원리다. 우리가 위로부터 받았든지 옆으로부터 받았
든지 이것에 대해 감사하는 가장 좋은 방법은, '나도 가서 그렇게 행하는 것
이다.'

감사는 단지 베푼 이에게 돌려드리는 것으로 끝나서는 안 된다. 감사는 다
른 사람들을 돕는 양식으로 한 걸음 더 나아갈 수 있다.

이미 100쇄를 넘은 『무지개 원리』 1판을 읽은 이들은 하나 같이 자신과 이
웃의 놀라운 변화와 체험 사례를 곳곳에서 전하여 왔다. 그러면서 필자인 나

에게 심심한 감사의 뜻을 전해 왔다. 이분들에게 필자는 말한다.

"이것이 당신을 변화시켰다면, 이제 그 변화의 기회를 이웃에게 선물하세요. 그것이 저에게 감사를 돌리는 길입니다."

만일 이 책을 읽고 감동을 받았다면 그것을 가까운 이웃들과 함께 나누라. 그러면 그 기쁨과 결실은 나누는 만큼 증가할 것이다.

또 이런 말이 있다.

"가르치면서 배운다."

우리가 다른 사람을 돕기 위해 어떠한 개념을 설명하다보면, 그것을 더 잘 이해하고 내면화하게 된다. 진정으로 어떤 것을 안다고 하는 것은, 다른 사람에게 그것을 가르쳐서 그 사람이 그것을 자신의 삶에 받아들이고 적용할 수 있게 하는 것을 말한다.

'무지개 원리'가 자신 안에서 그리고 더불어 살아가는 '우리' 안에서 완전히 자리 잡을 때까지 열정으로 나누다보면, 반드시 우리는 '무지개'를 잡게 될 것이다.

'무지개 원리'는 대안운동이다. 우리 국민을 세계에서 가장 희망적인 국민으로 이끌어줄 의식개혁 운동인 것이다.

루즈벨트 대통령은 말했다.

"지금 우리가 있는 장소에서, 지금 우리가 갖고 있는 것을 사용하여, 우리가 할 수 있는 것을 하자."

'무지개 원리'를 실천하고 전하자. 그렇게 하면 우리는 무엇이든 할 수 있다. 우리의 꿈은 반드시 현실이 될 것이다.

감사할 줄 아는 삶, 그것을 입술로 표현할 줄 아는 삶의 모습은 아름답다. 받은 은혜를 나눌수록 감사할 일이 생긴다. 사실 빈손으로 와서 빈손으로 가는 우리는 모든 것을 받았다. 감사의 마음을 품고, 주어진 일에 최선을 다해야 한다. 감사가 성공을 부르고 행복을 보장해 준다.

I can do it

1. '감사합니다', '축하합니다'를 생활화하자. 모든 일에 감사하는 마음이 행운을 부른다.
2. 사소한 일에 감사하자. 의외로 우리 주변에는 감사할 거리가 많다는 것을 알게 될 것이다.
3. 은혜를 나누자. 누군가에게 진 은혜는 당사자에게 돌리는 것도 중요하지만, 다른 사람에게 나누는 것이 더 중요하다.

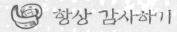

항상 감사하기

10대 자녀가 반항을 하면
그건 아이가 거리에서 방황하지 않고 집에 잘 있다는 것이고,
지불해야 할 세금이 있다면 그건 내게 직장이 있다는 것이고,
파티를 하고 나서 치워야 할 게 너무 많다면
그건 친구들과 즐거운 시간을 보냈다는 것이고,
옷이 몸에 좀 낀다면 그건 잘 먹고 잘 살고 있다는 것이고,
주차장 맨 끝 먼 곳에 겨우 자리가 하나 있다면
그건 내가 걸을 수 있는 데다 차도 있다는 것이고,
난방비가 너무 많이 나왔다면
그건 내가 따뜻하게 살고 있다는 것이고,
교회에서 뒷자리 아줌마의 엉터리 성가가 영 거슬린다면
그건 내가 들을 수 있다는 것이고,
온몸이 뻐근하고 피로하다면
그건 내가 열심히 일했다는 것이고,
이른 새벽 시끄러운 자명종 소리에 깼다면
그건 내가 살아있다는 것이고,
이메일이 너무 많이 쏟아진다면
그건 나를 생각하는 사람들이 그만큼 많다는 것이지요.
마음속에 나도 모르게 일궈진 불평, 불만들,
바꾸어 생각해 보면 또 감사한 일이라는 것을…….

— 작자 미상

Blessing of the rainbow
하는 일마다 잘되리라

무지개 원리

2006년 11월 20일 1판 1쇄 발행
2007년   8월 30일 1판 105쇄 발행
2008년   3월 17일 개정판 77쇄 발행

글 | 차동엽

펴낸이 | 백인순
펴낸곳 | 위즈앤비즈
주소 | 서울시 마포구 합정동 426-7
전화 | 02-322-1025
홈페이지 | www.fpi.or.kr
출판등록 | 2005년 4월 12일 제 313-2005-000070호

구입문의 | 031-985-5677

ISBN 978-8992825-10-8 03320
값 12,000원